日中の金融システム比較

建部正義 編著
張 亦春

中央大学企業研究所
研究叢書28

中央大学出版部

まえがき

　本書は，中央大学企業研究所「金融業の将来と規制・金融政策のあり方」研究チーム（研究期間，2003年4月〜2007年3月，主査，建部正義）と厦門大学経済学院金融系・金融研究所との間の国際共同研究「日中の金融制度・金融規制・金融政策の比較研究」の研究成果を取り纏めたものである．この国際共同研究は，日本側責任者の建部と中国側責任者の張亦春厦門大学金融系教授・金融研究所所長との下で，2005年4月より2007年3月までの2年間にわたって実施された．

　ことの起こりは，2004年10月に呉天降中央大学名誉教授の紹介で，当時，創価大学に滞在中であった陳国進厦門大学金融系教授が，多摩キャンパスの私の研究室を訪問され，中央大学企業研究所と厦門大学金融系・金融研究所との間での国際共同研究を提案されたことにあった．

　日本ではそれほど知られていないが，厦門大学金融系は，中国政府より国家級金融学重点学科に指定され，同分野では第3位を占める，中国における金融学研究のいわば隠れた1センターとも呼ぶべき位置にある学科である．

　陳教授からこの提案を受けて，私は，企業研究所ならびに私が主査を務める研究チームのメンバーの事後承諾が得られることを条件に，以下のような「中央大学企業研究所と厦門大学金融系・金融研究所との国際共同研究に関する覚書」を同教授に提示した．

1．中央大学企業研究所「金融業の将来と規制・金融政策のあり方」研究チームと厦門大学金融系・金融研究所との間で，以下の要領で国際共同研究を実施するものとする．
2．研究テーマは，「日中の金融制度・金融規制・金融政策の比較研究」とする．

3．共同研究期間は，2005年4月より2007年3月までの2年間とする．2005年度には，相互訪問を通じて，日中両国の現状と研究の到達点について共通理解に努めると同時に，共同討論を通じて，両者の問題意識の共有に努める．2006年度には，研究成果を成文で公表することとする．
4．必要な研究費および旅費は，それぞれの国においてそれぞれの責任において用意する．ただし，相互訪問にあたっては，研究施設および宿泊施設について，可能な限り，相手側に便宜を供することとする．
5．共同研究期間中，もしくは，共同研究終了後，必要に応じて，両国またはいずれか一方の国において，公開シンポジウムを開催することとする．
6．研究成果は，それぞれの国においてそれぞれの責任において公表する．ただし，相手側の了承を得て，相手側の論文を，自国語に翻訳のうえ，公表することを相互に承認することとする．その場合，それぞれはそれぞれの論文を相手側に無償で提供することとする．
7．研究参加者は，それぞれがそれぞれの責任において確定することとする．ただし，他大学からの参加は拒まないこととする．
8．本共同研究の中央大学企業研究所の責任者は建部正義教授とし，厦門大学金融系・金融研究所の責任者は張亦春教授とする．

　以上であるが，これらの項目中，特に第4項目と第6項目の内容については，1996年度に実施された中央大学企業研究所「金融システムの総合的研究」チーム（研究期間1995年4月〜1999年3月，主査，建部）と北京大学経済学院「現代日本研究班」（主査，田万蒼北京大学経済学院教授）との間での，「日中の産業・金融政策比較研究」における経験がその背景になっている．ちなみに，この共同研究の成果は，鹿児嶋治利・建部正義・田万蒼編著『日中の産業・金融政策比較』（中央大学企業研究書研究叢書17，中央大学出版部，2000年），ならびに，建部正義編著『面21世紀中日経済発展与金融改革比較研究』（上記の研究叢書中の日本側論文を中国語に翻訳したもの，経済科学出版社，北京，2000年）というかたちで，日中両国において出版された．

この仮「覚書」は，2005年6月に，私が厦門大学金融系を初訪問し，中国側の責任者である張教授と私がそれに署名をすることにより，日中両機関の間で正式にオーソライズされることになった．なお，この際の調印式の模様は，2005年6月13日夜の厦門テレビで放映され，また，6月14日付の「厦門日報」で報道された．

　その後の経過は，以下のとおりである．

　2005年10月に，朱孟楠厦門大学金融系教授・同主任（現在は，厦門大学経済学院副主任），張教授が来日され，10月13日には，中央大学企業研究所公開講演会において，それぞれ，「中国の為替制度と将来の方向」，「中国株式市場の低迷の原因と対策」というテーマで，講演を行った．朱教授の講演内容の一部は，本書の第6章に収録された朱・喩海燕「中国における外貨準備急増の要因――問題点とその対策――」に反映されている．両教授の来日に際して，吉田曉武蔵大学名誉教授（企業研究所研究員），私は，両教授を日本銀行・東京証券取引所・銀行協会に案内した．

　2005年11月3・5日には，中央大学企業研究所・厦門大学経済学院金融系共催の「中日金融制度，金融監管和貨幣政策比較研究国際学術研究会」が厦門大学において開催され，アメリカ・イギリスを含む内外の研究者100名余が，当該問題をめぐり，熱心な討論を繰り広げた．日本側の出席者は，私以外に，宇野典明，黒田巌，根本忠宣，高橋豊治の各中央大学商学部教授，奥山英司中央大学専任講師（現同准教授），呉教授（企業研究所研究員），吉田教授の計8名である．このうち，吉田，黒田の両教授は，それぞれ，「日本における金融規制・監督」，「近年における日本の金融政策」というテーマで講演を行ったが，本書の第2章および第3章は，これらに加筆のうえ収録したものにほかならない．また，11月4日には，日本側参加メンバーは，中国側の配慮で，厦門建設銀行・厦門国際銀行を訪問した．

　2006年10月に，朱・張両教授に加えて，鄭鳴，林宝清，李曉峰，鄭荣鳴の各厦門大学金融系教授計6名が来日され，10月28日には，中央大学企業研究所公開講演会において，李教授が「中国の外貨準備について」，鄭鳴教授が

「中小株式銀行の監督と管理」というテーマで，講演を行った．なお，林教授は，10月29日に，おりしも，中央大学多摩キャンパスで開催されていた日本保険学会において発表を行ったが，本書の第12章に収録された「中国責任保険市場の可能性と課題——日本の経験を参考にして——」には，おそらく，その報告内容の一部が反映されているに違いないと推量される．また，6教授の来日に際して，吉田教授，建部は，朱・張両教授を除く4教授を，日本銀行・東京証券取引所・銀行協会に案内した．

じつは，2006年10月に6教授が来日された機会に，私は，思いも掛けず，朱・張教授より「厦門大学国家級金融学重点学科客家教授」に任じる旨の「聘書」を授与されることになった．期間は2006年10月から2009年10月までの3年間である．これにしたがい，私は，2007年11月と2008年7月に厦門大学金融系に赴き，各1週間の集中講義を行った．この講義の一部が，本書の第4章に収録された「日本と中国の金融政策比較」にほかならない．

ちなみに，現在，中央大学と厦門大学の間では全学的な学生・教員の交流協定を締結する動きが進行しつつある．

以上が，中央大学企業研究所「金融業の将来と規制・金融政策のあり方」研究チームと厦門大学金融系・金融研究所との間の国際共同研究の発端とその後の経緯であるが，研究成果の公表方法については，私と張教授が話しあう中で，次のような合意に到達した．① 日本側も中国側も，各論文執筆者は，できるかぎり，日中の金融制度・金融規制・金融政策の比較研究に重点を置くこととするが，当該分野に関して，それぞれの国の実情の解明を目指す論文を提出するということであっても構わない（日中両国の実情を相互に知りあうことも，国際共同研究の一環をなす），② 出版にあたっては，日本側では，建部正義・張亦春編著，中国側では，張亦春・建部正義編著という形式をとる，③ 出版後，日本側は200冊を中国側に，中国側は100冊を日本側に，それぞれ贈呈することとする（これらの冊数は双方の希望に基づくものである）．

このうち，①についていえば，日中の比較研究に相当するものが，第1章に収録された花輪俊哉「日本経済と中国経済との比較」，第7章に収録された陳

蓉・黄薏舟・鄭振龍「日本の外国為替・デリバティブ取引市場発展の経験から学ぶ」，第9章に収録された岸真清「金融改革と地域金融——日本，中国の事例を中心にして——」，また，日本および中国のそれぞれの実情に即した研究に相当するものが，第8章に収録された高田太久吉「The Bursting of the Bubble and Bank Shareholding」，第10章に収録された奥山「金融規制緩和が証券会社に与えた影響——市場データによる分析——」，第11章に収録された高橋「日本における公社債流通市場の近年の特徴——イールド・スプレッドの観点から——」，第5章に収録された杜朝運・郭会平「中国における金融政策と為替政策の強調に関する試論」，ということになるであろう．第13章に収録された張「市場はさらに効率的になったか——限定的合理的経済人から機関投資家へ——」は，上記の諸論文と対象がいくぶん異なり，機関投資家の登場が市場の効率性に寄与するか否かを，金融論の立場から一般的に論じたものである．

中国側の論文5篇のうち，3篇が為替問題に集中しているという事実は，おそらく，中国研究者の当面の問題意識の中心的な存り処のひとつを示唆していると考えてよいであろう．

これらを通覧するならば，今回の日中両大学間の国際共同研究が，ともかくも，「日中の金融制度・金融規制・金融政策の比較研究」と称するだけの体裁を整えていることを理解していただけるに違いない．本書のタイトルを『日中の金融システム比較』と名付けたゆえんである．

厦門大学金融系から送付されてきた5篇の論文については，中央大学大学院商学研究科博士課程後期課程院生の毛士勇君に日本語への翻訳を担当してもらった．その後，私と毛君とで5回にわたり原文を参照しつつ，訳文を一行ずつ点検する作業を行ったが，残念ながら，完全を期するには到らなかった．毛君の労を多とするとともに，最低限，各執筆者の意図だけは読者に伝えられたことを願わずにはいられない．

ところで，本書の中国語版は，本書に平行するかたちで，あるいは，本書にいくぶん先行するかたちで，出版される予定である．

最後になったが，本書に収録された日本語論文は，すでに，2007年3月に提出されたものである．中国語論文の受理が2008年6月であったために，各執筆者には，出版までに，長い時間の経過を我慢強く耐えていただく結果となった．編著者の一人として，お詫びすると同時に，寛恕を乞う次第である．

　　　　2008年12月

　　　　　　　　　　　　　　　　　　　　　　　　　建　部　正　義

目　　次

まえがき

第1章　日本経済と中国経済との比較
　　　　　　　　　　　　　　　　　　　花　輪　俊　哉
　1．はじめに …………………………………………………… 1
　2．価格メカニズムと市場メカニズム ……………………… 2
　3．市場メカニズムと企業家………………………………… 4
　4．物価の決定方法 …………………………………………… 8
　5．中国経済と日本経済についての感想 …………………… 11

第2章　日本における金融規制・監督
　　　　　　　　　　　　　　　　　　　吉　田　　　曉
　1．はじめに …………………………………………………… 13
　2．護送船団行政（1950年代～1980年頃）………………… 13
　3．金融自由化と規制・監督の変容 ………………………… 15
　4．若干の問題点 ……………………………………………… 16

第3章　近年における日本の金融政策
　　　　　　　　　　　　　　　　　　　黒　田　　　巖
　1．はじめに …………………………………………………… 19
　2．金融政策の実施方式の変化 ……………………………… 20

3．異常なまでの金融緩和 …………………………………… 21
4．近況と今後の課題 ………………………………………… 22

第4章　日本と中国の金融政策比較

建　部　正　義

1．はじめに ……………………………………………………… 25
2．日本銀行および中国人民銀行の目的・理念・組織 ……… 25
3．金融政策の手段 ……………………………………………… 34
4．金融政策の効果波及経路 …………………………………… 45

第5章　中国における金融政策と為替政策の協調に関する試論

杜　　朝　　運
郭　　会　　平

1．はじめに ……………………………………………………… 51
2．金融政策と為替政策の協調理論について ………………… 51
3．金融政策と為替政策の協調ジレンマの歴史に関する考察… 54
4．中国における金融政策と為替政策の協調ジレンマの現実… 56
5．金融政策と為替政策における協調ジレンマの解決策──
　　外部からのインパクトの解消メカニズムの改善 ………… 59
6．金融政策と為替政策の協調ジレンマの解決策──
　　金融政策の対衝撃力を高める ……………………………… 62
7．結　論 ………………………………………………………… 65

第6章　中国における外貨準備急増の要因
　　　　──問題点とその対策──

　　　　　　　　　　　　　　　　　　　　　　朱　　孟　　楠
　　　　　　　　　　　　　　　　　　　　　　喩　　海　　燕

1．はじめに ………………………………………………… 67
2．中国における外貨準備の急増要因 …………………… 68
3．中国における外貨準備の管理上の主な問題 ………… 72
4．中国における外貨準備管理の強化に関する提案 …… 75

第7章　日本の外国為替デリバティブ市場発展の
　　　　経験から学ぶ

　　　　　　　　　　　　　　　　　　　　　　陳　　　　蓉
　　　　　　　　　　　　　　　　　　　　　　黄　　薏　　舟
　　　　　　　　　　　　　　　　　　　　　　鄭　　振　　龍

1．はじめに ………………………………………………… 85
2．日本の外国為替デリバティブ取引の概要 …………… 86
3．日本における為替制度改革と外為デリバティブ発展の
　　歴史的プロセス ………………………………………… 99
4．日本の経験を参考にする ……………………………… 105

第8章　The Bursting of the Bubble and Bank Shareholding
　　　　　　　　　　　　　　　　　　　　　　高　田　太久吉

Ⅰ　Main thematic import ………………………………… 113
Ⅱ　Bank shareholding : history and present situation ……… 116
Ⅲ　Main factors behind bank shareholdings …………… 119
Ⅳ　The fall in share prices and banking crisis ………… 122
Ⅴ　Bank rescue measures and share price keeping operations …… 126
Ⅵ　Conclusion ……………………………………………… 129

第9章　金融改革と地域金融
　　　　——日本，中国の事例を中心にして——

岸　　真　清

1. はじめに …………………………………………………… 137
2. アジア通貨危機とアジアボンドファンド（ABF） ……… 138
3. 中国と日本の金融改革 …………………………………… 141
4. 債券市場の整備 …………………………………………… 145
5. 地域活性化の資金チャンネル …………………………… 149
6. むすび ……………………………………………………… 154

第10章　金融規制緩和が証券会社に与えた影響
　　　　——市場データによる分析——

奥　山　英　司

1. はじめに …………………………………………………… 159
2. 証券業と銀行業の相互参入 ……………………………… 160
3. 先行研究と仮説 …………………………………………… 166
4. 実証分析 …………………………………………………… 173
5. まとめ ……………………………………………………… 186

第11章　日本における公社債流通市場の近年の特徴
　　　　——イールド・スプレッドの観点から——

高　橋　豊　治

1. はじめに …………………………………………………… 193
2. 公社債流通市場の現状 …………………………………… 194
3. 国債流通市場でのイールド・カーブ計測 ……………… 197
4. スワップ市場でのイールド・カーブ計測 ……………… 201
5. スプレッド分析 …………………………………………… 204
6. 計測結果 …………………………………………………… 206
7. おわりに …………………………………………………… 239

第12章　中国責任保険市場の可能性と課題
　　　　　——日本の経験を参考にして——

　　　　　　　　　　　　　　　　　　　　林　　宝　　清
　　　　　　　　　　　　　　　　　　　　邱　　七　　星

1．はじめに …………………………………………………… 243
2．責任保険の発展の可能性 ………………………………… 243
3．責任保険の発展が直面する課題 ………………………… 247
4．日本の責任保険の発展経験を参考にする …………… 251

第13章　市場はさらに効率的になったか
　　　　　——限定的合理的経済人から機関投資家へ——

　　　　　　　　　　　　　　　　　　　　張　　亦　　春

1．はじめに …………………………………………………… 255
2．問題提起 …………………………………………………… 256
3．投資主体が機関化された市場の効率性分析 ………… 257
4．結論と提案 ………………………………………………… 262

第1章　日本経済と中国経済との比較

1．はじめに

　この研究会に属し，研究をする予定であったが，途中で病気になり，入院したりしたので，思うように研究できなかった．しかし，研究会に所属していた責務から報告書を書くが，本章は前からこの問題を考えてきた感想をまとめたものであり，その点御了承願いたい．

　日本は資本主義経済であり，中国は社会主義経済であるから，両国は大いに異なっていてもおかしくはない．しかし，日本が資本主義経済とはいうものの，欧米と比べてみるとやはり大きな相違があるし，また中国も社会主義経済とはいうものの，最近ではかなり資本主義化してきたと思われる．それ故両者を比較することは難しい．私がここに取り上げたい点は，資本主義経済の特質と考えられている価格メカニズムのことである．

　私が中国に行った時の経験からすれば，中国は日本よりも価格メカニズムにすぐれて敏感であるという印象を受けた．これは天性のものであろうかと思った．これに対し，日本人は，価格はむしろ定価で買いたいと思っているのではないかと思う．したがって資本主義の本質が価格メカニズムにあるとすれば，中国の方が日本よりもすぐれていると思う．しかし資本主義の本質が，技術革新にあるとすれば，日本にもかなり有利な点がある．以下にこの点についての感想を述べたい．

2. 価格メカニズムと市場メカニズム

　古典派経済学の中核は，市場メカニズムとも価格メカニズムとも考えられる．通常，需要が供給を上回るような超過需要の時には，すべての価格は上昇傾向を持つであろうし，その結果，価格の上昇により需要は減退するし，供給は増大するであろう．また反対に，供給が需要を上回るような超過供給の時には，すべての価格は下降傾向を持つであろうし，その結果，価格の下降によって需要は増大するし，供給は減少するであろう．このように需給ギャップを反映して，価格が変動し，それを受けて生産資源の適正配分が行われ，効率化が達成されると考えるのである．それ故，価格は需給ギャップを正確に受け止め，それに応じた変動をしなければならない．

　このように各市場における需給のギャップを，各市場での商品価格に反映させることによって，市場の需給均等をはかり，それによって生産資源の適正配分と経済の発展を考えようとしたのである．スミスに始まる古典派経済学は，価格メカニズムを通じて，国民経済の安定と成長をはかろうとしたのである．それ故，市場はできるだけ自由で，政府の干渉などを受けないことが望まれたのである．「小さい政府」はその要望の結果である．これは民間企業の独占や寡占等にも妥当するのである．「独占禁止法」はその有効な武器であった．

　もちろんこうした考えに対し，さまざまな疑問が提出されてきた．たとえばマーシャルの「経済騎士道」の主張である．民間企業の自由な活動とはいえ，結果的に不公平が生じるならば，それは決して経済騎士道に合致しないと考えるべきであろうというものである．またピグーの「社会的利益と私的利益の不一致」も，そうしたものであろう．すなわち，いくら私的利益が高いからといって，その結果が環境汚染等を惹き起すならば，その高い私的利益と考えられたものは，まさにそこから生じた社会的不利益で帳消しになってしまうかもしれないのである．また失業も，労働市場での超過供給の表現と一応考えられるが，人間の労働力をそうした価格メカニズムに任せることが，人間の尊厳を維持することに叛かないかという疑問が生じ，これに対する一つの解答がケイン

ズの「雇用の経済学」と言われた『一般理論』である．「非自発的失業」はその象徴的概念であった．

　ケインズは，こうしたことから価格メカニズムの有効性に対して疑問を抱いたのである．『自由放任の終焉』[1]はケインズによる古典派の中核である価格メカニズムへの批判の書である．しかし同時に強調しなければならないのは，このことはケインズが市場メカニズムを否定したことにはならない．市場のメカニズムは資本主義経済の基本である．したがって，市場メカニズムを否定することは，資本主義に替わる社会主義経済の道を考えなければならなくなる．現にマルクスは，資本主義経済は自己破産し，おのずから社会主義経済へと変化すると考えたのである．その時マルクスが考えた資本主義は，まさに価格メカニズムを中核とした資本主義であったと考えられる．マルクスは，こうした資本主義を批判し，社会主義への道を作ったのであるが，同時に市場メカニズムをも破壊してしまったのである．その結果，社会主義経済もうまく機能できなくなり，経済が豊かになるに伴い，その破綻は著しくなっていった．そして現在多くの社会主義国家も市場原理の導入を図っている．

　ケインズ革命は，まさに市場メカニズムを維持しつつ，価格メカニズムを批判したことにある．それは決して財政主義ではない．ケインズ主義が一見財政主義と見えたことは，価格メカニズムを否定していたことにより価格調整に頼ることは出来なかったこと，および経済理論よりは経済政策重視の中で，有効需要としての財政にウエイトがかかったものと考えられる．しかし，ケインズ革命は単に経済政策論の革命ではなく，経済理論における「一般理論」としての意義を持つものであった．すなわち，古典派のように完全雇用時だけに限定された理論ではなく，広く不完全雇用も含んで妥当するような経済理論を思考したものである．ケインズは当時の時代の変化を受けて，それを理論化し，経済変動過程での経済の安定に留意しつつ，新しい理論体系を構築しようとしたのである．それ故その理論体系は，価格メカニズムによることなく，資本主義経済の理論として市場メカニズムを重視する経済理論でなければならない．

3. 市場メカニズムと企業家

ケインズが，古典派の中核にあった価格メカニズムを批判し，しかもマルクスのように社会主義経済におけるような経済計画を主張しなかったのは，資本主義経済における市場メカニズムに十全の信頼を置いていたからに相違ない．そうした資本主義経済は，ケインズの頭脳だけの産物ではなく，当時の資本主義諸国に現に姿を現しつつあったものを理論化したものなのである．これは経済学がまさに物理学のような「光の科学」ではなく，「果実を求める科学」である所以であろう．それ故経済学を志す者は，物理学を志す者と異なり，絶えず現実経済の動きに注意していなければならないのである．

さてケインズが価格メカニズムを否定した理由はなにか．一見価格メカニズムは合理的のように見える．しかしそれは経済主体が古典派に想定されていたような原子論的経済主体であればの話であり，現実にはそんな経済主体はいない．すなわち，生産者であれ，消費者であれ，古典派においてはみな平等の存在であり，特に強者とか弱者とかは存在しない．それ故みな平等に価格に対してのみ行動するのであり，そこに搾取する者も，搾取される者も存在しないと考えるのである．これは現実の経済社会ではない．

現実の経済社会において，取引に強者と弱者が居ればどうなるか．強者は，不利な条件の取引を弱者に押し付けるかもしれない．その結果，どうしても強者と弱者の経済格差が生じてくるであろう．こうした取引の不利性は労働市場で最も明白に現れた．すなわち，労働を需要する企業と労働を提供する労働者における力関係である．明白に企業の方が有利な立場にある．それ故弱い立場の労働者が団結して，企業の経営者に立ち向かう必要があった．団結した労働者で，ようやく企業の経営者に対抗することができたのである[2]．

弱い労働者が団結することで，強い企業の経営者に対抗できるという事態は，理に適っていることであり，長い間一般に支持されてきたのだが，近年新しい事情が生じてきたようである．それは現実の社会の要望が多様化し，また複雑化し，それに労働組合の組織が適応できなくなってきた所為だろうか．たしか

に労働の質が昔とは異なってきたことや，子育て等の理由から，このところ労働組合の組織率が低下しつつあるようである．あるいは初めから労働組合に加入しない労働者が増加してきたということもできる．

　こうして労働組合の存在が希薄となる社会が出現してくれば，労働市場は再び自由化し，価格メカニズムの一つである賃金メカニズムにより完全雇用が実現されるという社会となるだろう．現在労働組合が良いものとして存在しているか，悪い供給独占になっているかどうかは，理論というよりも現実的に認識されなければならない．労働組合といっても，いろいろの種類がある．大きく分けて，官公労と民労があり，民労はさらに大企業労組と中小企業労組に分けられた．官公労は，経営体でないので，労働組合の力は最も強く，次に大企業労組が強く，中小企業労組は最も弱い．労働組合構成員の方から見れば，逆の必要性があるかもしれないが，現実は極めて厳しいものがある．近年の動きをみると，労働者の方でも，労働時間や，労働形態，労働環境等に多様化がみられ，また企業の方でも，製品の供給に応じた多様な労働力が必要なことから，労働市場は多様化してきている．その結果，正規職員は減少し，アルバイトやパート等が増加し，また通常の労働市場から外れたようなフリーターやニート等が増大しているのである．こうして見かけが自由な労働市場が成立しても，いまだ労働者の人格が尊重された労働市場が形成されたとは考え難い．労働組合にも，新しい視点が必要なのかもしれない．

　ここに新しい経済主体の出現が要求される．それは原子論的な経済主体でもなく，マーシャルのような倫理的な経済騎士道でもない．言ってみれば，それは経済の発展の中で自然に生み出されてきた人間の知恵かもしれない．それをシュンペーターはentrepreneur（企業者もしくは企業家）と呼んだが，それにケンブリッジ学派の市場論を組み込んで，ケインズは企業家概念を形成したと考えられる．それは取引過程で生じる格差を出来るだけ減少させることを狙ったもので，経済安定志向重視の経済主体の誕生といえよう．

　一般に取引において，生産者と消費者が挙げられるが，実際にはヒックスが主張するように，両者の仲介者として商人が存在する[3]．当然生産者は供給者

であり，消費者は需要者である．したがって，生産者は，生産物の価格が高ければ高いほど，供給を増加させようとするし，消費者は生産物の価格が安ければ安いほど，需要を増加させようとするであろう．しかし，商人は仲介者として，供給を増減させることができるし，需要を増減させることもできる．すなわち，商人は在庫を保有しているので，将来価格が上昇すると思えば在庫を積み増すべく需要を減少させ供給を増加させるであろう．また反対に，将来価格が下降すると思えば，供給を減少させ，需要を増加させて，在庫の減少に努力するであろう．商人は，在庫変化においても当然価格の平準化に努めるであろう．こうして，ケインズは，フローのみならず，ストックを考察の対象として重視したのである．ストックの重視は，ケインズにおいて貨幣市場だけではなく，生産物市場でも重視されていたことがわかる．

　ところで企業家は，この商人機能に着目し，それを自己の生産機能に合体させようとする．それは企業家が顧客の反応に応じようとした結果なのである．ケインズが批判した古典派経済学の時代は，まだ第1次産業が支配的であり，それも冷蔵設備が未整備の時代であり，商品は腐敗する可能性が高く，在庫保有は不可能と考えられていたので，市場経済の姿は，価格調整によるのが普通とされていたのである．すなわち，超過需要が生じれば，その商品価格はおのずから上昇し，その商品の供給は増加するとともに，需要は減少するので，市場で需給は均衡すると考えられたのである．反対に，超過供給が生じると，その商品価格はおのずから下落し，その商品の供給は減少するし，その需要は増加するので，市場で需給は均衡すると考えられた．

　しかし，第2次産業が支配的な時代になると，企業の保有在庫の調整で，市場の需給調整が可能となってきた．とくに冷蔵設備の整備の中で，第1次産業の第2次産業化が進展し，市場の調整は価格調整から在庫・生産調整となってきたと考えられる．これはまた顧客の反応に対応したものと考えられる．すなわち，超過需要の時企業が価格を引上げて需給の調整をはかることは，価格調整経済の論理の中では当然のことと考えられていたのに，顧客の足元に付け込む所業として顧客の信頼を失う怖れがあると心配された．反対に，超過供給の

時にも，企業が価格を引下げて需給の調整をはかることは，価格調整経済の論理としては当然であるとしても，その商品の価格の引下げは，その商品の質に疑問を抱かせ，顧客の信頼を失う怖れがあると考えられた．したがって，企業としては，できるだけ長期正常価格（長期正常コストに正常利潤を加えたもの）を維持し，短期的な需給のギャップには，在庫もしくは生産の調整で対応しようとしたのである．

もちろん絶対に価格を変化させないわけではなく，顧客に合理的に説明できるような場合――たとえば原油価格の高騰等に見られるような――には，その商品価格の引上げも顧客の不信を買うことは少なかったと思われる．反対に，超過供給の場合には，価格の引下げも考えられるが，むしろ顧客のニーズにあった低価格の新商品の開発で対応する方が一般的であったようである．これは自動車や電気製品等に見られた．このように資本主義経済の変容に応じて，市場経済の調整メカニズムが変わってきたと考えられる．

こうした変容は，企業を支える経済主体が，単なる生産者から企業家へと変貌したことを意味する．企業は，需給の調整を市場価格のメカニズムに任せずに，少なくとも景気変動過程では価格を安定させることを意図して長期正常価格を設定するのであり，その結果としての在庫・生産調整は，企業家のイノベーションによる新組織の形成と考えられたのである．そこでは企業家は，生産機能プラス商人機能を併合した経済主体として出現するのである[4]．

ケインズの考えの基本は，不況期でも好況期でも，相対的な価格安定が「格差問題」を惹き起さずに，できるかぎり価格の分散を少なくすることで，経済の安定的成長をはかろうとしたのである．反対に言えば，市場の需給メカニズムに任せるような循環的価格伸縮性は，格差問題を惹き起す可能性が高いので望ましくないと考えたのであろう．ところですべての企業で生産者が企業家になったわけではない．多くの中小企業ではまだ生産者として，価格に対応するだけの行動をとっている企業が多いかもしれない．しかし，資本主義は確実に変化している．中小企業の中でも発展性の高い企業は，優良大企業と同じように生産者から企業家へと変貌し，新機軸の生産に特化していると考えられる．

ただこうした発展性の高い中小企業は，安定性よりも成長性の中で，その存在をアピールできたであろう．それ故，経済発展の成果である生産性の向上をスピードで追求することになり，価格の低下が重要視されたかもしれない．その意味で，大企業の価格安定志向と大きく異なるように思う．しかし，これも政府が十分な景気対策のないまま，経済の立直しを各経済主体に求めた結果かもしれない．ある意味で民間経済主体は，破れかぶれの対応の結果であるかもしれないのである．

4．物価の決定方法

古典派経済学は古典的二分法として特色付けられたように，貨幣存在の現実的重要性は認めていたのであるが（金本位制の採用），その分析方法においては，貨幣をして実物経済を覆うベールとして取り除き，その背後にある実物的諸変数の関係を分析することに努めたのである．こうした分析方法は，貨幣ベール観ならびに実物分析と呼ばれた．ここで価値および分配の理論は，貨幣を除外した実物的諸関係として分析されたのである．これに対し，貨幣は貨幣数量説により絶対価格である物価水準を決定するものとして導入された．その際貨幣の流通速度と実質所得は所与とされたので，貨幣量の増減は物価水準の上昇・下降に現れると考えられた．

貨幣数量説は，通常次のように表示される．

$MV = Py$　　ただしM：貨幣量，V：貨幣の流通速度，P：一般物価，
　　　　　　　y：実質国民所得

そして貨幣数量説では，Vとyが一定と仮定され，MがPを決定すると考えたのである．貨幣量の過剰な増加が一般物価を上昇させる（この現象はインフレとも呼ばれる）のであり，反対に貨幣量の不当な減少が一般物価を下落させる（この現象はデフレとも呼ばれる）と考え，インフレやデフレは，貨幣価値を変動させるから，貨幣価値の安定をはかる為には貨幣量の適切な管理が必要であると考えられたのである．前に述べたように，金本位制はそうした貨幣管理の古

典的な仕組みであるが，重要なことは貨幣価値が貨幣量に依存して決まるという考えである．

これに対しケインズは，貨幣の価値を所得循環の中で捉えることにより，古典的二分法から脱出しようとした．それは次のように示される．P：一般物価，O：産出高，w：賃金率，N：雇用量，r：利潤率，K：資本量とすれば，国民所得の生産面と分配面は等しいことにより，

　　PO ＝ wN ＋ rK　　　　　これより
　　P ＝ wN／O ＋ rK／O　　A ＝ O／N　および　B ＝ O／K　とすると，
　　P ＝ w／A ＋ r／B　　　となる．

これより貨幣価値の逆数として表示される物価水準は，二つの要素に依存すると考えられる．注目すべき点は，この物価決定において貨幣量が無関係というところである．物価決定の第1の要素は，貨幣賃金と労働生産性であり，労働生産性の上昇率以上に高く賃金が上昇すると，他の事情等しい限り，物価が上昇すると考えられる．第2の要素は，利子率と資産生産性であり，他の条件が等しい限り，資産生産性の上昇率以上に利子率が上昇すると，物価が上昇すると考えられる．資本主義経済における資本蓄積が小さい状況では，企業家の力が圧倒的に強い産業資本主義経済の状況であれば，第1の要素が物価決定における基本的な要素になるであろう．国民経済の安定と成長にとって，物価の安定は基本的に重要である．したがって，賃金の上昇は労働生産性上昇率の範囲に押えなければならないとされた．もっとも実質賃金の上昇を保証する道は必ずしも一通りではない．物価の上昇がある程度であれば，たとえば約2％程度ならばインフレではないとして，貨幣賃金の上昇率を2％プラス労働生産性上昇率だけ上昇させることができる．これは物価上昇率ゼロを物価安定と考える者にとっては，インフレ政策と考えられるかもしれない．

近年，貨幣数量説は，新しい衣を着けて主張されることが多くなっている．それはむしろインフレ・ターゲット論として主張される．はじめはインフレで悩んでいる国のインフレ対策として主張された．すなわち，インフレを抑制することは理論的には簡単としても，実際には増税や高金利政策など国民に不人

気な政策となるので政治上困難なことが多い．それ故インフレを数値化して，それ以上のインフレが生じれば，直ちに貨幣供給量を削減するというものである．わかりやすい点の強みはあるので，広く受け入れられた．しかしこの底には貨幣数量説があることを忘れてはならない．物価の上昇・下降のみをインフレ・デフレの指標とし，それに貨幣供給量を結び付けるのでわかりやすいのが特徴であるが，物価決定の論理をそれだけで考えてよいものなのか．

さらにそうしたインフレ・ターゲット論は，わが国のようなデフレ国にも適用させようとされた．丁度貨幣数量説がインフレにもデフレにも応用されたのと同じである．すなわち，デフレで物価が下降しているので，その分実質金利が高くなり，投資が伸びないのではないかという考えである．そこでインフレ率を2％と定義し，それを維持するような貨幣供給政策をとることによって，デフレからの回復を願ったのである．たしかに貨幣数量説が正しければ，そうなるかもしれないが，それが絶対正しいとは考えられないのである．

また資本蓄積が進み，金融資産の蓄積と多様化が進んでくる金融資本主義経済化が実現すると，第2の要素が重要となってくる．そこでは企業家と同様に投資家が重要となり，利子が賃金と同様に所得として重要視されるのである．物価の安定のために，利子率を資産生産性上昇率の範囲に抑制しなければならない．この場合にも実質利子の上昇を保証する方法は，物価の安定を維持しながら貨幣利子の上昇をはかる道と，貨幣利子を一定に保ちながら物価を下降させる道があるが，利子率の上昇は金融資産価値を下落させるので，好ましくないと考えるであろう．したがって金融資本主義化すればするほど，物価を下降させる誘因が生じるであろう．

中国では，社会主義経済であったにもかかわらず，本質的に日本より価格メカニズムに敏感であると前に述べた．もしそうであれば，中国では貨幣数量説的金融政策が出現するはずである．貨幣量コントロールがどのくらい有効となるかは大きな実験である．それに対し，わが国では，労働生産性と賃金の関係が重要であった．しかし，デフレ過程での金融政策は必ずしもうまくいってはいない．こうした点を踏まえて，中国と日本の比較をしよう．

5．中国経済と日本経済についての感想

　まず中国は日本と比べて，人口も領土も大きい．これは一面，国家として有利である．たとえばオリンピックなどの時には，多くの集団の中から優れた一握りの人物を集めればよいので，大抵人口の多い国が有利である．しかし他面，マイナスと考えられる点もある．それは国が大きすぎて全体の統一をはかることが困難だということがある．近代国家ともなれば，全国的に平均所得を保証しなければならなくなるだろうし，また平均的な社会保障を維持しなければならないであろう．その他，全国的に地域の開発をはからなければならなくなる．もしそれが困難となれば，地域格差の発生というわけで，各地から不満が続出するかもしれない．テレビ等メディアの発達によって，今では各地域の違いがわかりやすくなっているので，これは重要である．

　現在中国の成長率は高く，約10％に及ぼうとしている．それに対しわが国の成長率は，極めて低く，対照的である．しかし，わが国でも高度成長時代には，10％程度の成長を示したこともあり，資本主義経済への弾みの時期には，どの国でも成長率は高くなるのではなかろうか．ただ日本と中国では，成長の要因が異なるようであり，そこに問題がありそうである．すなわち，高度成長は両国とも高い設備投資に支えられていたが，中国の場合には，貿易と対内直接投資への依存度が極めて高いという特色がある．逆に言えば，日本では，設備投資の多くは国内投資で賄われ，外資に依存できなかったが，中国では積極的に外資に依存している．このことは外国のさまざまな技術移転においてはプラスであるが，他面それだけ外国の意向に影響されるということである．特に貿易依存度の高いことは，中国が貿易収支が黒字であれば，他国が赤字になるわけで，無限に赤字を続けられない以上，いつか他国から成長にストップがかけられることになろう．これは現在ではむしろ為替に現れやすい．「元」の改定である．日本でも貿易の壁は大きかったので，この点は依存度が高いだけ，よほど注意しなければならない．外資による技術移転も良いが，これも周辺の環境も一緒に取り入れてこそ生きるものであろう．

次に高度経済成長によりGDPの増加および生活水準の向上が見られたことは良いが，その反面雇用に問題がありそうである．すなわち日本では，高度成長を通じて労働需要が増加し，農村から都会の製造業やサービス業へ労働の移転が進み，全体として失業問題をうまく回避してきたと思える．これは当時まだ労働組合が強力であったためかもしれない．しかし，現在世界的に見て企業の競争力は厳しく，どの企業でもコスト削減で懸命である．この点が中国の発展を支えることになった要因でもあるが，反面これが行き過ぎれば多くの混乱を招くであろう．特に中国の場合には，いままで社会主義の中での国有企業の合理化が迫られているからである．この国有企業からの過剰労働の放出に加えて，農村から都市への労働移転がある．

さらに重要なことは，それに伴う所得格差の問題である．この格差は価格メカニズムの浸透で大きくなると予想されるからである．その問題の解決に失敗すれば，反動で再び昔の方が良かったという考えが強くなるかもしれないし，そうなれば政治的混乱は著しくなるであろう．日本でも格差問題は存在する．日本では小泉内閣成立以後に強く現れてきた．これはその内閣が価格メカニズムの強化をはかったからである．しかし，それまではむしろケインズ政策により，安定的な経済運営をやることによって価格の安定をはかってきたので，その結果，所得の平等化が実現したと考えられる．あるいはこのことは政策の良否というよりも，直面している政治・経済局面の問題かもしれないが．ともかく両国とも格差拡大による政情不安の発生は極力避けるべきである．

1) J.M. Keynes, *The End of Laissez−faire*, 1926 in Collected Writings, vol. IX, (山田文雄訳『自由放任の終焉』ケインズ全集第9巻『説得論集』，東洋経済新報社，1981)．
2) J. Hicks, *A Market Theory of Money*. chap. 1-2. 1989, (花輪俊哉・小川英治訳『貨幣と市場経済』第4章，1993．)．
3) J. Hicks, A Market Theory of Money. chap. 1-2. 1989, (花輪俊哉・小川英治訳『貨幣と市場経済』第1-2章，1993．)．
4) 拙稿「マネー：この不思議なるもの―市場経済におけるマネーを中心に―」中央大学『企業研究』第7号130頁2005年8月30日．

第2章　日本における金融規制・監督

1．はじめに

　日本における金融規制・監督は1980年代からに金融自由化とともに変容し，特に90年代後半の金融危機対応の中で大きく変わった．一言でいえば事前的競争制限（護送船団）行政から，事後的な健全経営規制，ルールによる規制への転換である．

2．護送船団行政（1950年代～1980年頃）

　第2次大戦後の日本の金融制度は1950年代前半に形作られたが，それは一般的金融機関としての都市銀行・地方銀行のほかに外国為替，長期金融，中小企業・農業金融などの専門金融機関を配置するものであった．銀行と証券も，米国の制度にならって分離された．民間金融機関のほかに，資金吸収面では郵便局，融資面では多くの政府金融機関が設けられた（図2-1参照）．専門金融機関制度は，それぞれの分野での競争を制限し，各金融機関に一定の市場を保証することで，金融機関の健全性を維持しようとするものであった．行政面でも銀行の新設は原則として認めず，支店設置についても設置数・設置場所を厳しく規制した．支店設置では後発の中小金融機関を大手銀行よりも優遇してその競争力に配慮した（支店設置規制は米国でも厳しく，完全自由化は90年代半ばであった）．

　金利規制は預金金利の最高限度規制中心に行われた．預金金利の競争によって，高利の得られる不健全な貸出に走ることを避けようとするもので，これは主要国でも1930年代から行われてきたことである．

図2-1 わが国における金融組織の現状（1995年）

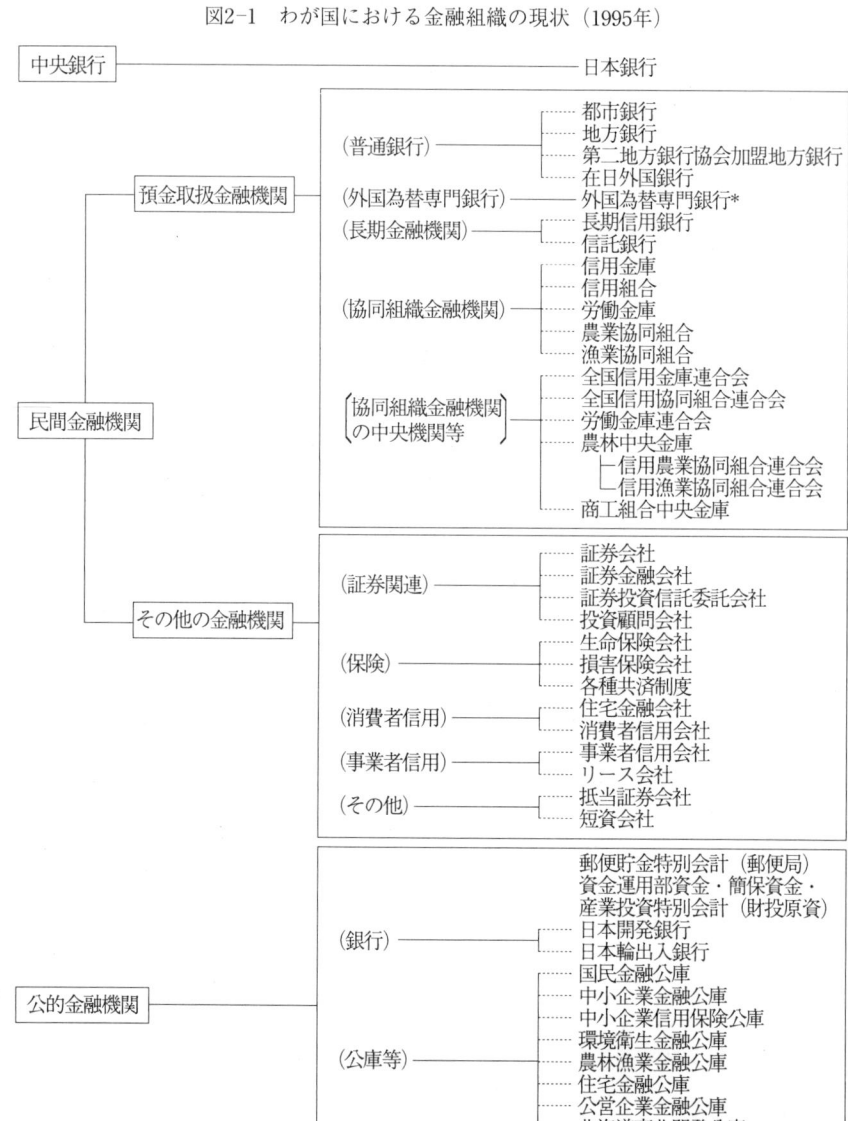

注）外国為替専門銀行は、業態区分に際し、慣行として都市銀行に含まれる．
出所）日本銀行金融研究所「新版わが国の金融制度」（1995）．

銀行検査はもちろん行われてきたが，高度成長時代にあっては金融機関の破綻は少なく，米国に比べると金融検査官の人員は極めて少なかった．金融機関の破綻が全くなかったわけではないが，破綻処理は行政当局，業界団体等により，有力銀行への吸収合併，役員派遣等の方法で暗黙裡に行われた．

　護送船団行政については，当局（大蔵省銀行局）が「箸の上げ下ろしまで干渉した」とよくいわれる．しかし金融規制や店舗規制は価格や設備のカルテルの役割を行政が担ったということもできるし，日本特有のものでもない．特に重要なことは，融資の内容については，政治の側からは融資規制の動きがしばしばあったが，銀行がどのような業種の，どの企業にどれだけ貸すかは，銀行の判断に委ねられたことことである．融資量については，日本銀行による貸出増加額規制があったが，これは日本銀行の金融政策として行われ量的規制であり，貸出先に関する質的な規制ではなかった．

3．金融自由化と規制・監督の変容

　金融自由化は1980年前後から漸進的に進められた．自由化は大量の国債発行による国債流通市場の形成，日本経済の国際化等の要因で必然化した．金利自由化は1979年の譲渡性預金の創設に始まり，大口預金金利の自由化から小口預金金利へと進み，1993年から完全自由化された．現在残る規制は当座預金の無利息のみである．ただし，完全自由化後は不況の時代が続き，預金吸収競争は基本的に沈静している．したがって金利自由化は景気上昇期の試練を受けていない．

　金融制度面では1993年に銀行・信託・証券の間で子会社方式での相互参入が認められ，97-98年には日本版金融ビッグバンが実行され，銀行持ち株会社が容認された．これらの結果，業務分野規制は殆どなくなった．現在は銀行で投資信託や保険商品が購入できるようになっている．支店の設置についても1995年までに自由化された（銀行の店舗数は93年頃をピークとして，その後は銀行合併などで店舗の整理統合が進み，店舗数は減少してきた）．

以上のような金融自由化の進展とともに，金利規制や業務分野規制は意味がなくなり，各金融機関が自由に経営を行った結果としての財務内容に即して適切な監督を行っていく，いわゆる健全経営規制（Prudential Regulation）が中心となってきた．1998年から早期是正措置（Prompt Corrective Action）が導入され，自己資本比率に応じて業務改善措置が発動されることとなった．裁量的な行政からルールに基づく透明性のある行政への転換である．健全経営規制の下では金融検査の役割が従来以上に重要となる．金融庁の金融検査官の数はかなり増員されたが，米国に比べればなお少数である．日本銀行も金融庁と連携して考査を行っている．

　預金保険制度は金融機関の破綻と預金者保護（広くは金融システムの安定）を切り離すものとして1971年に創設されたが，発動されたのは1991年が最初である．援助金付き合併方式で全預金，全負債を保護してきたが，それはモラルハザード（moral hazard）を招くという批判が強まり，2004年4月からペイオフ（pay off）——銀行破綻の場合，預金者には付保限度額（1千万円）までを支払い，それを超える預金やその他の負債については清算の一般原則による——が原則とされた．ただし，決済性預金は全額保護という抜け道が設けられた．また金融危機対応の場合には例外措置を講ずることを認める条項も，発動要件を厳しくして残されている（米国の1991年預金保険公社改善法と同じ）．

4．若干の問題点

(1) ルールによる規制と裁量

　以上述べたように，現在は自己資本比率を中心としたルールによる監督に移行したのであるが，裁量の余地が全くないかといえばそうではない．自己資本比率は資産査定如何によるが，資産査定に主観的要素が残らざるを得ない．銀行の資産の大部分を占める融資の質の判定には，これからの当該企業の業績の見通しについての判断が必要であるが，それはまた景気動向判断などさまざまな要素が関わっているから，唯一絶対の判断があるわけではない．最近の大手

行の破綻か否かの判定に当たっては，公認会計士と金融検査官の意見の相違が問題となった．ルールによる行政といっても裁量の余地が残ることを念頭に置いて対処する必要は残る．

　また銀行経営健全化のためには十分な償却・引当てが望ましいが，税当局にとってはそれが税収減となるため，無税償却を認めない傾向がある（企業会計と税務会計の衝突）．このことも銀行に迅速な不良債権処理を躊躇させる一因となった．

(2) 政治的・社会的要請との矛盾

　最近の業務改善命令では，中小企業向け融資の拡大目標が要求される．これは不良債権を抱えた銀行が融資に慎重になり，中小企業が融資を受けられないという批判に対応するものである．銀行経営健全化の見地からは，信用度の乏しい取引先への融資は避けなければならないが，政治家は地元中小企業者の声を反映させようとする．銀行の監督行政当局は，当然のこととはいえ政治の影響力の下にある．銀行がこの改善命令を実行して信用度の乏しい融資を行えば，監督当局の検査部門は不良債権に分類することもあり得る．ある地方銀行経営者は「当局は貸せと言っているのか，貸すなと言っているのか」と，当局の姿勢を批判したことがある．

(3) Pay off 原則は貫くべきか（Too Big To Fail は絶対に避けるべきことか）

　預金保険法にも金融危機対応の規定があるほか，決済性預金という抜け道をどう考えるか，という問題である．pay off をしないとモラルハザードに陥るという見方が一般的である．しかし pay off を実行した例は，米国でも小規模の銀行破綻を除いては殆どないというのが現実である．銀行破綻の経済界に与える影響は，預金と貸出の両面から考える必要がある．預金の面では大衆の預金と企業の決済に使われる決済性預金の両面があり，預金保険制度が保護するのは大衆の預金である．貸出（企業からは借入）関係は銀行と企業の間の長期にわたる関係であって，取引銀行が破綻した場合に，直ちに別の銀行との間で融

資関係を結べるかといえば，そう簡単ではない．

このように考えると，モラルハザードの危険を過度に強調することには賛成できない．預金保険法の金融危機対応の規定の適切な運用が必要であるし，決済性預金という抜け道も現実には当然なのである．

参 考 文 献

西村吉正『日本の金融制度改革』東洋経済新報社，2003年．

日本銀行金融研究所『新版わが国の金融制度』日本信用調査，1995年．

吉田　曉『決済システムと銀行・中央銀行』日本経済評論者，2002年．
　　（特に10章　金融システムの危機とセイフティネット）

─── 他『現代の金融システム：理論と構造』東洋経済新報社，2001年．
　　（特に第3章　日本の金融システム）

全国銀行協会連合会『銀行協会五十年史』全国銀行協会連合会，1997年．

第3章　近年における日本の金融政策

1. はじめに

　金融政策というと，通常はその時々の金融引き締め・緩和の問題に関心が集中しがちであるが，今日は長い目で見た日本の金融政策の動向について，お話したい．また，金融政策がどのように決められていったかではなく，決められた金融政策の方針がどのようにして実行されていったか，また実施の場においてどのような意味を持ったかといった点に焦点を当てて，お話ししたい．

　そうした観点から見ると，最近15年間の日本の金融政策は，二つの大きな経験をしたといえよう．ひとつは，いわゆる「ゼロ金利政策」や「量的緩和政策」に代表されるような，ほとんど例を見ない，極端なまでの緩和政策が採られてきたということである．これについては，昨年一応離脱したとされる．いまひとつは，金融調節のやり方が大きく変化したことである．高度成長時代は窓口指導に重きが置かれていたが，90年代初めには，これが最終的に廃止された．日本銀行の与信の仕方も，貸し出しが中心であったものが90年代後半には次第にオペが中心となった．今日はこの二点について，私の考え方を交えて説明したい．

　ちなみに，私はこの間，とくに1998年から2000年にかけて，日本銀行の理事として，金融政策の実施について，執行部の責任者であった．ただし，金融政策の決定権は政策委員会のメンバーにあり，私には決定権はなかった．今日はこうした経験を踏まえ，一人の学徒として，見解を申したい．

2. 金融政策の実施方式の変化

　まずはじめに，後者の経験，すなわち金融政策の実施の仕方の変化について述べる．

　高度成長時代の日本の金融政策においては，窓口指導が重要な手段と考えられていた．これは中央銀行が民間銀行の貸し出し額の伸びを直接的に指示して，これをコントロールしようとするものであった．この方法に対しては，中央銀行は個別銀行の行動に直接関与せずに，全体としての資金供給量を調節するのが望ましい上，コントロールのための力の源泉となっていた日銀貸し出しの金利が市場金利よりも常に低く，実際上，特に大手銀行に対する補助金となっている，との批判がなされてきた．このこともあってか，窓口指導の重要度はその後低下し，1990年代に入ると，公式に廃止が表明された．

　また，高度成長時代には，日銀は主として日銀貸し出しによって日銀預金を供給し，調節していた．このための日銀貸し出しのことを日銀内部では「調節貸し出し」と呼んでいた．これに対しては，貸し出しのような銀行ごとの相対取引では，日銀が裁量で個別銀行に対する配分を決めることとなっているとの批判があった．しかし，1990年代にはオペが次第に重要な金融調節の手段となり，1990年代の終盤には「調節貸し出し」は廃止された．1998年に実施された新日銀法の下で，オペの方式は価格競争入札方式に統一され，またその一部始終が公表されるようになり，透明性が一挙に高まった．さらに，2000年代に入ると，それまで日銀引き受けであった政府短期国債（TB, FB）が原則市中公募となったのを受け，オペでも政府短期証券が重要な位置を占めるようになった．

　これらの変化は，全体として，金融調節をできるだけ市場原理を生かしたやり方にしていこうとの意図に基づくものといえよう．このようにして，日本における金融政策の実施の仕方は，少なくとも形の上では，欧米の仕方と極めて似通ったものになったといえよう．

3．異常なまでの金融緩和

　しかしながら一方では，この間日本銀行は信用不安を伴う景気低迷と戦うことを余儀なくされた．そのため，いわゆるゼロ金利政策や量的緩和政策といった異常な手段が採られていった．これらは市場原理に沿ったものとは言いがたい側面を持っている．

　すなわち，日本銀行は1999年にゼロ金利政策を打ち出した．これは金融調節の目標となる翌日物無担保コール・レートを実質上ゼロにまで低下させるという政策である．この政策は明らかに異常な政策である．前例がないというだけではない．金融政策は日銀当座預金の不足度合いを調節することによって行うのであるが，ゼロ金利政策は借り手がただでしか借りたくないほどに潤沢に，つまり資金の希少性がゼロになるまで，資金を供給しようとするものである．この結果，現実にコール市場における貸し借りの件数や残高が激減した．つまり，金融市場の機能が大きく損なわれたといわれた．価格が常にゼロである商品の売買が盛んであるはずはない．このように市場を壊してしまうという副作用はあっても，さらに金融緩和を強化すべきと考えられたために，取られた措置といえよう．

　さらに，日本銀行は2001年3月に量的緩和政策を打ち出した．しかし，これはゼロ金利政策以上に，通常の市場原理に基づく金融政策から乖離したものである．なかでも，本質的な問題は，量的緩和におけるオペはもはや流動性を対価に債券を買い入れる政策ではなく，民間の取引よりも有利な価格を提示することによって債券を買い入れるものだという点にある．流動性は民間ではもはや入用ではなく，民間として流動性を受け取るのは，債券をそのまま保有していたり，これを市場で売却したりするよりも，多くの利益が得られるときに限られる．してみると，こうしたオペの性格は，流動性の調節というより一種の所得移転であり，財政の補助金に近いものだといえよう．こういう政策が正しいか否かは措くとしても，こうしたことを行うことが中央銀行の役割か否かについては，今後とも広く議論が必要であろう．

ちなみに，この問題は，短期金利がゼロに達した後に長期債を買う場合にも，等しく当てはまることに注意すべきであろう．違いは短期債を持っている人に補助金をあげるのか，長期債を持っている人にあげるのかという点のみである．ところが，日銀の損益の上では，両者は一見違った状況に見える．つまり，短期債を買った場合には，財務上，償還差益がなくなるのに対して，長期債を買った場合には，利払いが伴うので少しわかりにくい．

4．近況と今後の課題

最近，日本では，景気が次第に良くなってきている．企業の業績は空前の好調さである．株価が上昇し，地価も首都圏では上昇に転じている．オフィスやマンションの売れ行きが好調である．雇用も改善し，常用雇用者については給与の引き上げが話題となり，パートタイマーまで需給が逼迫してきていると聞く．

こうした状況を受け，日銀は昨年3月に量的緩和政策を止めてゼロ金利政策に移行し，次いで7月にゼロ金利政策を止めて，金融調節における目標金利，すなわちコール・レート（オーバーナイト物，無担保）をプラス（0.25％）に戻した．しかし，この金利水準も，歴史的に見て例外的な超低金利であり，日本が引き続き異常な緩和政策を採っているということに変わりはない．昨年後半からは，次の金利引き上げが話題となっている．

しかし，これに対しては，政府側からいっせいに反対の声が上がっている．特に，中川自民党政調会長などは，そのようなことを言うのであれば，日銀法を再改正し，日銀の独立性を剥奪するといった発言を繰り返していると伝えられている．

一般に，選挙で選ばれた政治家というものは，常に当面の景気を出来るだけ良くしたがるものである．このことはブキャナンなどの公共選択の理論を俟つまでもなく，以前から指摘されてきたことである．とりわけ安倍内閣の関係者にとっては，発足以来低下を続ける支持率をなんとか安定・回復させ，ひいて

は自らの将来の布石にもしたいとの思いが強いと思われる．

　しかし，今回の政治家，政府の反対の大合唱には，上に述べた一般論に加え，蓄積された国債の重石が作用している点を見逃せない．これまで政府は極めて大量の国債を発行し続けてきた．こうしたことは近年の超低金利の下で初めて可能になったことであろうと思われる．ここで金利が上昇すれば，政府の利払いコストは急速に増加してゆき，先行きの予算編成は極めて困難な状況に追い込まれる恐れがある．ちなみに，小泉内閣は公共投資は抑制を続けてきたが，金融機関の処理などには気前よく公的資金を使っており，財政の国債依存度の上昇，国債残高の累増には，これまで歯止めがかかっていない．こうした困った状態から抜け出すためにもっとも安直な方法はインフレを起こすことであることを，十分念頭において関係者の意見を聞く必要がある．

　それにしても，市場の機能を生かした金融政策を目指して自ら金融調節の革新を図ってきた日本銀行が，それに向かって大幅な前進を見たそのときに，市場原理にそむくのではないかと思われるような金融調節の実施を自ら迫られることとなったのは，まことに皮肉な現実であった．こうした経験は，このような事態に立ち至らないための努力，このような困難を何らか意味で緩和するための努力が，経済が比較的安定しているときにこそ，日本銀行に求められていることを示している．それは直接金融政策に関することばかりでなく，金融システムの強化を含め，日本銀行の全体としての強化への，不断の自己努力を要請しているといえよう．

第4章　日本と中国の金融政策比較

1．はじめに

　本章の課題は，日本と中国の中央銀行について，その目的・理念・組織，政策手段，金融政策の効果波及経路などにかんし，両者の比較研究を試みようとする点にある．ただ，本章の執筆に際して，筆者が利用しえた中国についての資料はきわめて乏しく，わずかに，長谷川俊明・王衛軍編訳『中国金融六法』（東京布井出版，1997年，ただし，中華人民共和国中国人民銀行法改正版の中国語原文は日本銀行国際局の新川陸一氏より，また，同日本語訳ならびに中華人民共和国外国為替管理条例改正版の日本語訳はみずほ総合研究所の王旻氏より，それぞれ，提供いただいた），玉置知己・山澤光太郎『中国の金融はこれからどうなるのか』（東洋経済新報社，2005年），桑田良望『中国の金融制度と銀行取引』（みずほ総合研究所，2006年），中国人民銀行英語版ホームページなどに限られていることを，最初に指摘しておきたい．

2．日本銀行および中国人民銀行の目的・理念・組織

　現行の日本銀行の業務活動の法的根拠をなしているものは，1998年4月に施行された日本銀行法である．他方，中国人民銀行の業務活動の法的根拠をなしているものは，1995年3月に施行された中華人民共和国中国人民銀行法である．
　いま，目的・理念・組織という側面から双方を比較するならば，そのあいだには，以下のような共通点と差異が見出される．
　第1に，日本銀行法では，日本銀行の目的は，「日本銀行は，我が国の中央

銀行として，銀行券を発行するとともに，通貨及び金融の調節を行うことを目的とする」(第1条第1項)，「日本銀行は，前項に規定するもののほか，銀行その他の金融機関の間で行われる資金決済の円滑の確保を図り，もって信用秩序の維持に資することを目的とする」(同第2項)，とされている．これにたいして，中国人民銀行法では，「中国人民銀行の地位を確立し，その職責を明確化し，国の通貨政策の正確な制定及び執行を保証し，中央銀行のマクロ調整コントロール体系を確立して完全化し，かつ，金融の安定を維持保護するため，この法律を制定する」(第1条)，「中国人民銀行は，国務院の指導の下に，通貨政策を制定し，及び執行し，金融リスクを防御し，及び融解し，金融の安定を維持保護する」(第2条第2款)，とされている．ちなみに，中国人民銀行法第4条は，「中国人民銀行は，次の各号に掲げる職責を履行する」として，「人民幣を発行し，人民幣の流通を管理する」こと，「支払い及び清算システムの正常な運行を維持保護する」ことも例示しているから，目的という側面で，両者のあいだに，基本的な相違はないとみなしてよいであろう．

　相違ということになれば，目的というよりも，むしろ，両行の政府との関係という点に求められなければならない．すなわち，日本銀行の場合には，「日本銀行の通貨及び金融の調節における自主性は，尊重されなければならない」(第3条第1項)として，日本銀行の政府からの独立性が保証されているが，他方，中国人民銀行の場合には，上記のように，「通貨政策を制定し，及び執行し，金融リスクを防御し，及び融解し，金融の安定を維持保護する」にあたって，「国務院の指導」を受けなければならないとして，中国人民銀行の政府からの独立性が保証されているわけではない．この相違は，社会主義国としての中国においては，中国人民銀行は，中国銀行業監督管理委員会，中国証券監督管理委員会，中国保険監督管理委員会とならんで，国務院の直属機関として位置づけられていることに由来するものである．もっとも，この点を確認したうえで，日本銀行法では，同時に，日本銀行の政府との関係が，「日本銀行は，その行う通貨及び金融の調節が金融政策の一環をなすものであることを踏まえ，それが政府の経済政策の基本方針と整合的なものとなるよう，常に政府と連絡

を密にし，十分な意思疎通を図らなければならない」(第4条)，と謳われていること，また，中国人民銀行法では，同時に，中国人民銀行の通貨政策執行の独立性が，「中国人民銀行は，国務院の指導の下に，法により独立して通貨政策を執行し，職責を履行し，業務を展開し，地方政府，各級政府部門，社会団体及び個人の干渉を受けない」(第7条)，と謳われていることにも，留意が必要である．

第2に，日本銀行法では，「理念」という言葉を使いつつ，「日本銀行は，通貨及び金融の調節を行うに当たっては，物価の安定を図ることを通じて国民経済の健全な発展に資することをもって，その理念とする」(第2条)，としている．これにたいして，中国人民銀行法では，「目標」という言葉を使いつつ，「通貨政策の目標は，通貨価値の安定を保持し，かつ，これにより経済成長を促進することにある」(第3条)，としている．ここで，あるいは，日本銀行法のケースのように，「通貨及び金融の調節」の「理念」は「物価の安定」にあると呼んだとしても，または，中国人民銀行法のケースのように，「通貨政策の目標」は「通貨価値の安定」にあると呼んだとしても，内容上，これといった相違が生じるいわれはないと判断されるかもしれない．しかし，じつは，そこには微妙な問題が含まれている．というのは，現行の日本銀行法の制定の過程で，「通貨価値の安定」という用語をわざわざ避けて，あえて「物価の安定」という用語が採用されるにいたった経緯が存在するからである．1997年2月の金融制度調査会「日本銀行法の改正に関する答申」は，この間の事情を以下のように伝えている．「金融政策の目標を，物価の安定ではなく，通貨価値の安定とする考え方もある．しかし，通貨価値には，対内的価値である物価と対外的価値である為替レートの2つの側面があり，こうした2つの目標を，金融政策という1つの経済手段で追求する場合，利益相反が生じうることは，理論や過去の経験が示すところである．従って，金融政策の目標は，通貨価値の安定とせず，物価の安定が適当であると判断したところである」．ひるがえって，中国に即して考えると，中国人民銀行は，対内的価値である物価の安定についてばかりではなく，後に考察するように，対外的価値である為替レートについても，

その責務を負わされている．その意味で，中国人民銀行法にあっては，まさに，通貨政策の目標は，「物価の安定」ではなく，「通貨価値の安定」でなければならないわけである．なお，このことが，どのようなかたちでの「利益相反」を生み出すにいたるかという側面については，第4節でとりあげることにしたい．

第3に，日本銀行法では，日本銀行の資本金について，「日本銀行の資本金は，政府及び政府以外の者からの出資による一億円とする」(第8条第1項)，「前項の日本銀行の資本金のうち政府からの出資の額は，五千五百万円を下回ってはならない」(同第2項)，としている．これにたいして，中国人民銀行法では，中国人民銀行の資本金について，「中国人民銀行の資本金の全部は，国が出資し，国家所有に属する」(第8条)，としている．すなわち，日本銀行の場合には，資本金1億円のうち，その55％に相当する5,500万円が政府出資とされ，45％に相当する残りの4,500万円は民間出資とされているが，中国人民銀行の場合には，資本金の全額が政府出資とされている．

第4に，日本銀行法では，「日本銀行に，政策委員会を置く」(第14条)，「通貨及び金融の調節に関する事項は，委員会の議決による」(第15条第1項)，としている．これにたいして，中国人民銀行法では，「中国人民銀行に，通貨政策委員会をおく．通貨政策委員会の職責，構成及び業務手続は，国務院が定め，全国人民代表大会常務委員会に報告し記録にとどめる」(第12条第1款)，としている．すなわち，日本銀行の場合には，政策委員会は政府から独立的な議決機関としての位置づけが与えられているが，中国人民銀行の場合には，通貨政策委員会は，「通貨政策の諮問・議事機関」としての位置づけが与えられているにすぎない．ちなみに，前出の玉置・山澤『中国の金融はこれからどうなるのか』は，この点について，次のように解説している．「人民銀行内で金融政策を企画・立案する機関として，『貨幣政策委員会』が設置されている．メンバーとしては，人民銀行長(委員会議長)，国家発展改革委員会副主任など13名が規定されている．会合は原則として年4回開催されることとなっている．同委員会の権限は，表面的には日本銀行や英蘭銀行(Bank of England)の政策委員会や米国の連邦準備制度委員会(FRB)に類似しているが，人民銀行が重要

な金融政策を政府から独立して実施する権限を与えられていないため，同委員会は，人民銀行法上『貨幣政策の諮問・議事機関』と位置づけられており，その権限は金融政策関連の議案提出に止まっている」．なお，日本銀行の政策委員会・金融政策決定会合についていえば，毎月1～2回の開催が常例となっている．

　第5に，日本銀行法では，「〔政策―建部〕委員会は，委員九人で組織する」（第16条第1項），「委員は，審議委員六人のほか，日本銀行の総裁及び副総裁二人をもってこれに充てる」（同第2項），「総裁及び副総裁は，両議院〔衆議院及び参議院のこと〕の同意を得て内閣が任命する」（第23条第1項），「審議委員は，経済又は金融に関して高い識見を有する者その他の学識経験のある者のうちから，両議院の同意を得て，内閣が任命する」（同第2項），「総裁，副総裁及び審議委員の任期は5年……とする」（第24条第1項），「日本銀行の役員は，……その意に反して解任されることがない」（第25条第1項），とされている．これにたいして，中国人民銀行法では，「中国人民銀行に行長一名及び副行長若干名をおく」（第10条第1款），「中国人民銀行の行長の人選は，国務院総理の指名に基づき，全国人民代表大会が決定し，……中華人民共和国主席が任免する．中国人民銀行の副行長は，国務院総理が任免する」（同第2款），とされている．すなわち，「総裁」ないし「行長」の任免に際して，「両議院の同意」または「人民代表大会の決定」を必要とする点では，双方のあいだに，相違はない．しかし，日本銀行法では，「副総裁は，両議院の同意を得て，内閣が任命する」としているが，中国人民銀行法では，「国務院総理が任免する」としている．また，中国人民銀行法には，行長および副行長の任期やその身分保障にかんする規定が見当たらない．

　第6に，これは，日本銀行法にのみ存在する規定であるが，「財務大臣又は……経済財政政策担当大臣は，必要に応じ，〔政策委員会〕の金融調節事項を議事とする会議に出席して意見を述べ，又はそれぞれの指名する職員を当該会議に出席させて意見を述べさせることができる」（第19条第1項），「金融調節事項を議事とする会議に出席した財務大臣又はその指名する財務省の職員及び経

済財政政策担当大臣又はその指名する内閣府の職員は，当該会議において，金融調節事項に関する議案を提出し，又は当該会議で議事とされた金融調節事項についての委員会の議決を次回の金融調節事項を議事とする会議まで延期することを求めることができる」(同第2項)，としている．これが，政府代表による，「金融調節事項を議事とする会議」(政策委員会・金融政策決定会合) にたいする，出席権，発言権，議案提出権ならびに議決延期権と呼ばれるものであり，一般に，日本銀行の政府からの独立性という観点に鑑みて，重大な疑義を残す内容とみなされているものである．もっとも，日本銀行法は，「前項の規定による議決の延期の求めがあったときは，委員会は，議事の議決の例により，その求めについての採否を決定しなければならない」(同第3項)，というかたちで，日本銀行が実施する金融政策への政府からの干渉の余地にたいして，歯止めをかけることを忘れていない．ここで，「議事の議決の例」とは，「委員会の議事は，出席した〔政策〕委員の過半数をもって決する．可否同数のときは，議長が決する」(第18条第2項)，という規定を指している．

第7に，日本銀行法は，いわゆる中央銀行の最後の貸し手機能について，以下のように謳っている．「内閣総理大臣及び財務大臣は，銀行法第五十七条の二の規定その他の法令の規定による協議に基づき信用秩序の維持に重大な支障が生じると認めるとき，その他の信用秩序の維持のため特に必要があると認めるときは，日本銀行に対し，当該協議に係る金融機関への資金の貸付けその他の信用秩序の維持のために必要と認められる業務を要請することができる」(第38条第1項)，「日本銀行は，前項の規定による内閣総理大臣及び財務大臣の要請があったときは，第三十三条第一項に規定する業務のほか，当該要請に応じて特別の条件による資金の貸付けその他の信用秩序の維持のために必要と認められる業務を行うことができる」(同第2項)．ここで，銀行法第57条の2の規定とは，銀行の「業務の全部又は一部の停止の命令」，銀行の「免許の取消し」にかかわるそれを指し，他方，日本銀行法第33条第1項の規定とは，日本銀行の通常業務を定めたそれを指す．これにたいして，中国人民銀行法には，中央銀行の最後の貸し手機能にかんする独立の条文を見出すことができないが，す

でにみたように，第2条では，「中国人民銀行は，国務院の指導の下に，通貨政策を制定し，及び執行し，金融リスクを防御し，及び融解し，金融の安定を維持保護する」，とされている．中国人民銀行は，おそらく，このうちの「金融リスクの防御・融解」の箇所を根拠として，最後の貸し手機能を発動するにいたるのであろう．

ただ，日本では，「金融リスク」の「融解」については，現行の日本銀行法の制定の経過に照らして，その最終的責任の所在は，日本銀行にではなく，政府にあるとされていることが留意されなければならない．というのは，1996年11月の中央銀行研究会「中央銀行制度の改革」，ならびに，前出の金融制度調査会「日本銀行法の改正に関する答申」は，「信用不安が生じた場合の対応」について，以下のような記述を残しているからである．「信用不安が生じた場合の対応については，金融機関の破綻処理等には行政的手段を要することから，最終的責任は政府にあるが，日本銀行は『最後の貸手』として重要な役割を担う必要がある．／その際の日本銀行の役割は，基本的には，信用秩序の維持の観点から，適切な流動性を供給していくことであり，明白に回収不能なケースについての損失補填は，金融機関のモラルハザードを避けるためにも行うべきではない」．「これまで，日本銀行は，現行日本銀行法〔旧日本銀行法〕第25条の規定に基づき，大蔵大臣の認可を得て，無担保の貸出等を実施してきた．信用不安が生じた場合の対応については，金融機関の破綻処理等の行政的手法を要することから，最終的な責任は政府にある．しかしながら，日本銀行も，『最後の貸手』として重要な役割を担っており，信用秩序維持の観点から適切な流動性供給を行うことを求められる．ただし，明白に回収不能なケースについての損失補填は，金融機関のモラルハザードを避けるためにも行うべきではない」．ここで，旧日本銀行法第25条の規定とは，「日本銀行ハ主務大臣〔大蔵大臣〕ノ許可ヲ受ケ信用制度ノ保持育成ノ為必要ナル業務ヲ行フコトヲ得」，というそれを指す．

第8に，日本銀行による政府にたいする信用供与については，日本銀行法においてではなく，1947年3月に制定された財政法のなかで，政府が日本銀行に

公債を引き受けさせること，ならびに，政府が日本銀行から借り入れることをいずれも原則として禁止する措置が講じられている．すなわち，財政法第5条の，「すべて，公債の発行については，日本銀行にこれを引き受けさせ，又，借入金の借入については，日本銀行からこれを借り入れてはならない．但し，特別の事由がある場合において，国会の議決を経た金額の範囲内ではこの限りではない」，という規定がそれに相当する．ちなみに，日本銀行の説明によれば，ここでいう「特別の事由」とは，目下のところ，日本銀行がオペレーションをつうじて保有することになった国債の満期の到来に際して，同行が引き受ける借換債のケースだけを指すものとされている．他方，中国人民銀行法では，中国人民銀行による政府にたいする信用供与について，「中国人民銀行は，政府財政に貸越しをしてはならず，かつ，国債その他の政府債券の購入を直接に引き受け，又はその売却を一括して請け負ってはならない」(第29条)，としている．したがって，政府への信用供与という問題については，日本銀行と中国人民銀行とのあいだに，その対応のうえで，さしたる相違はないと考えてよいであろう．

最後に，日本においては，政府の保有外貨は，政府内にある外国為替資金特別会計によって管理されている．とはいえ，日本銀行は，外国為替資金特別会計法にもとづき，政府 (財務大臣) の委託を受けて，この特別会計の外貨および円貨の受け払いにかんする事務を取り扱うこととされている．このうち，金融機関を相手とする外国為替の売買は，円の為替相場の安定を目的とした外国為替平衡操作にかかわるものであり，日本銀行は，財務大臣の代理人の資格で，国の資金，具体的には，外国為替資金特別会計の資金を用いて市場介入を行うことになる．つまり，外国為替市場への介入の責任は，あくまでも，日本銀行にではなく，政府に属するというわけである．これにたいして，『中国の金融はこれからどうなるのか』は，2005年7月の「通貨バスケットを参考にする管理変動相場制」への移行以後の，中国の外国為替市場の実情を以下のように描き出している．①中国では，1994年4月に外貨取引センター (China Foreign Exchange Trade System) が設立され，インターバンク (銀行間) の外国為替取

引は同センターに集中されている．②センターの参加者は，為銀（外国為替公認銀行）と人民銀行に限定されている．国際収支が黒字を継続していることから，為銀が外貨（主として米ドル）の主要な売り手となる一方，人民銀行が外貨の主要な買い手（為替介入）となっている．③センターの取引通貨は，人民元の対米ドル，香港ドル，円，ユーロ取引に限定されていたが，2005年5月以降，米ドル・円，ユーロ・円など8組の外貨同士の取引も行なわれるようになった．④人民銀行は，毎営業日終了後に人民元レート終値を公表し，それを翌営業日の人民元取引の中間レートとする．⑤人民元レートは，人民銀行が公表した中間レートの上下一定の範囲内で変動することが認められている（現在の値幅制限は，対米ドル±0.3％，対円，香港ドル，ユーロでは±1.5％に設定されている）．為替レートがこの値幅制限を上下に突破しそうなときには，人民元レートが値幅制限の範囲内にとどまるよう，為替介入を実施する．⑤センターの取引時間は，以前は毎営業日の午前中9時20分から11時までの1時間40分に限られていたが，2003年に9時30分から15時30分までの6時間に延長された．以上の素描に鑑みれば，中国においては，どうやら，人民元レートの変動幅および市場介入の決定，したがって，外貨の管理は，中国人民銀行に委ねられているようである．じっさい1996年4月に実施された中華人民共和国外国為替管理条例では，「中国人民銀行は，銀行間外国為替市場で形成された価格に基づき，人民幣の主たる外国通貨に対する為替レートを公布する」（第33条第2款），「外国為替指定銀行及び外国為替業務を取り扱うその他の金融機構は，中国人民銀行の公布する為替レート及び所定の浮動範囲に基づき，顧客に対する外国為替売買価格を確定し，外国為替売買業務を処理しなければならない」（第36条第2款），「中国人民銀行は，通貨政策の要求及び外国為替市場の変化に基づき，法により外国為替市場に対して調整コントロールをする」（第38条），とされているし，また，中国人民銀行法では，中国人民銀行の職責のひとつに，「国の外国為替準備金及び金準備を保有し，管理し，及び運営する」（第4条第7款）を掲げると同時に，「中国人民銀行が年度通貨供給量，利率，為替レート及び国務院所定のその他の重要事項につき行った決定は，国務院に報告し承認を経た後に執行する」

（第5条第1款），とされている．

　以上の整理から，われわれは，日本銀行法と中国人民銀行法のあいだには，関連する法律も含めて，一方で，その目的，政府にたいする信用供与の禁止などの側面における共通性の存在と同時に，他方で，その理念，政府からの独立性の有無，政策委員会ないし通貨委員会の権限，資本金の出資方式，外貨の管理および外国為替市場への介入の主体などの側面における差異性の存在を確認することができる．そして，差異性の多くは，日本は資本主義国であり，中国は社会主義国であるという，社会体制の相違に起因するものと考えて，おそらく，間違いはないであろう．

3．金融政策の手段

　教科書的には，中央銀行が駆使する金融政策の手段として，貸出政策――貸出しにあたっての基準となるべき基準割引率と基準貸付利率が，日本では伝統的に公定歩合という名で呼びならわされてきた――，債券・手形の売買操作ないし公開市場操作，準備率操作の三者をあげることが通例となっている．じっさい，日本銀行法では，「次に掲げる通貨及び金融に関する事項は，〔政策〕委員会の議決による」（第15条第1項），とされ，このうち，金融政策手段にかかわる事項として，①商業手形その他の手形の割引に係る基準となるべき割引率その他の割引率並びに当該取引に係る手形の種類及び条件の決定又は変更，②手形，国債その他の有価証券を担保とする貸付けに係る基準となるべき貸付利率その他の貸付利率並びに当該貸付に係る担保の種類，条件及び価額の決定又は変更，③準備金制度に関する法律に規定する準備率及び基準日等の設定，変更又は廃止，④商業手形またはその他の手形（日本銀行の振出しに係るものを含む）又は国債その他の債券の売買その他の方法による金融市場調節（公開市場操作を含む）の方針並びに当該金融市場調節に係る手形又は債券の種類及び条件その他の事項の決定又は変更，⑤その他の通貨及び金融調節に関する方針の決定又は変更，という5つの措置を列挙している．ここで，①と②が貸出政策に，③

が準備率操作に，④が債権・手形の売買操作に，それぞれ，相当することは改めて指摘するまでもないであろう．また，中国人民銀行法では，「中国人民銀行は，通貨政策を執行するため，次の各号に掲げる通貨政策手段を運用することができる」（第23条第1款），とされ，通貨政策の手段として，①銀行業金融機構に対し所定の比率に従い預金準備金を預け入れるよう要求すること，②中央銀行の基準利率を確定すること，③中国人民銀行において口座を開設する銀行業金融機構のため再割引を取り扱うこと，④商業銀行に対して貸付金を提供すること，⑤公開市場において国債その他の政府債券及び金融債券並びに外国為替を売買すること，⑥国務院の確定するその他の通貨政策手段を運用すること，という6つの措置を列挙している．ここで，②と③および④が貸出政策に，①が準備率操作に，⑤が公開市場操作に，それぞれ，相当することは，改めて指摘するまでもない．

しかし，日本銀行および中国人民銀行による現行の金融政策の運営状況を点検してみると，教科書どおりにこれらの政策手段がバランスよく活用されているわけではないという現実に直面せざるをえない．

たとえば，日本銀行金融研究所編『新しい日本銀行』（有斐閣，2000年）を例にとれば，金融政策と日々の金融調節について説明している章のタイトルは，「オペレーションと貸出」というそれであり，そこでは，準備率操作にかんして何らの言及もなされていない．これは，1957年5月に施行された準備預金制度に関する法律の第1条が，準備預金制度を「通貨調節手段」として位置づけていること──「この法律は，通貨調節手段としての準備預金制度を確立し，わが国の金融制度の整備を図るとともに，国民経済の健全な発展に資することを目的とする」──に照らして，きわめて奇異な取扱いであるといわなければならない．なぜ，準備率操作を，いつのまにか，金融政策手段の地位から脱落させたのか（準備率操作が最後に発動されたのは1991年10月である），筆者が知るかぎり，これまでのところ，日本銀行じしんによる説明を見出すことができないが，推定するならば，以下のような事情を考慮した結果であるように思われる．

日本の準備預金制度は，1ヵ月間（たとえば，4月1日から4月30日まで）の平均預金残高にもとづいて計算された所要準備額を，その月の16日（4月16日）から翌月の15日（5月15日）までの平均残高として，市中銀行が日本銀行の当座預金口座に積み立てることをその内容とするものである（中国の準備預金制度でも，毎旬ごとに所要準備が計算され，その金額を当該旬の5の付く日から翌旬の4の付く日にかけて積み立てることをその内容としている）．したがって，日本の預金準備制度は，達観すれば，前月の預金量に対応する準備預金額を，翌月にかけて積み上げる「後積み方式」であると考えることができるであろう．ここで，留意されるべきは，前月の預金量は，市中銀行による前月の預金創造活動したがって信用創造活動によって規定され，ここから，前月の16日から今月の15日までに必要な所要準備額は，この預金量と与えられた準備率によってあらかじめ決定されているということである．しかも，あるいは常識に反することになるかもしれないが，今日の金融システムのもとでは，市中銀行は借り手の口座に貸出額に相当する預金額をたんに貸記するかたちで貸出しを行うのであるから，また，借り手はこの預金を受取人の口座に振り替えることにより決済を行うのであるから，貸出しの時点では，市中銀行はそれに必要な準備をあらかじめ用意することを要請されるわけではない．こうして，マクロ的にみれば，準備預金をネットで追加的に供給することのできる唯一の主体である日本銀行は——インターバンク市場をつうじた個々の市中銀行間での既存の準備（これじたい，日本銀行の過去の行動によって生み出されたものである）の相互融通は，いわばゼロサム・ゲームであって準備預金のネットの増加をともなうものではない——，インターバンク市場を混乱させ，そこでの金利を異常に高騰させないためにも，翌月の15日までには，必要な準備を，たとえば，債券・手形の売買操作を介して供給せざるをえない立場にたたされることになる．つまり，預金額が準備額を決定するというわけであって，マネタリスト的な理解とは異なり，逆の因果関係が成立するというわけではない．準備の供給という点では，日本銀行は，つねに，受け身の立場に置かれているというのがことの真相である．それと同時に，この真相が有する含意もまた，明白になる．すなわち，たとえ，日本銀

行が準備率操作を発動して，市中銀行が必要とする準備預金額を増加させたとしても，新たに必要とされる準備額は，結局のところ，ほかならぬ日本銀行じしんが供給しなければならない羽目に陥る，と．

　そうであれば，準備率操作は，金融政策として何の効果も発揮しないということになるのであろうか．もちろん，そんなことはありえない．ただ，その効果は，一般に予想されるところとは異なり，所要準備額の増加→市中銀行の貸出額の減少といった量的な面からのそれではなく，追加準備の調達コストの増加→市中銀行による貸出金利の引上げ→貸出額の減少といったコスト面からのそれであるということである．ここで，なぜ，追加準備の調達コストが増加するのかといえば，市中銀行は追加準備の調達にあたって，商業手形や国債などの有利子の資産を日本銀行に売却したうえで，その受取資金をそのまま日本銀行当座預金という無利子の資産のかたちで保有しなければならないからである．ちなみに，中国人民銀行の場合とは異なり，日本銀行の場合には準備預金にたいして金利は付されていない．

　いまや，ようやくにして，結論にたどりつくことになる．すなわち，コスト面からの働きかけということになれば，日本銀行の立場からは，準備率操作というまわりくどいやり方よりも，債券・手形の売買操作をつうじたインターバンク市場金利のコントロールというより直截的な方法が，身近に現存している．日本銀行としては，それを利用しない手はないであろう．

　さて，このような経過をたどって，現在では，準備預金制度は，「通貨調節」のための手段というよりも，むしろ，日本銀行による債券・手形の売買操作をつうじたインターバンク市場金利のコントロールを可能にする，制度的な枠組みの提供という役割を担うものとなっている．

　日本銀行は，1995年3月以降，次回の政策委員会・金融政策決定会合までの金融市場調節方針を，直近を例にとれば，「無担保コールレート（オーバーナイト物）を0.25％前後で推移するよう促す」というかたちで公表するようになった．これが，インターバンク市場金利を政策金利（操作目標）として選択し，それを誘導するということの当の内容である．しかし，ここでも，新たな問題に

直面する．というのは，月単位でみれば，所要準備額しか供給されないという認識が関係者のあいだで共有されているにもかかわらず，日本銀行は，なぜ，政策金利としてのインターバンク市場金利を目標水準に向けて，意のままに誘導することができるのかという疑問が生じるに違いないからである．この問題については，次のように考えればよいであろう．いま，市中銀行が日本銀行の金融市場調節方針を無視して，その水準よりも低い金利で取引をつづけたとする．この場合，日本銀行は，準備預金の積み最終日の直前に，準備供給額を所要準備額以下に減らし，市中銀行間の準備預金の奪い合いという事態を惹き起こすことによって，インターバンク市場金利を急騰させることも可能である．つまり，準備預金制度という制度的枠組みのもとで，市中銀行は日本銀行にはけっして逆らえない仕掛けが用意されているというわけである．加藤出・山広恒夫『バーナンキのFRB』（ダイヤモンド社，2006年）は，アメリカのケースを例にとりつつ，この間の事情を以下のように叙述しているが，こうした事態は，日本のケースについてもそのままあてはめることができると判断されてよいであろう．「ニューヨーク連銀〔連邦準備銀行〕は短期的にはオペ〔オペレーション〕によって準備預金残高を増減させて，フェデラルファンド金利〔日本のコールレートに相当〕を誘導している．／しかし，少し長い目で見るとそうでもないことがわかる」．「FOMC〔連邦公開市場委員会，その実務をニューヨーク連銀が担当する〕は2004年6月から利上げを開始し，フェデラルファンド金利の誘導目標を1％から4.5％にまで引き上げた（2006年2月現在）．3.5％も金利引き上げを行っているが，この間，ニューヨーク連銀は準備預金所要額の変動に合わせて準備預金残高をコントロールしている」．「つまり連銀はフェデラルファンド金利誘導目標の引き上げを実現するために，準備預金残高を減らしているわけではない」．「仮に，FOMCが金利引き上げを宣言したにもかかわらず，マーケットはそれを無視して，誘導目標よりも大幅に低い金利で恒常的に取引を行っていたとしよう．その場合，中央銀行は断固たる態度を示すことができる．準備預金残高を所要準備より減らしてしまえば，市場金利を引き上げることができる．長期的に見ると，フェデラルファンド市場のプレーヤーは，

ニューヨーク連銀には逆らえないのである．よって，金融機関は誘導金利変更のアナウンスメントに基本的には従うことになる」．

　ここまでは，準備率操作の「金融調節手段」としての位置づけの弱体化をめぐる議論を展開してきた．ところが，日本では，近年，貸出政策や公定歩合の金融政策ないし金融調節上の位置づけにかんしても，大きな変化を経験しつつある．ひとつは，日本銀行は，1996年以降，原則として貸出しに依存しないかたちでの金融調節を実施するようになっていたが，2001年3月には，新たに「補完貸付制度」を導入するにいたったことである．ちなみに，日本銀行企画局「主要国の中央銀行における金融調節の枠組み」(『日本銀行調査季報』2006年10月号）によれば，補完貸付制度の導入の目的は，以下の点に見出される．「マクロ的な資金過不足が適切にコントロールされていれば，個々の民間金融機関における資金過不足は，基本的に，金融市場〔インターバンク市場〕を通じた資金の相互融通により調整される．しかし，現実には，様々な制約から必ずしもこうした調整が円滑に行われず，民間金融機関が資金を調達（運用）するために借入（貸付）金利を大幅に引き上げ（下げ）ざるを得ない状況に陥り，短期の市場金利が金融調節上の誘導目標から大幅に乖離する事態が起こり得る．／このため，各中央銀行では，オペによる金融調節を補完し，短期の市場金利を安定化させる仕組みとして，中央銀行が民間金融機関からの申込みを受け，ごく短期間，予め定められた金利により受動的に資金貸付けもしくは預金受入れを行う制度を設けており，これをスタンディング・ファシリティと呼んでいる．日本……では，貸付ファシリティのみを設けている」．つまり，ここでいうスタンディング・ファシリティに相当するものが補完貸付制度（いわゆる「ロンバード型貸付」）にほかならないというわけである．日本銀行の場合，貸付期間は，1営業日（オーバーナイト）であり，貸付利率は，準備預金制度における1回の積み期間（各月の16日から翌月の15日までの期間）内において，貸付日数の累計が一定の日数（原則5営業日）内にとどまる際には基準貸付利率（公定歩合），貸付日数の累計が当該日数を超える際には超えた日数分だけ基準貸付利率に年2.0％を上乗せした利率が適用されることになっている．また，貸付額は，民

間金融機関から差入れを受けた担保の価額の範囲内とされている.

　話がいくぶん煩雑になるかもしれないが，ここで，補完貸付制度の導入とともに，公定歩合が結果的に，短期の市場金利の上限を画する役割を有するにいたった点に留意がはらわれなければならない．ふたたび，日本銀行企画局「主要国の中央銀行における金融調節の枠組み」を参照するならば，その経緯は，次のとおりである．「スタンディング・ファシリティの適用金利は，通常，政策金利からある程度の乖離幅をもって，それを利用する民間金融機関にとって不利になるように，つまり，貸付金利は政策金利より高く……設定される．このように金利を設定することにより，民間金融機関には，短期の市場金利がスタンディング・ファシリティの貸付金利を……〔下回る〕限り，極力市場取引を通じて資金を調達……しようとする誘因が働く．同時に，短期の市場金利がこの範囲を超えて上昇……する場合には，いつでもスタンディング・ファシリティを利用することが可能であることが予め明確になっているため，結果として，スタンディング・ファシリティの金利が短期の市場金利の上限を画するといった効果が期待される」．

　しかも，ことがらはこれにとどまらない．というのは，2006年7月に，日本銀行は，政策委員会・金融政策決定会合において，金融市場調節方針を変更し，無担保コールレート（オーバーナイト物）の誘導水準をそれまでの0％から0.25％に，また，「公定歩合」をそれまでの0.1％から0.4％に改めることを決定したが，それを機に，公定歩合という言葉じたいの使用を回避しようとする姿勢をとりはじめるようになったからである．2006年7月21日の読売国際経済懇談会における武藤敏郎日本銀行副総裁の講演要旨「最近の金融政策運営」のなかの以下の発言が，この動向を端的に示す事例となっている．「日本銀行が金融機関に直接資金を貸し出す時の基準金利を『公定歩合』と言います．『公定歩合』という言葉は，日本銀行に関連する用語の中でも，とりわけ認知度の高い言葉だと思います．しかし，実は，この言葉は，法律に規定されているものではありません．日本銀行法に規定されている『基準となるべき割引率（基準割引率）』と『基準となるべき貸付利率（基準貸付利率)』のことを，『公定

歩合』と呼んでいます．従来は，『商業手形割引率ならびに国債，特に指定する債券または商業手形に準ずる手形を担保とする貸付利率』と『その他のものを担保とする貸付利率』の2区分があり，各々について率が定められていましたが，これらは，2001年に『基準割引率および基準貸付利率』として一本化されました」．「公定歩合は，2001年に導入された補完貸付制度——予め明確に定めた条件に基づき，日本銀行が貸付先からの借入れ申込みを受けて受動的に実行する貸付制度——のもとで，補完貸付の適用金利として，オーバーナイトのコールレートの上限を画する役割を担うようになっています．現在の政策金利は，あくまで無担保コールレート（オーバーナイト物）であり，公定歩合には政策金利としての意味合いはありません．そうした意味で，今後は，かつては政策金利としての意味合いの強かった『公定歩合』という用語を使わず，『基準貸付利率』ないし『補完貸付の適用金利』という用語を使っていくことが適当であると考えています」．じっさい，こうした動向を反映させつつ，日本銀行調査統計局『金融経済統計月報』は，いまや，該当する表のタイトルに，「公定歩合」に代えて，「基準割引率および基準貸付利率（従来『公定歩合』として掲載されていたもの）」という表現を使用するにいたっている．

　以上を要するに，現在，日本銀行において，金融政策ないし金融調節の遂行にあたり，主要な手段としての位置を与えられているものは，債券・手形の売買操作にほかならないということである．

　ひるがえって，中国人民銀行の場合には，どうであろうか．

　ただちに気が付くのは，中国人民銀行法のなかで，「中国人民銀行が年度通貨供給量，利率，為替レート及び国務院所定のその他の重要事項につき行った決定は，国務院に報告し承認を経た後に執行する」（第5条第1款），と謳われているように，中国人民銀行の場合には，無担保コールレート（オーバーナイト物）というかたちで政策変数がひとつに絞り込まれている日本銀行の場合と異なり，年度通貨供給量，利率，為替というかたちで，政策変数を3つも有していることである．このうち，政策変数としての年度通貨供給量とは，『中国の金融はこれからどうなるのか』が指摘する，「人民銀行の周小川行長は，2005年の通

貨政策の目標として，狭義マネーサプライ（M1），広義マネーサプライ（M2）をともに15％増やすこと，全金融機関の人民元建て新規貸出を2兆5,000億元増やすことを掲げている」，という内容を指しているのであろう．また，政策変数としての利率とは，同書が指摘する，「金利面の直接コントロールとして，人民銀行は，業態や期間ごとに，全金融機関の預金基準金利と貸出基準金利を定めている．ただし，固定資産投資を中心に景気が過熱している中で，多額の不良債権を抱えている国有企業への配慮もあって，預金・貸出基準金利は低水準に抑えられており，過熱経済の抑制策としては，窓口指導などの量的コントロールが中心的な役割を果たしている」，という内容を指しているのであろう．つまり，政策変数としての利率といっても，それは，日本銀行の場合のように，インターバンク市場金利を意味するのではなく，金融機関の対顧客向けの預金基準金利と貸出基準金利（2004年10月の預金・貸出基準金利の引上げに際して，貸出金利の上限が撤廃されたとの由である）を意味しているというわけである．政策変数としての為替レートについては，すでに第2節で触れた．

　それでは，年度通貨供給量目標の実現に向けて，貸出政策，準備率操作，公開市場操作といった各種の政策手段には，それぞれ，どのような効果を発揮することが期待されているのであろうか．まず，貸出政策については，中国人民銀行の場合にも，日本銀行の場合と同様に，基本的にはマクロ的な金融調節手段としては利用されていないようである——「人民銀行貸出（再割引を含む）の役割は，金融システムの安定（金融機関の風評被害や危機対応のための貸出）や，農業支援のための資金繰り支援（農村信用社が農民の資金需要に対応するために実施する貸出）に限定されており，マクロ的な金融調節手段としては利用されていない」（『中国の金融はこれからどうなるのか』）．つぎに，準備率操作については，中国人民銀行の場合には，日本銀行の場合と異なり，かなり頻繁に発動されているようである．しかし，日本銀行がなぜこれを政策手段から事実上排除するにいたったのかという問題の分析をつうじてすでに解明したように，準備率操作は，金融機関の所要準備額に影響を及ぼす政策ではなく，じつのところ，金融機関の所要準備コストに影響を及ぼす政策であるにすぎない．ところが，中国

人民銀行の場合には，日本銀行の場合と異なり，準備預金に金利を付している．つまり，その分だけ，準備率操作の効果が削減されるわけである．したがって，中国人民銀行による準備率操作の発動の含意は，コスト面からの金融機関の貸出行動への働きかけというよりも，むしろ，同行の外国為替市場への介入（ドル買い・元売り）の結果として生み出された金融機関が所有する過剰準備の凍結に力点が置かれていると考えるべきであろう．最後に，公開市場操作については，日本銀行の場合と異なり，短期の市場金利を誘導するためにではなく，目下のところ，準備率操作とならんで，同行の外国為替市場への介入の結果として生み出された金融機関が所有する過剰準備を吸収するために活用されているというのが実情のようである（過剰準備の凍結・吸収という意味ではこちらが主役）――「人民銀行では2005年7月の人民元制度改革まで人民元の対ドル為替レートを1ドル＝8.28元前後の狭いレンジに固定させるために多額の為替介入（ドル買い・人民元売り）を実施してきたが，こうした為替介入を通じて金融市場に放出される人民元を吸収するため，公開市場操作の拡充が図られている．具体的には，公開市場操作で金融市場の余剰資金を吸収するために，2003年4月以降，人民銀行手形が発行されている．人民銀行が常に大量の債券を保有していれば，その債券を市場で売却することにより金融市場から所要の資金を吸収することができる．しかしながら，現状ではオペの対象となる，債券残高が不足していることから，人民銀行は，自己を支払人として振出した手形……を市場で売却することにより，債券保有額の制約なしに金融市場から資金を吸収している」（同上）．「外貨準備が急増するような大規模な外貨流入により生じる金融政策上の最大の問題は，リザーブマネーが急増し，過剰流動性が発生する要因となることである．外貨流入に伴うマネーの増加を中銀が債券の売りオペ等により吸収することは可能であるが（『不胎化政策』），……現在の中国の場合には外貨流入の半分程度しか不胎化されていない」（石川純生・増井彰久・仲山里美「中国：過剰流動性によるマクロ経済上の諸問題」（『開発金融研究所報』第31号，2006年9月）．

　ところで，すでに述べたように，今日の金融システムのもとでは，商業銀行

は準備がなければ貸出しを行いえないという性格のものではないが，中国にみられるように，一方で，商業銀行が過剰準備ないし過剰流動性を抱え，他方で，企業の借入需要が旺盛である所では，こうした過剰準備の存在は，過剰貸出・過剰借入に帰結し，マネーサプライ（その大宗は銀行貸出の見返りとして生まれる企業預金やそこから振り替えられる個人預金から成る）の増加，景気の過熱およびバブルの発生の潜在的可能性の増大を誘発しがちであることは，けだし，否定しがたい事実であるといわなければならない．げんに，中国人民銀行による2005年の広義のマネーサプライ（M2）——流通現金＋企業・事業単位の当座・定期預金＋個人の貯蓄性預金など——の増加目標は15％であったにもかかわらず，同年の第3・四半期以降のその伸び率は対前年同期比で17-19％程度に達した．また，都市部を中心に不動産部門への投資の過大化とそこでのバブルの発現の現実化が懸念されるにいたっていることは周知の事実である．そこで，ここに新たに切り札として登場しているのが，これまでのオーソドックスな金融政策手段ではなく，過熱部門への貸出しにたいする直接的なコントロールの手段としての「窓口指導」だということになるのであろう．じっさい，筆者が目にした文献のなかで，中国人民銀行による窓口指導に触れていないものは，皆無であったというのが現実である——「過剰流動性を象徴するのが銀行融資の急増だ．昨年〔2006年〕の融資の増加額は3兆1,800億元で，人民銀が年初に掲げていた目標〔2兆5,000億元〕を3割近く上回った」（2007年1月21日付「日本経済新聞」），「直接的コントロールの中心的な役割を担っているのは窓口指導である．窓口指導は，……1998年に導入された．その後，中国の景気過熱感が強まる中で，過度のマネーサプライ・貸出の伸びを抑制するために，人民銀行の窓口指導は強化されており，2004年以降は毎月開催される『金融経済情勢分析会』の場で窓口指導が実施されている．中国の窓口指導においては，個別金融機関ごとに貸出の総枠が示されているわけではなく，過熱業種への貸出の抑制，政府が奨励する分野への貸出促進が，金融機関に要請されていると言われている．」（『中国の金融はこれからどうなるのか』），「銀行貸出の急増を抑制し貸出構造の最適化を図るため，人民銀行は2006年4月27日および6月13日に『窓

口指導会議』を開催した．会議には政策銀行，国有商業銀行，株式制商業銀行，一部の人民銀行の支店，銀監会〔銀行業監督管理委員会〕が出席した．人民銀行は出席金融機関に対し，次の要請をおこなったとされている．①貸出しの伸び率に注意し，経済の過熱や落ち込みを防ぐこと．……．④貸出構造の調整に注力し，過熱投資業種に対する貸出は厳しく抑制するが，経済の弱い部分に対しては貸出支援を強化する」（桑田『中国の金融制度と銀行取引』）．

　ちなみに1957年以降，日本銀行も「窓口指導」を実施していた．ただ，中国人民銀行のそれと内容的に異なるのは，金融引締め時などに，日本銀行からの借入額が多い金融機関にたいして，個々にないし一律に，対顧客貸出増加額を日本銀行が適正と判断する範囲内にとどめるように，同行が指導していたことである．もっとも，窓口指導は，規制を受ける金融機関とそうでない金融機関のあいだの不均衡，金融機関相互間の貸出シェアの固定化といった副作用をともなうために，1991年には廃止されるにいたった．

　以上が，筆者が理解するかぎりでの，中国人民銀行が有する金融政策手段の種類とそれぞれの役割にほかならない．

4．金融政策の効果波及経路

　日本銀行の場合，他の先進資本主義国の中央銀行（欧州中央銀行を含む）の場合と同様に，操作目標すなわち政策変数として短期の市場金利を採用し，具体的には，無担保コールレート（オーバーナイト物）を妥当な水準に誘導することをつうじて，金融政策を運営している．じっさい，2001年3月から2006年3月までの，いわゆる「量的緩和政策」の時期——この時期には，金利ではなく，市中銀行が日本銀行に保有する当座預金残高が，操作目標すなわち政策変数となり，同行は，所要準備額を上回る当座預金を市中銀行にたいして供給しつづけた——を除いて，日本銀行は，政策委員会・金融政策決定会合の度ごとに，次回会合までの，適当と判断する無担保コールレート（オーバーナイト物）の誘導水準を決定し，それをひろく公表している．市中銀行が，なぜ，この水準の

変更にたいしてただちに反応し，この水準を無理なく受け入れるにいたるのか，その経緯については，第3節においてすでに説明したとおりである．

　それでは，こうした短期の市場金利の変動は，どのような波及経路をつうじて，実体経済に影響を及ぼすことになるのであろうか．一般に想定されている経路は，以下のようなものである．すなわち，いま，物価の抑制を目指して，インターバンク市場金利が引き上げられたとしよう．インターバンク市場とは，個々の市中銀行間の準備預金の過不足を調整するための短期金融市場のことを指すから，インターバンク市場金利の上昇は，一方で，市中銀行の準備調達コストの上昇を意味すると同時に，他方で，市場間の金利裁定をつうじて他の短期金融市場すなわちオープン市場の金利上昇を招くことになる．ところで，「金利の期間構造」という考え方にしたがえば，中長期金利の水準は，結局のところ，現在から将来にかけての現実ないし予想短期金利の水準によって決定されるはずであるから，短期市場金利の上昇は，やがて，中長期金利の上昇を導くことになるであろう．そうすると，今度は，それが，準備調達コストの上昇とあいまって，市中銀行の貸出金利に上昇圧力を与えることになる．貸出金利の上昇は，企業や家計にとっての投資コストや消費コストの増大を含意するから，これはこれで，投資や消費を抑制することにならざるをえない．こうして，最後には，需要の減少をつうじて，物価が下落することになる，と．

　なんとまあ，長い波及経路というべきであろうか．当然，金融政策が効果を発揮するまでに，それなりの時間も見込まなければならない．しかし，これが真の姿であり，金融政策の運営はフォワード・ルッキング（将来の動向を適切に洞察し，現時点で果断に決断する）なものでなければならないと強調されるゆえんは，まさに，この点にかかわっている．

　これにたいして，中国人民銀行の場合には，日本銀行の場合と異なり，短期の市場金利は，政策変数としての位置づけを与えられていないというのが実情のようである．否，それどころか，中国には，本来の意味での金利政策が存在するのかどうかということじたいが疑わしい．いわく，中国人民銀行の場合には，政策変数としての金利のコントロールとは，預金・貸出基準金利の設定を

指している．しかし，これは，金利政策というよりも，基準金利の設定をつうじた貸出額の直接的な量的規制政策以外の何ものでもありえない．いわく，貸出政策（したがって，中国人民銀行による銀行業金融機構にたいする貸出しにあたっての基準利率）については，中国人民銀行の場合にも，日本銀行の場合と同様に，基本的には，金融政策の手段としては位置づけられていない．いわく，準備率操作については，その発動の動機は，中国人民銀行の外国為替市場への介入をつうじて生み出された金融機関が所有する過剰準備の吸収という点に求められているようである．いわく，公開市場操作についてもまた，現状では，その発動の主たる動機は，同様の理由で生み出された金融機関が所有する過剰準備の吸収という点にある．いわく，「窓口指導」についていえば，これは，金融機関の貸出額にたいする剝き出しの量的コントロール政策を意味するにすぎない．

　このように整理するならば，いまや，金融政策の効果波及経路という側面についても，その答は明白である．すなわち，中国人民銀行の場合には，金融機関の貸出行動（ないし過剰準備）に直接に影響を与え，それをつうじて景気や物価（あるいはバブル）の安定（発現防止）を図ることを目的として，金融政策が運営されている，と．なお，日本の金利政策と比べた中国の量的コントロール政策の一特徴は，効果波及に要する時間の短かさという点に求めることができるであろう．

　最後に，中国人民銀行による金融政策の運営をめぐって，ひとつだけ，問題を提起しておきたい．それは，同行が，通貨価値の対内的側面である物価の安定と，通貨価値の対外的側面である為替レートの安定の両者に責任を負っているという事情にかかわっている．すでに述べたように，日本においては，円の為替相場が不安定化した場合，政府（財務大臣）は必要に応じて日本銀行に指示を出し，これを受けて，日本銀行は政府（財務大臣）の代理人の資格で外国為替市場に介入を行う．いま，円高を阻止するための市場介入（ドル買い・円売り）が行われるとしよう．その際の資金の動きは，次のようになる．①介入のための資金は短期政府証券を発行して，政府が調達する．こうした資金調達は急を要することが多く，さしあたり，市中公募の方式によってではなく，日本銀行

直接引受という方式で調達されることになる．財政法第5条は日本銀行による政府への信用供与を原則として禁止しているが，日本銀行法では「財務省証券〔政府短期証券の一種〕その他の融通証券の応募又は引受け」(第34条第4号)はその限りではないとされている．②日本銀行は，政府から委託されたこの資金を使用して，ドル買い・円売りというかたちでの市場介入を行い，金融機関にたいして円資金を払い出す．したがって，この時点では，金融機関サイドに超過準備が発生することになる．③日本銀行が所有することになった政府短期証券は，金融機関を対象とする政府短期証券の市中公募発行によって得た資金により，政府が可及的速やかに償還することが慣行化されている．つまり，この時点で，金融機関サイドに存在する超過準備が解消されることになる．要するに，日本においては，外国為替市場への介入の主体は政府であること，また，介入のための資金については，今日では，最終的に，政府短期証券の市中公募方式をつうじての調達が慣行化されていることから，政府がたとえ外国為替市場への大規模な介入を実施したとしても，そこで放出された円資金はほどなく自動的に「不胎化」される仕組みが用意されているというわけである(厳密にいえば，超過準備は解消するが，市中銀行による企業からのネットのドル買いの分だけ，企業サイドにマネーサプライの増加が発生する)．

　ひるがえって，中国においては，事態はどのようになっているのであろうか．介入の主体はまぎれもなく中国人民銀行であり，しかも，介入のための資金は，中国人民銀行による外国為替公認銀行にたいする信用創造すなわち為銀にたいする中国人民銀行預金の創出によって賄われているようである(外国為替管理条例第34条によれば，「国務院の外国為替管理部門」は，「法により全国の外国為替市場を監督監理する」権限を与えられているにすぎない)．つまり，市場介入をつうじて，金融機関サイドに超過準備が累積することになる．そこで，中国人民銀行は，準備率操作や公開市場操作を活用して超過準備を「不胎化」しようと努めているが，かならずしも期待した成果をあげるにいたっておらず，それどころか，この超過準備の存在が，景気の過熱およびバブルの発生，したがって，物価を騰貴させる原因になっているというのが実情に近いところであろう．これは，

まさに，第2節で指摘した，通貨価値の対外的側面としての為替レートの安定と，通貨価値の対内的側面としての物価の安定とのあいだの「利益相反」の表面化以外の何ものでもありえない．

　もとより，この事態にどのように対処するかは，中国政府ならびに中国人民銀行が自主的に判断し，決定すべきことがらであるということは言をまたない．しかし，内外から元の対ドルレートのより果断な切上げとそれをつうじた貿易黒字の縮小（これはこれで，中国政府が目標とする高度成長の実現と矛盾することになるが）の不可避性が声高に叫ばれる背景には，一面において，こうした事実が控えていることだけは，中国人民銀行としても十分に認識してかかる必要があるのではなかろうか．

第5章　中国における金融政策と為替政策の協調に関する試論

1．はじめに

　今日，中国のマクロ経済のコントロールには内外におけるアンバランス現象が起きている．内部では，経済が加熱傾向に陥り，インフレ圧力が増している．外部では，巨額な国際収支黒字が存在し，人民元は強い元高圧力に直面している．人民元の国内における価値の下落と海外における元高という局面の存在によって，中国通貨当局は政策ジレンマ状況に陥り，金融政策と為替政策の協調問題は格別な重要課題になっている．本章は，中国の金融政策と為替政策における衝突問題について，その過去と現在の状況を検証し，これに基づいていくつかの政策的提案をすることを目的としている．

2．金融政策と為替政策の協調理論について

　オープン型経済において，一国のマクロ経済は内部均衡と外部均衡という二つの均衡目標に直面している．内部均衡とは，完全雇用，物価安定および経済成長のことを指し，外部均衡とは，国際収支の均衡の実現を指している．この内・外均衡は別々なものではなく，相互に影響しあい，緊密な関係を有している．内部均衡が失われると，たとえその時点で外部均衡がとれていたとしても，それは一時的なものに過ぎず，また，外部均衡が失われた際も同じように，それは為替相場の変動を通じてその国の内部経済に伝達され，その国の内部均衡に影響を与えることになる．したがって，通貨当局にとって如何に内・外均衡

を維持するかということが重大な課題になっている．政策の立案にあたり，通貨当局は，金融政策を通じて内部経済に介入を行い，均衡の実現を図ろうとするのが一般的である．また，為替政策を通じて国際収支に影響を与えて外部均衡を実現しようとするのが普通である．しかし，この二つの政策ツールは常に相互に影響しあい，相互に制約しあうので，経済の内・外均衡を実現するうえで，両者の協調性が無視されてはならない．また，金融政策と為替政策を効率よく組み合わせることでベストな政策パフォーマンスを成し遂げなければならないのである．

イギリスの経済学者ジェームズ・ミードは，『国際収支論』の中でいち早く固定相場制におけるこの国内と国際均衡の衝突問題に言及したが，経済学では彼の主張を「ミード・コンフリクト」と称している．仮に失業とインフレは各国で相互に独立して発生するものとすると，固定相場制の下では，政府は金融政策と財政政策を用いて支出の増減を調整して内・外均衡を図ることしかできず，為替政策を使うことができない．そうすると，開放経済の特定の状況下における内・外均衡を同時に保つことが困難になる．開放経済の場合，内・外経済において四つの組み合せが存在する．それは，失業―国際収支黒字，インフレ―国際収支赤字，失業―国際収支赤字，および，インフレ―国際収支黒字という組み合せである．前の二つの組み合せについては，支出増減政策だけで内・外均衡をとることが可能であるが，後の二つの組み合せについては固定相場制のままでは内・外不均衡を是正することは困難である．たとえば，インフレと国際収支黒字が並存する場合，国際収支を均衡させるには拡大政策が必要とされるが，他方，内部のインフレを解決するには引き締め政策が欠かせない．したがって，通貨当局は政策ジレンマという状況におかれることになる．「ミード・コンフリクト」は，失業と国際収支赤字との並存およびインフレと国際収支黒字との並存という状況において，内・外均衡を実現するために，為替政策の調整が不可欠であり，固定為替相場の維持が不可能になる，ということを強調している．

マンデル–フレミング・モデルは，資本の自由移動という角度から金融政策の

有効性について分析を行い，次のような結論を導き出している．つまり，変動相場制の下では，金融政策は，資本の自由な移動と関係なく有効である．また，固定相場制の下では，金融政策は為替政策の影響を受けることが必然であり，したがって，その効力が弱められ，ひいては無効になってしまう可能性がある．マンデルらは経済学におけるこの「不可能な三角形」，つまり，金融政策の独立性，固定相場制および自由な資本移動という三者の間では二つしか同時に実現できないことを提示したのである．さらに，1998年，ポール・クルーグマン氏はこのMFモデルをベースとした"open-economy trilemma"説を提起した．彼は，一国の金融政策の独立性，為替相場の安定性および資本移動の自由性は同時に実現することができず，多くても二つしかできない，と指摘している．この「永遠の三角形」説によると，資本が規制されている場合，自国の金融政策の独立性と為替相場の安定性とのうち一つしか選べず，両方を選択することは不可能であるという．もし自国の金融政策の独立性を保ちたければ，為替相場を自由化するしかなく，つまり，これは変動相場制を導入することを意味している．これを無視する場合，中央銀行による為替介入は，必ず自国の金融政策に影響を与え，金融政策の遂行の困難さを増し，政策の効果を弱めて内部均衡の実現に影響をもたらすことになる．

　為替政策と金融政策を有効に組み合せることは，直接に経済の内・外均衡に関わってくる．合理的に政策の組み合せができれば，経済は内・外均衡という目標に向けて動いてくれるはずである．もし政策に不調とズレが生じれば，経済は大きな悪影響を受ける恐れがある．これまで，資本移動の自由化過程あるいは自由化後において深刻な内・外不均衡問題に直面した国がたくさんあり，内・外均衡を取り戻すために，これらの国は数多くの政策調整を試みた．そのうち，成功した経験もあれば，失敗した教訓もある．中国における資本移動の自由化はまだ始まったばかりのため，政策協調は中国の内・外均衡の実現にとって重大な意味を持っている．

3. 金融政策と為替政策の協調ジレンマの歴史に関する考察

1994年までは，計画経済体制と外為管理などの影響をうけて，中国の為替政策と金融政策は基本的には別々に運営され，マクロ経済のコントロールにおける両者間の協調は重視されていなかった．1994年に，為替制度改革が行われ，それ以降は中国の為替政策と金融政策の衝突が目立始めた．謝平氏（2002）らの研究によると，中国では1994年から2002年にかけて金融政策と為替政策との衝突が3回も起きている．

(1) 1994年～1996年：国際収支黒字対国内インフレ

1994年から1996年にかけて，中国は，内部経済においてインフレが発生し，外部経済において人民元の切り下げによって巨大な貿易黒字が発生し，国際収支に巨額な黒字が発生した．経常勘定と資本勘定における二重の黒字問題は，当時の中国経済学者らにとってもっとも関心度の高い問題の一つになった．強力な管理為替制度の下では，国際収支の巨額黒字は，人民元の切り上げ圧力を高めた．しかし，その際は，中国の国際収支がようやく良好なトレンドを見せ始めたこともあり，人民元の切り上げは望ましくないと判断し，中央銀行〔中国人民銀行〕は為替相場の安定維持を優先し，為替市場に人民元を売り出して外貨準備を増やした．1994年における外貨買い上げによる通貨増加分は同年のマネタリーベース増加分の75％に達し，また，これは貨幣乗数効果によって市場におけるマネーサプライを増加させ，国内のインフレ状況をさらに悪化し，引き締め的金融政策の効力を弱めた．

(2) 1998年：国際収支赤字対国内デフレ

1997年のアジア通貨危機による中国経済へのマイナスの影響は，直ちに現れたのではなく，半年遅れの1998年に顕著化し始めた．1997年から，中国経済はインフレからデフレへと一転し，有効需要が不足となり，失業が拡大し，1998年の物価水準はマイナス成長に転じた．このアジア通貨危機の影響で，

1998年の中国の資本勘定は1993年以来5年ぶりの赤字となり，外貨準備の増加は僅かに50億ドルにとどまった．これは，1994年からの年平均300億ドルという拡大ペースと比べて極端な低水準である．中国のベースマネーの供給体制において外貨頼りという性質が存在するため，国際収支の赤字転落は外貨の割合を著しく低下させ，国内のマネーサプライの不足をもたらし，デフレの局面を招いたのである．なお，当初周辺諸国の通貨が相次いで下落しているなか，世界では人民元下落という予測も強かった．しかし，人民元の切り下げによりアジア圏諸国の通貨が更に下落すれば，アジア通貨危機はエスカレートしていく恐れがある．中国は責任のある大国として国内経済の不景気にもかかわらず，人民元の切り下げを行うことなく輸出を拡大し，人民元相場の安定維持を守ったのである．為替を安定させるために，中央銀行は市場介入を行い，人民元を買い戻した．これによって，市場における人民元の流動性はさらに低減され，デフレ状況は悪化したのである．

(3) 1999年～2002年：為替安定目標対内・外金利差逆転

1996年から1999年まで，中国では経済成長率が右下がりとなり，国内有効需要が不足していた．国民経済の成長を刺激するために，中央銀行は人民元貯蓄金利を引き下げ続けた．2002年2月の人民元1年物定期預金利息は1.98％まで下げられた．この水準は2004年10月まで続いた．一方，同時期のアメリカ経済は過熱しており，FRBによる金利の引き上げが次々と行われ，2000年12月31日時点の1年物預金利息が5％にまで上昇した．この内外通貨における金利ギャップにより，国民と企業の外貨保有動機が空前に高まり，人民元の切り下げ圧力が一層強くなった．アジア通貨危機による国際的影響に人民元の切り下げが加わると，アジア圏において更なる通貨下落危機が生じうるため，人民元為替の安定維持は中国にとって必然的な選択となった．中央銀行は，市場介入を繰り返して人民元を買い戻して人民元対アメリカドルの中間レートを8.27に安定させたのである．さらに，中央銀行は経済成長を刺激するため，緩和的な金融政策を打ち出し，公開市場操作の度合いを拡大してベースマネーとマネ

ーサプライを徐々に増加させた．この間における中国の金融政策と為替政策の衝突は以下のようにまとめられる．すなわち，金融政策（内・外国通貨の金利ギャップ）などの要因による人民元の切り下げ圧力が高まるなか，中央銀行の超為替安定政策は緩和的金融政策の効力を抑制した，と．

中国における金融政策・為替政策衝突の歴史的分析から，発展途上大国としての中国は外部経済からのインパクトに抵抗する力が不足しているため，その最優先の選択肢として為替安定政策が常に選ばれてきたことを我々は発見した．1994年から1996年の衝撃に対して，中央銀行は主に，再貸し出しの回収という手段を使った．この措置は，顕著な効果を収めた．しかし，この「再貸し出し」は，それ自身に大きな限界があり，外貨がマネーサプライに与える大きなインパクトに対応できない．しかも，中央銀行の主導権は大きくない．なぜならば，再貸し出しの権限がそもそも商業銀行側にあるため，中央銀行は受動的にしか操作できないからである．1997年から2002年には，中央銀行は主に公開市場操作と再割引を通じてベースマネーの供給量を増やした，しかし，これは再貸し出しの低下と通貨に占める外貨割合の急速な減少がもたらしたベースマネーに対するマイナスの影響を相殺することができなかった．

4．中国における金融政策と為替政策の協調ジレンマの現実

緩和的な金融政策の刺激を受け，2003年から中国経済はデフレの暗影から離れ，高度成長に転じた．次第に，国内信用取引の規模と通貨供給の増加が速まり，物価指数が上昇し始め，インフレ傾向が現れた．経済過熱を防ぐため，中央銀行はひきつづき緩和的な金融政策をとりつつ，公開市場操作や金利などの手法を用いてマネーサプライの過度の増大を抑制した．2004年10月に，中央銀行は人民元1年物預金利息を2.25％までアップし，その後も，利息増加チャンネルを通じて，内・外通貨における金利ギャップを是正した．これによって，大量の国際資本がさまざまルートから中国に流れ込んできたのである．

2005年7月21日，中国人民銀行は為替相場形成システムを改革し，市場需

給に基づき，通貨バスケットを参考とする管理変動相場制を導入した．為替制度改革以降，人民元相場が徐々に上昇し始め，2008年3月6日に中国人民銀行が発表した人民元対アメリカドルの中間レートは7.1168であった．これは2005年の為替制度改革当初の8.11に比べておおよそ12％の切り上げとなっている．元高は中国の国際収支における二重の黒字という局面を是正したわけではない．プラスの金利ギャップと為替相場ギャップはさらに大量の資本の流入，二重の黒字局面の拡大，外貨準備水準のあい次ぐ記録更新をもたらした．中国人民銀行ホームページの公表データが示したように，2007年末までの中国の外貨準備高は15,282.49億ドルに達しており，そのうち，貿易黒字は2,622億ドル，前年より847億ドル増となっている．巨額な外貨準備の増加がもたらした直接の結果は人民元の切り上げである．人民元は強い元高圧力に迫られている．

　さらに，中国経済は，持続的な高成長を経て，「やや速すぎた」局面から「加熱」局面に向かい始め，固定資産投資が迅速に拡大し，マネーサプライが持続的に上昇し，金融部門に過剰流動性が現れ，不動産・株などの資産価格水準が急激に高くなり，バブルの兆候を見せ始めた．マクロコントロールによって，通貨の信用貸し出しの増加速度が緩慢化されたものの，信用貸し出しには大きな膨張圧力が依然として存在している．2007年末までのM2の供給残高は40.3兆人民元，前年同期比16.7％増となった．また，M1の供給残高は15.3兆人民元，前年同期比21.1％増となり，3.7ポイント上昇した．M0の供給残高の増加が著しく，10.2兆人民元の30.5％増で，これは年初めより2.37兆人民元も増加した．マネーサプライの急速な増加，生産コストの上昇および構造的な要因により，2007年の消費者物価指数CPIが上昇し続け，1年で4.8％上昇し，前年より3.3％高くなった．また，2007年末の「翹尾要因」〔統計上，前年度CPI上昇率が今年度CPI上昇率に与える影響〕や雪害などの要因の影響で2008年1月の中国のCPI増加率は7.1％になったが，当分の間中国のインフレ圧力は継続するものと予想される．インフレ推測基準に基づけば，中国は現在悪性的インフレーション状況（インフレ率が5％強）に陥っているともいえよう．

　中国の金融政策の目標は通貨価値を安定的に維持することであるが，これに

は対内的安定と対外的安定が含まれており，つまり，国内に対するインフレとデフレの防止，国外に対する為替相場の安定が含まれている．現在の外為管理体制では，中央銀行による人民元相場の安定措置として，受動的に外貨を吸収し，ベースマネーを放出するという手段が使われているが，しかし，ベースマネーの増加は貨幣乗数を通じてマネーサプライを増加させることになった．2007年の中国の金融政策が「緩和的」から「引き締め的」へ変更され，中央銀行は一連の政策を打ち出した．10回にわたって銀行の準備率を引き上げることにより，銀行の準備率は計5.5ポイント上昇した．また，6回にわたって金融機関の人民元預貯金利息と貸し出し利息を引き上げた．さらに，中央銀行手形を4.07億人民元発行し，2007年を通じてプラスの回収操作を行い，その金額は1.27億人民元となっている．くわえて，「窓口指導」も実施した．しかし，中央銀行によるこれらの引き締め的金融政策は，金融部門おける過剰な流動性局面を変えることができず，インフレ圧力もそのままだった．発展途上国としての中国は，外部からのインパクトに抵抗できる実力が不足しているから，安定的な為替相場の維持は我が国民経済の発展には重要な意味を持っている．したがって，中国通貨当局にとって，マネーサプライの管理と為替相場の安定維持の関係は，当面トレードオフ状態から抜け出せない状況にある．

　以上の歴史の考察から我々が発見したのは，各時期にとられた不胎化介入措置はその効果が限定的であり，しかも一貫性が存在しないということである．経済情勢の変化と金融革新の発展とともに，我々は金融政策と為替政策の関係を改めて整理し，そのベストな協調策を考え出す必要がある．中国は現在，管理変動為替制度をとっているため，また，これに2007年8月まで企業・個人による外貨決済に対して限度額規制を行っていたことが加わって，為替相場を安定させるために中央銀行は市場介入や，元の売買を行うことが必然となった．中央銀行は，このように受動的に市場にベースマネーを放出したり，回収したりしているが，しかし，こうして放出・回収されたベースマネーは貨幣乗数を通じてマネーサプライを拡大または縮小させ，金融政策の実施効果を妨げるにいたっている．中国の金融政策と為替政策の結合点は外為市場にあることは明

白である．この認識は我々に両者の政策協調という課題にヒントを与えてくれる．金融政策に対する為替政策の衝撃について，我々は外部からのインパクトの吸収メカニズムを構築し改善し，為替政策による金融政策への妨害を減少させるべきである．また，金融政策自体についていえば，金融政策の独立性と有効性を高め，金融政策の対衝撃力を強める必要がある．これは段階的に実現するべきである．

5．金融政策と為替政策における協調ジレンマの解決策――外部からのインパクトの解消メカニズムの改善

(1) 国内銀行間外為市場の発展を加速させる

まずは，外為市場のミクロ構造の調整を行い，外為市場におけるディーラー制度を徐々に改善することである．ディーラー制度は成熟した外為市場に欠かせない存在であり，為替相場形成メカニズムの改善に有効な制度保証上の存在である．人民銀行は2005年11月25日に「外為市場における銀行間取引に関する手引き（暫定）」を公布し，銀行間外為市場へのディーラー制度を即日に導入すると宣言した．この制度の導入は，中国における銀行間外為市場の流動性を引き上げ，市場の効率性を高めることに役立つほか，この制度の相場発見機能を通じて人民元為替相場の均衡を実現することにも役立つ．しかし，世界の有名なディーラーと比べて，中国のディーラーの場合，その規模が小さく，資金力が薄く，業務機能が単一で，リスク・ヘッジ能力が弱い，といった問題がひろく存在している．これらの問題を抱えて，ディーラーは発揮すべき機能を十分に発揮できず，さらに意余って力足らずということもある．したがって，真の人民元為替相場を形成し，人民元相場の弾力性を高めるために，中国の外為市場におけるディーラー制度を完遂させることが急務となっている．

次は，資本勘定における為替決済制限を徐々に解除し，最終的に完全な自由為替決済制度を実現することである．2007年8月，中国国家外為管理局は経常勘定における為替決済制限額管理の撤廃を発表した．これを受け，その日から

国内機関は経営の必要に応じてその経常項目にかかる外貨収入を自由に保留できるようになった．これは中国では経常項目における為替決済がすでに自由になったことを示している．ただし，資本勘定における為替決済にはまだ多くの制限がかけられている．自由為替決済制度の下では，企業は外貨購入や為替決済を自由に行うことができる．また，外為市場における外貨の供給が現実の供給状況を反映することになる．これは均衡的で真の人民元相場の形成に有意義である．

第三は，外為リスクヘッジのために，外為市場における革新的なツールの発展を促すことである．中国外為取引センターは，2005年8月に銀行間先物為替取引を誕生させたほか，2007年8月17日をもって人民元の通貨スワップ取引を導入し，人民元とドル，ユーロ，円，香港ドルおよびポンド，これらの5つの主要通貨とのあいだの通貨スワップ取引を開設した．さらに，外為先物取引資格を所有している国内機関であれば，この業務の開設が可能であると公布した．人民元先物と通貨スワップ取引業務の導入によって，中央銀行の外為市場に対する介入手法が豊富になり，直物市場における中央銀行の受動的介入というジレンマも改善された．これによって，ある程度まで外為市場に通じた金融政策の伝導メカニズムを変えることができるようになった．先物とスワップ取引方式は中央銀行に絶好の外為リスクヘッジ・ツールを提供した．さらに，これは，中央銀行が多くの介入手段を通じて人民元相場の変動トレンドに影響を与えることにも役立っている．成熟的で健全な先物とスワップ業務は健全な直物市場に基づいている．だが，中国の直物為替市場はまだ発展段階にあり，不健全であり，先物とスワップ取引業務もまだ始まったばかりである．したがって，先物とスワップ取引市場はまだ多くの問題を抱えており，たとえば先物為替相場の形成モデルがまだ不完全であるといえる．そのため，今後も引き続き発展させ改善していく必要がある．

(2) 中国における銀行間債券市場を更に発展させる

中国における銀行間の債券市場は1997年に設立されて以来，債券の供給や債

券の期間構成などの側面において著しい発展が見られた．我が国の銀行間債券市場は主に現先市場と現物市場に分かれている．中央銀行は現先市場を通じてプラスの現先操作を行い，市場の流動性を吸収し，また，マイナスの現先を介して市場にベースマネーを放出している．他方，現物市場では，買い切りやベースマネーの放出を用いて市場のマネー・サプライに影響を与えている．ここから我が国の銀行間債券市場は金融政策コントロール上では重要な役割を果たしていることがわかる．以下の図5-1で示したように，銀行システムにおける準備金水準は，商業銀行の資産選択行動に影響を与える．また，銀行間債券市場は，商業銀行の貸し出しの代替物の一つである．もし債券市場が十分成熟的かつ健全で，その取引品目が十分豊富であれば，債券市場は銀行の貸し出しに一定の制約を与えることが可能になり，したがって銀行の信用貸し出し規模を抑制できるようになるので，マネーサプライの増加を低減させることが可能になる．現在，中国の銀行間債券市場は，取引主体，取引品目，方式と制度の点でまだまだ不十分である．これは，中央銀行の債券を通じた準備金の不胎化操作の幅を制限している．したがって，さらに債券市場，特に現先市場を発展させ，これによって中央銀行の不胎化操作能力を高めることが期待される．

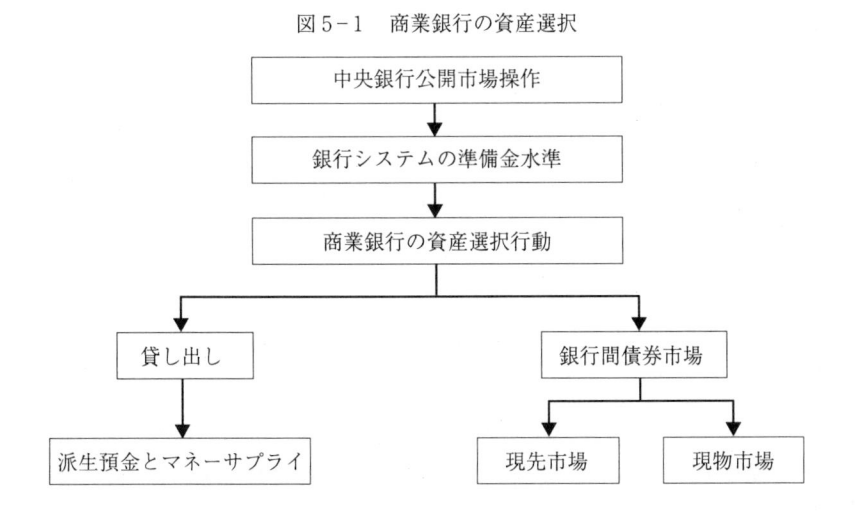

図5-1　商業銀行の資産選択

```
┌─────────────────────┐
│  中央銀行公開市場操作  │
└──────────┬──────────┘
           ↓
┌─────────────────────┐
│  銀行システムの準備金水準  │
└──────────┬──────────┘
           ↓
┌─────────────────────┐
│  商業銀行の資産選択行動  │
└──────┬────────┬─────┘
       ↓        ↓
   ┌───────┐ ┌──────────────┐
   │ 貸し出し │ │ 銀行間債券市場 │
   └───┬───┘ └──┬────────┬──┘
       ↓        ↓        ↓
┌──────────────┐ ┌──────┐ ┌──────┐
│派生預金とマネーサプライ│ │現先市場│ │現物市場│
└──────────────┘ └──────┘ └──────┘
```

6. 金融政策と為替政策の協調ジレンマの解決策——金融政策の対衝撃力を高める

(1) 短期の場合，金融政策の独立性と有効性をさらに高めるべきである

　張勇氏 (2006) は，現代世界における金融政策操作のパターンは主に通貨方式，フィリプス曲線方式およびインフレーションターゲティング・システム方式という3種類があり，しかも，この3種の方式には次のような移行順序があるとしている．すなわち，通貨方式—フィリプス曲線方式—インフレーションターゲティング・システム方式．それぞれの方式にはそれなりの特徴と衝撃パターンがあり，しかも，どの方式でもその操作枠組みは外部的衝撃と内部的衝撃を受ける可能性がある．ただし，フィリプス曲線方式は，通貨方式ではコントロールできない外生的衝撃を内生化することができる．また，インフレーションターゲティング・システム方式もフィリプス曲線方式が有する外生的衝撃を内生化することができる．こうしてコントロール不可能だった衝撃が予測可能な衝撃に変わり，次第にコントロール可能なものになる．また，これによって，金融政策の独立性と有効性を高めるという目標が達成できるようになる．

　金利市場の改革はまだ不完全であり，資本市場は立ち遅れ，中央銀行の独立性と透明度はまだ低いなどの理由で，中国ではフィリプス曲線方式へ転換し，さらにインフレーションターゲティング・システム方式へ転換する，或いは直接にインフレーションターゲティング・システムへ移行できる条件はまだ整っていない．しかし，短期的には我々はこの二つの方式の長所を参考にし，現在の通貨方式を改良することによって金融政策自体の遂行効果を高めることができるであろう．

　まず最初に，通貨方式をベースとし，フィリプス曲線方式の特徴を参考にして現行の金融政策の伝達システムを改善することである．我が国の現行の金融政策は主に信用貸し出しチャンネルを通じて実現され，その中間目標になるのはマネーサプライである．しかし，開放経済下ではマネーサプライによる操作能力が極めて低いというのが現実である．通貨供給はベースマネーの貨幣乗数

効果の結果であり，また，我が国のベースマネーの供給は主に外貨をつうじた通貨の放出で実現されている．しかし貨幣乗数は中央銀行，商業銀行および公衆の行動によって決められるから，中央銀行による完全なコントロールは不可能だというわけである．したがって，我が国の通貨供給には大きな外部性が存在している．フィリプス曲線方式を参考にして，我々は以下のような改善策をとることができる．すなわち，中央銀行が公開市場操作などの手段を使い銀行システムの流動性を調節し，銀行の信用貸し出し規模と信用貸し出し条件の変動に影響を与え，さらに，社会全体の消費，投資および生産などに対する影響が加わって，総需要の変動を通じた産出高の変化を実現し，そしてフィリプス曲線がインフレーション水準を決めるという方法である．新しい枠組みの中間目標は信用貸し出し規模と信用貸し出し条件になるから，中央銀行はこれらの目標および産出高の変化に対する監視とコントロールを通じて政策運営に効力を付与することができる（張勇　2006）．

次に，我々はインフレーションターゲティング・システムの長所を参考にすることができる．インフレーションターゲティング・システムは多くの国で成功を収めている．この方式は一連の枠組みを通じて予測の内生化を実現し，インフレーションターゲットの実現の不確実性を減少させることを可能した．これがこの方式の主な成功要因である．現行の通貨方式では，通貨量とインフレーションターゲットの関係が不安定であり（張勇　2006），中央銀行は確実にインフレーションターゲットを実現できるとはかぎらない．しかし，中央銀行は「物価安定」を約束することにより，政策の透明性をさらに高めることができる．これを通じて公衆は中央銀行の政策動向と物価安定目標が一致しているか否かについて理解することができ，予測がしやすくなる．こうして金融政策の効果を高めることが可能になるわけである．

(2) 中長期の場合，金融政策の枠組みを転換する必要がある

厳格なインフレーションターゲティング・システムの実行には一連の条件が必要である．たとえば，中央銀行の独立性が高いことや，金融政策の透明度が高

いことなどである．このような条件は現在の中国にはまだ揃っていないが，しかし私は，中国は適切な時期にまずゆるやかなインフレーションターゲティング・システムを導入し，その後徐々に厳格なインフレーションターゲティング・システムへ移行することが出来ると考えている．多くの研究は，中国の金融政策の枠組みは柔軟性のあるインフレーションターゲティング・システムの選択が可能であることを証明している（易行健 2007）．同時に，これまでの国際的経験を照らすと，インフレーションターゲティング・システムの導入国のほとんどはインフレーションの抑制に成功し，物価を安定化させることに成功している．表5-1はインフレーションターゲティング・システム導入前後のその国のインフレ率をアメリカと比較したものである．

表の数値から，インフレーションターゲティング・システムの実施国ではインフレーションターゲティング・システム実施前はアメリカよりインフレ率が

表5-1　インフレ・ターゲティング・システム実施国におけるインフレ率と米国のそれとの比較

	20世紀80年代 (インフレ・ターゲティング・システム実施前)	インフレ・ターゲティング・ システム実施後
ニュージーランド	+6.3%	−0.5%（1991-2002）
チ　リ	+15.8%	+3.9%（1991-2002）
カナダ	+0.9%	−0.7%（1991-2002）
イスラエル	+124.0%	+4.7%（1992-2002）
イギリス	+1.9%	−0.1%（1993-2002）
スウェーデン	+2.3%	−1.1%（1993-2002）
オーストラリア	+2.8%	+0.1%（1993-2002）
チェコ	ND	+0.6%（1998-2002）
韓　国	+2.9%	+1.2%（1998-2002）
ポーランド	+47.3%	+2.4%（1999-2002）
メキシコ	+66.3%	+6.9%（1999-2002）

出所）　Lioyd B. Thomas: Money, Banking and Financial Market, p.594.

高い水準にあった（特にイスラエルとポーランドとメキシコ）が，実施後，これらの国のインフレ水準はアメリカとの差がほとんどなくなり，いくつかの国ではアメリカの水準よりも低くなっている（特にニュージーランドとスウェーデン）．これはインフレーションターゲティング・システムのインフレ抑制効果の良好性を物語っている．他方，これらの国は今でもインフレーションターゲティング・システムを施行中である．これもインフレーションターゲティング・システムの優越性を物語っているといえるであろう．

7. 結　　論

　中国の金融政策と為替政策のあいだのジレンマは昔から存在しているが，両者の協調管理は我が国国民経済の内外均衡に直接影響を与えている．為替政策の金融政策へのインパクトを考える場合，できるだけそのインパクトを金融政策の枠組み外で解消することが望ましい．そのため，まず中国では銀行間外為市場の発展を強力に推進し，真の為替相場形成に必要な外為市場のミクロ構造を改善し，為替相場の弾力性を高めることが期待される．これによって通貨当局は外貨を分散させやすくなり，外貨による為替相場変動への影響を減少させることができる．次に，中国の銀行間債券市場，とりわけ現先市場の発展を強力に推進することである．これは通貨当局の不胎化操作能力と操作幅に直接関連しているものである．金融政策の独立性と有効性を高めるには，短期的には，世界各国の金融政策運営の枠組みの長所を見習い，我が国における現在の金融政策の枠組みを改善する必要がある．著者は，中央銀行の現行の中間目標すなわちマネーサプライを信用貸し出しコントロールに変更することを提案する．また，フィリプス曲線方式がすでに多くの国で成功していることから，我々はその合理的な部分を参考にし，公衆の信頼と期待を高めるために中央銀行は「物価安定維持」を約束し，政策の透明性を高めることを期待する．他方，中長期的には，通貨当局は金融政策の枠組みの転換を試み，まずゆるやかなインフレーションターゲティング・システムを導入し，それから時期を見極め，条

件が整い次第厳格なインフレーションターゲティング・システムへ移行することを提案したい．

参 考 文 献

张勇　论中国货币政策传导机制的不确定性［M］北京　人民出版社 2006．

易行健　经济转型与开放条件下的货币需求函数；基于中国的实证分析［M］北京　中国金融出版社 2007．

2007年第四季度中国货币政策执行报告（中国人民银行）．

谢平　张晓朴　货币政策和汇率政策的第三次冲击—1994-2000年中国的实证分析［J］国际经济论坛 2002（3）．

黄明华　田园　开放经济下中国货币政策与汇率政策冲突分析［J］广西财经学院学报2006（8）．

孙建平　货币政策与汇率政策的冲突；中国的实践与理论新解［J］国际金融研究 2002(12)．

汪洋　再论中国货币政策与汇率政策的冲突［J］国际经济评论 2005（2）．

胡昆　通货膨胀目标制；我国货币政策的一个可选框架［J］海南金融 2007（1）．

江秀辉　我国实施通货膨胀目标制的可行性研究［J］经济研究导刊 2007（6）．

Lioyd B. Thomas: Money, Banking and Financial Markets, Thomson South-Western, pp. 594, 2006.

Li Yunqi: China's Inflation: Causes, Effects and Solutions, Asian Survey, Vol.29, No.7. (Jul.1989), pp. 655-668.

Shahid Yusuf: China"s Macroeconomic Performance and Management During Transition, The Journal of Economic Perspectives, Vol.8, No.2. (Spring, 1994), pp. 71-94.

第6章 中国における外貨準備急増の要因
―― 問題点とその対策 ――

1. はじめに

　アジア通貨危機は,「充分な外貨準備は,緊急事態時に起きる巨額な資本流出によるショックを緩和し,本国通貨の為替相場の安定と国内外の投資家の安心感を維持することにとって,極めて重要な存在である」ことを物語っている.このため,通貨危機以後,世界の多くの国・地域は自国の外貨準備の保有水準を大きく引き上げた.とりわけ,アジア諸国における外貨準備の増加が顕著であり,現時点では,中国本土,日本,韓国および香港といったアジア主要国・地域が所持している外貨準備はすでに世界全体の半分を超えている.そのなかで,中国本土の外貨準備水準の増加ペースは著しく,注目されてもいる.特に2004年以降,その規模がますます拡大し,2006年2月末には世界一に躍進した.現在,中国の外貨準備はすでに1.6兆ドルを超えている(表6-1参照).中国の外貨準備はなぜこのように急増したのか,このような巨額な外貨準備はどのような問題を引き起こすのか,またこれに対して政府レベルでどのような対

表6-1　1994年-2007年の中国外貨準備

(億ドル)

	1994年	1995年	1996年	1997年	1998年	1999年	2000年
外貨準備規模	516.2	735.97	1050.29	1398.9	1449.6	1546.75	1655.74
	2001年	2002年	2003年	2004年	2005年	2006年	2007年
外貨準備規模	2121.65	2864.07	4032.51	6099.32	8188.72	10663.44	15282.49

出所)　中国国家外貨管理局公布データより著者作成.

策を打つべきなのか，以下ではこれらの問題を巡って検討を加えることにしたい．

2．中国における外貨準備の急増要因

中国における外貨準備の急増要因は多面的である．経済的な要因もあれば，非経済的な要因もある．また，これは国内経済構造の不均衡による結果である一方，世界実体経済の不均衡の中国における現れでもある．

(1) 経済的要因

中国は現在，経済の急成長期にあり，この10年間の経済成長率は平均9.6％となっている．対外開放の拡大と国際経済交流の深化につれて，中国国内から大量の比較優位産品が海外へ輸出され，輸出貿易が拡大した．また，中国のサービス貿易も順調な発展をみた．この二つの貿易面での発展によって，中国の国際収支における経常収支黒字が継続的に拡大している．他方，廉価な労働力，広範な投資市場，特恵的な投資環境に，中国政府の外資誘致政策が加わり，これらの要因が大量の国際的資本を中国に引き寄せた．これはまた，中国の資本収支の黒字を増加させ，加工貿易の更なる発展を推進した．中国ではすでに外資企業を中心とする国内加工貿易基地が形成され，多くの外資企業が根強い輸出意欲を示している．中国国内トップ500社の外資企業のうち，上位製造企業の売り上げ収入に占める輸出収入の割合はほとんどの場合に70％を超えて，多い場合は90％に達した企業もある．他方，近年の人民元切り上げ予測が一部の投機資本の流入をもたらした．これらの要因の総合的作用によって，中国国際収支の継続的な黒字が形成されたのである（表6-2参照）．これが中国の外貨準備の規模が継続的に拡大した主な原因である．

(2) 非経済的要因

中国における経常収支および資本収支の巨額な黒字は中国の外資，対外貿易

第6章 中国における外貨準備急増の要因 69

表6-2 中国の国際収支状況（1993-2006）
(億ドル)

	外貨準備残高	経常収支残高	資本収支残高	誤差及び脱漏	FDI	輸 出	輸 入
1993年	211.99	－116.09	234.74	－98.04	275.2	917.4	1039.6
1994年	516.2	69.08	326.44	－97.75	337.7	1210.06	1156.2
1995年	735.97	16.18	386.75	－178.12	375.2	1487.8	1320.8
1996年	1050.49	72.42	399.67	－155.66	417.3	1510.48	1388.3
1997年	1398.9	297.17	229.59	－16.95	452.6	1827.92	1423.7
1998年	1449.59	293.24	－63.21	－165.76	454.6	1837.12	1402.4
1999年	1546.75	156.67	76.42	－148.04	403.2	1949.31	1657
2000年	1655.74	205.19	19.22	－118.93	407.2	2492.03	2250.9
2001年	2121.65	174.05	347.75	－48.56	468.8	2660.98	2435.5
2002年	2864.07	354.22	322.91	77.94	527.4	3255.91	2952
2003年	4032.51	458.74	527.26	184.22	535.1	44378.99	4128
2004年	6099.32	686.59	1106.6	270.45	606.3	5934.39	5614
2005年	8188.72	1608.18	629.64	－167.66	603.25	7624.84	6282.95
2006年	10663.44	2498.66	100.37	－129.48	630.21	10617	8528

出所）　中国国家外貨管理局及び商務省ホームページ．

政策と関連している．外貨不足の時代に，中国は，外貨不足がもたらした経済発展上のボトルネックを克服するため1985年から輸出戻し税などの奨励政策を打ち出し輸出を促進した．この刺激を受け，中国の対外貿易が急速に成長しはじめた．1978年-2005年の間における貿易の年平均成長率は17％となり，これは8％という世界貿易平均成長率の2倍以上になっている．中国の対外貿易規模は27年間に当初の68倍まで拡大した．また，国内企業の製品構造の改善を助成するために，中国政府は輸入代替政策を打ち出した．このことは大量の輸入代替をもたらし，輸入需要をある程度抑制した．アジア通貨危機以後，各

国政府は意識的に外貨準備を増やした．このことも中国に一定の影響を与えたのである．「貯蓄量を高め，不測の事態を防げ」という認識は政策決定に反映され政府の外貨準備を増加させた．また，強制的為替決済制度の実施は民間の外貨貯蓄を政府に集中させた．さらに，ミクロ経済の主体である企業でも利潤追求のために輸出をつうじて外貨を稼ぎたいという意欲が高まっている．これも外貨準備の増加速度を押し上げる要因の一つになっている．

(3) 世界経済の不均衡要因

中国における外貨準備の急増は経済不均衡という角度から分析することもできる．まず，中国経済において貯蓄が投資を上回るという構造的不均衡が存在する．中国のGDPに占める国内消費の割合は右肩下がりになっている一方，国民貯蓄は継続的に上昇している．高い貯蓄率は銀行の信用貸出を増加させ，そして投資過剰を通じて国内の生産能力を急激に上昇させた．これにより供給過剰が発生し，「輸出誘導」政策の影響をうけて大量の輸出に転じたというわけである．この関係はマクロ経済理論によって証明できる．開放経済では，国内経済の不均衡は外部不均衡によって吸収されうる．式でいえば，$Y=C+I+G+X-M$のようになる（Yは国民所得，Cは消費，Iは投資，Gは政府支出，$X-M$は純輸出）．この式はまた$Y-C-G-I=X-M$と書き換えることができる．これはつまり，ある国の国内貯蓄が国内投資によって吸収されない場合，その差額を賄うには純輸出に依存するほかないことを意味している．現在の中国における内部不均衡は，国内貯蓄が国内投資より大きく，国内投資は国内貯蓄を吸収できないという状況にあるから，海外需要に依存することが避けられないのである．近年，我が国の国民貯蓄率が上昇し続けており，2006年には42％に達した．他方，国内消費の対GDP比率は下がる一方で，2006年時点では50％を下回る水準に落ち込んでいる．国内需要不足による供給過剰は輸出を押し上げ，我が国のGDPに占める輸出の比率を継続的に上昇させた．2003年のGDPに占める輸出の割合は33％前後にのぼり，2004年は35.9％，2005年と2006年はそれぞれ37％に達した．輸出の継続的拡大は，国際収支における経常収支

の巨額黒字をもたらし，外貨準備額の急激な膨張につながった．

　また，中国における外貨準備の急増は今日の世界経済の全体的不均衡の表れでもある．世界経済の不均衡（global imbalance）とは地球規模の経済の発展不均衡のことを指す．これは様々な側面に表れている．たとえば実体経済と非実体経済の継続的乖離，金融のグローバル化と経済のグローバル化の進行度合のアンバランス，金融資産分布のアンバランス等．国際収支の場合，アメリカの国際収支における経常収支の巨額赤字，対外債務の急増．また，日本，中国およびアジア新興諸国における多額の対米貿易黒字．アメリカは長期にわたって，緩慢な金融政策と財政政策を採用してきた．このため，アメリカの国内消費は大幅に増え，対GDP比率は2000年の68％から2005年の72.1％まで拡大した．アメリカは海外からの大量の輸入によって国内の需給ギャップをまかない，そのため次第に経常収支の莫大な赤字が生まれるにいたった．2006年までに，アメリカの貿易赤字の累計は7200億ドル強となった．国際収支勘定のバランスをとるため，アメリカは対外向けの国債を大量に発行した．2006年初めのアメリカの対外債務残高は3兆ドルを超えた．これはアメリカの国内総生産の4分の1に相当する規模である．アメリカのモルガン・スタンレー社のチーフエコノミストのロッキー氏は，国内資金需要を満たすために，アメリカは少なくとも海外から20億ドル／日以上の資金を借り入れる必要がある，と推測している．しかし，事実上アメリカに対して実物および資金支援を提供しているのは，日本，中国といった多額の外貨準備を保有している国々である．これらの国は，貿易黒字を通じてアメリカに実物の補填を提供している一方，他方で，所持している大量の外貨をアメリカ国債に投資し，これをつうじてアメリカに対して資金支援を行っている．世界経済の不均衡問題に対する懸念は多くの経済学関係者の間で広がりつつある．なぜならば，万一のドルの大幅下落は世界金融市場の変動を引き起し，さらに，もし不均衡国が不適切な調整措置をとることになれば，世界経済の安定的な成長を脅かす可能性があるからである．

3. 中国における外貨準備の管理上の主な問題

中国における外貨準備の急増にともない,外貨準備管理上の問題が次々と表面化した.現行の外貨準備管理上の問題は以下の点にある.

(1) 外貨準備構成が合理的ではない

中国は外貨準備の具体的な投資構成と関連データを公表していないが,しかし,いくつかの機関や国内学術界の研究が,それについての推測を提出している.アメリカ財政省の統計データでは,中国の国家外貨準備に占めるドル資産は少なくとも3分の2であることが示されている.そのほとんどはアメリカ政府が発行した各種証券と長期金融資産であり,ドル預金と短期金融資産も少額ながら存在している.中国国内の研究者のなかでは,王国林氏と許承明氏(2004)は中国外貨準備のうちのドル資産の割合は61.96%に達している,と考えている.さらに,李振勤氏(2003)は74%[1]であるという推測値を出している.『ウィキペディア』百科全書も「中国人民共和国外貨準備」に関する解釈のなかで「推計によると,ドル資産は約70%,円は10%,ユーロとポンドは合計で約20%になっている」と説明している.我々は既存資料に基づき中国が保有しているドル証券資産額と構成を整理し,次のようにまとめた.この6年間における中国外貨準備にしめるドル証券資産の割合は少ないときには58%,もっとも多いときには76%,平均は68%となっている(表6-3参照).

表6-3 中国のドル準備資産とその比率の変化　　　(億ドル)

年(月)	2000 (3)	2002 (6)	2003 (6)	2004 (9)	2005 (6)	2006 (6)
中国外貨準備	1568	2428	3465	5145	7109.13	9411
米国証券購入残高	910	1650	2500	3105	5273	7170
ドル資産の比率	58%	68%	72%	60%	74%	76%

出所)　2003-2004年のデータは李振勤による2004年12月24日付け『証券時報』の文章より,2005-2006年のデータは『証券時報』2007年4月14日付けの公表データより著者が作成.

ここで説明すべきなのは，上述した推測値はアメリカ証券投資の割合のみであり，中国外貨準備構成のうちその他の資産（銀行預金など）が含まれていないことである．もし，その他の資産を考慮した場合，ドル資産の割合は少なくとも70％に昇ると見込まれている．このような偏りすぎた資産構成配置は，中国の外貨準備管理が安全性と流動性を重視しすぎ，資産投資の柔軟性と収益性を無視していることの反映である．

(2) 外貨準備リスクの高度な集中
　中国の外貨準備は規模の拡大に伴いリスクが高まりつつある．当面，中国の外貨準備が直面しているリスクは主に以下のようなものである．
　① 為替相場リスク　中国の外貨準備のほとんどはドル資産であるから，為替リスクとして，ドル為替レート変動がもたらす外貨準備資産の損失という不確実性が存在することがあげられる．この数年，ドルの為替レートは上がったり下がったりしているが，全体のトレンドとして切り下げの傾向にある．事実，2007年以降のサブプライムローン危機による影響を受け，ドルの対ユーロ相場は7％下がった．OECDおよびアメリカの経済学者の推計では，ドルは将来的に最低20％，最大40％[2]も下落する可能性がある．ドル安の場合，ドル資産を中心とした我が国の外貨準備は購買力低下リスクや，他の通貨資産へ変更する際の損失リスクに直面するであろう．仮に中国の外貨準備資産を1兆ドル，ドル資産の平均割合を68％として計算した場合，ドル安リスクにおかれている外貨準備資産額はおおよそ6,800億ドルに達することになる．仮にOECDの推測が成り立つとすれば，中国は1,360億ドル–2,720億ドルという購買力の損失を蒙ることになる[3]．これは，ユーロなどの通貨相場上昇による他通貨に変更する際の損失をまだ含まない推測である．
　② 利回りリスク　中国の外貨準備は主にアメリカ国債への投資であるが，しかし，アメリカ国債の収益率は常に不安定な状態にあり，これが外貨準備の投資リターンに不安定性をもたらす．2007年を例にとれば，サブプライムローン問題の影響を受け，アメリカ国債の収益率は全面安となった．2007年12月

31日時点のアメリカ30年物国債の収益率は2006年末より0.36％下がっている．同じように，10年物国債の収益率は0.68％，5年物国債の収益率は1.25％，190日物国債の収益率は1.75％下落した．中国は金融関連商品の特質やリスクに対する認識がまだ浅く，リスク管理術にまだ限界がある．このように外貨準備資産の利回りリスクが非常に大きなものであることが一目瞭然である．

③　流動性リスク　中国の外貨準備はドル資産に集中していることから，主権債務リスクと販売リスクに直面する可能性があり，したがって潜在的流動性リスクも抱えることになる．一方で，大規模な準備資産を1カ国に集中あるいは投資することは主権債務リスクにつながりうることを意味している．もし，その国と外交関係が悪化したり戦争になった場合，関係両国が互いに債権国の準備勘定を凍結したりあるいは一方的に主権信用を放棄することになれば，準備資産は流動性リスクに負うことになるだろう．他方で，アメリカの既存金融市場は相対的に発達しているものの，いざ緊急事態が発生した場合，このように大規模な国債を売却しようとしても，アメリカの流通市場にとってそれを全部引き受けることは容易なものではないであろう．また，2007年に突発したサブプライムローン危機はアメリカの流通市場にはまだ大きな信用リスクが存在することを物語っている．くわえて，ドルの価値とアメリカ国債価格の間には緊密な関係があるため，アメリカ国債が大規模に売られると，ドルの下落は必然である．これもまた為替リスクを激化させてしまう．したがって，各国政府は通常，安易にアメリカの流通市場に参入したりそこで売買したりすることはない．最後に，アメリカ国債市場の変化も外貨準備資産の流動性に一定の影響をもたらしている．

④　法律リスク　外貨準備の管理には，法律による基本原則，意思決定プロセス，管理操作，投資方向，収益配分についての規範が必要とされる．しかし，中国では現在に至るまで，外貨準備の管理に関する法律および各種規定・制度がまだ整備されていない．「中国人民銀行法」には外貨準備運営原則に言及した規定が第4条と第32条の2カ所しかない．外貨準備の管理に関する基本法規にあたる「外貨管理条例」では外資準備資産の運用についてまったく言及して

いない．こうして，外資準備の規範的・法制的管理が実現しにくくなり，法律不在によるリスクを強いられることになる．

⑤ 操作リスク　操作リスクとは，主に外貨準備管理にかかわる人員の主体性・積極性・能力不足，操作テクニックの過ち，責任の不明確性，人的詐欺，準備資産の着服などの原因による外貨準備流失のことを指す．現在，中国の外貨準備管理上のこのような操作リスクはまだ限定的であるが，しかし，外貨準備規模の増大につれて，このリスクは次第に拡大していくであろう．

(3) 外貨準備の投資チャンネルが限定的で，投資収益率が低い

現段階では，中国の外貨準備金の運用はきわめて限定的である．外国国庫券，債券投資を除けば，残りの準備資産はほとんど外国の銀行に預けられたままの状態になっている．また，投資の収益率も比較的に低水準にとどまっている．筆者の推測では，1994年–2007年までの間，外貨準備の投資管理による純収益率は2.37％にとどまり，これに対し，他の金融資産の収益率は高く，2000年–2005年間のアメリカ株式投資による年間実質収益率は14％[4]となっており，前者と大きく懸け離れている．また，2004年の株式ファンドによる年間平均収益率は12.7％に達したほか，アメリカ債券ファンドもこの10年間の平均収益率は5％の水準を維持している．ここではっきりしているのは，外貨準備を多様化して上述のような資産に投資すれば，外貨準備資産の総合的な収益率はさらに高くなるはずである，ということである．

4．中国における外貨準備管理の強化に関する提案

中国における外貨準備急増および投資管理をめぐる諸問題は，我が国の外貨準備管理の有効性にそれなりの影響を与えている．そのため，さまざまな側面から準備金の管理を強化し，その効率を高めることが不可欠になっている．以下ではこれについていくつかの政策・措置を提案することにしたい．

（1） 外貨準備の規模とその増大ペースを有効にコントロールし，その増加率と経済成長の協調的な発展を実現する

① 国内経済構造の不均衡を是正し，経済成長パターンの転換を推進する．外貨準備規模の有効な管理について，まず内部不均衡の是正を中心とし，対外経済政策の調整をその補助手段とする指導方針を堅持するべきである．根本から外貨準備の増大ペースをコントロールしたければ，国内における貯蓄と投資のアンバランスを是正し，輸出を経済成長の牽引役とする成長パターンを変え，内需を拡大するべきである．貯蓄構造については，個人貯蓄率が比較的高い水準にとどまっているが，その原因として，住宅，医療，教育などへの支出が高すぎるという現実が個人消費を抑制したと考えられる．したがって，今後，医療・教育・住宅などにおける改革の深化を制度改革の中心とし，消費者の支出傾向の安定を図るべきである．また，個人消費の拡大，特に農民の消費を増加させ，農民と郷鎮低所得層の所得水準と購買力を高めることが必要である．投資の成長ペースを有効にコントロールし，投資構造の改善に力を入れ，特に不動産市場における合理的な誘導と調整・管理を強化することが不可欠である．積極的に輸入を増やし，海外での投資・合弁を徐々に拡大し，信用貸し出しを合理的に調整し，信用貸し出しの構造を改善することも必要である．以上の措置を通じて，内需拡大を図り，経済成長パターンの転換を推進することが期待されるであろう．

② 国際収支の構造を調整し　外貨準備源泉の安定性を高める．具体的な措置として，1）資源財の輸出を有効に管理し，輸出商品の競争力を高める．輸出品の更新サイクルを加速させ，ハイテク製品を拡充し，その付加価値比率を高め，自己ブランド製品の輸出を拡大し，輸出品構造の量的拡大型から品質・収益重視型への転換を促す．資源財に対する輸出関税の徴収を増やし，資源財輸出を減らし，国内における資源の枯渇を抑える．2）輸入を合理的に調整する．積極的にエネルギー・技術の輸入を増やし，極端に不足している資源財に対する輸入割当を自由化し，輸入関税を引き下げる．先進技術の輸入と先進設備の免税範囲を拡大し，企業自身の技術革新を奨励する．石油と鉱物などの戦

略物質の輸入を拡大し，さらに産業構造の調整と技術進歩を促し，国民経済の安定的かつ健全な成長を促進する．3）外資を合理的に導入する．外資導入の方向を調整し，これまでの外資導入による経済成長を重要視するといったやり方を改め，技術・マネジメント・人材の導入による自主的な産業高度化の促進を重視し，導入技術の吸収・消化・融合・革新に重点をおき，外資を利用した自己革新的能力の実現を推進する．それと同時に，導入資本の構造を高度化し，技術波及効果・雇用吸収力が強く，省エネルギー型の外資導入を奨励し，その投資地域と産業分野を適切にコントロールし，とりわけ，農業・ハイテク産業・インフラ・環境保護およびサービス業に対する投資を奨励し，中西部への外資導入を誘致し，国内企業特に民営企業と提携する外資を優遇する．ソフト面での外資投資環境をさらに改善し，公平な競争を促進する．最後に，外資導入の秩序を規範化し，国内産業の安全を基礎とした外資投資モニター体系を構築し，外資の購買行為を規範化し，外資企業の社会的責任とモラルを強化し，外資企業の社員の権益を保障する．

(2) 外貨準備の資産構成を効率的に管理する

① ユーロなどの資産保有比率を増やす．先ず，ユーロなどの他の資産保有比率を拡大することは外貨準備体系の多元化という歴史的進化トレンドに合致している．次に，中国の重要な貿易パートナーの相手国として，EUと中国の貿易関係は近年一貫して積極的な発展状態を維持している．2007年，EUは継続的に中国の第一の貿易パートナーとなり，中国はEUの第二の貿易パートナーとなっている．また，中欧との貿易は3,220.2億ドルに達しており（2007年11月末），前年末より22.5％も成長した．長期的にみると，中国と中欧は経済的補完性が強く，貿易関係と経済協力を拡大する余地が十分にある．このように，ユーロ資産に対する適切な比率調整は必要でもあり，可能でもある．

② ドル資産構成における内部調整を行う．図6-1で示したように，30年物のアメリカ財政省債券と10年物のアメリカ企業債券の変動幅（リスク）はほぼ同じであるが，企業債券の収益率は平均して30年物の財務省債券より1ポイン

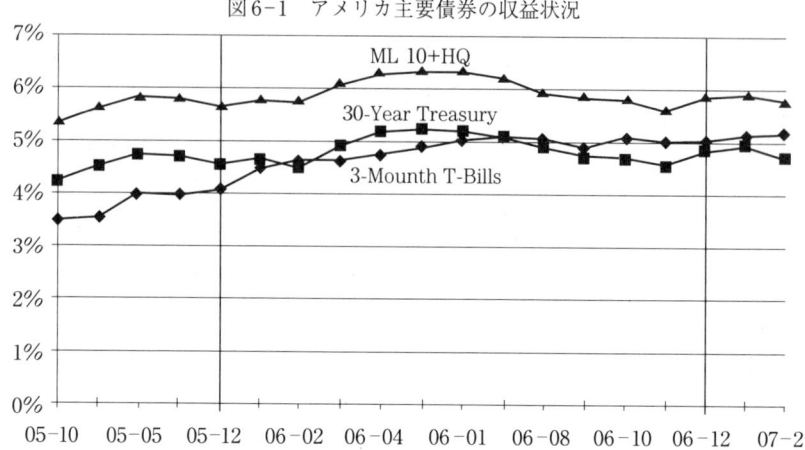

図6-1 アメリカ主要債券の収益状況

注) 3-month T-bills：3ヶ月物米国財政省短期債券；30-Year Treasury：30年物米国財務省長期債権；ML 10＋HQ：Merrill Lynch 10年物会社債券指数（格付AAAまたはAA）.

ト大きくなっている．現在，中国が保有しているアメリカ企業債券の比重は約7.4％にすぎず，同時期の日本の保有比率は12.8％，ベルギーは79.3％，台湾地区は8.8％，シンガポールは25.4％である．したがって，ドル資産を適切に調整し，ドル資産の長期国債をアメリカの信用評価の高い企業債券に代えることは，中国における外貨準備の収益率を高めるうえで有利に作用する．

③ 海外における株式投資を適切に増やす．表6-4は各国が保有しているアメリカ証券資産の構成に関するものであるが，ここに示しているとおり，ドル証券投資において，中国の株式比率はわずか0.5％，債券の比率は99.5％となっている．他の国と比較してみると，中国の外貨準備における株式投資のウエイトは余りにも低い水準にあることがわかる．今後，外貨準備の超過部分を使って，海外株式投資を行うべきである．そして，デリバティブを手掛け，裁定取引を通じて資産価値を維持し，外貨リスクを避けるべきである．こうして，海外株式の投資形態を多様化することもできるし，また，直接保有投資や間接保有投資を行うことも可能になる．

④ 資産の証券化（ABS）を試みる．資産の証券化とは，流動性が欠けてい

表6-4　各国保有アメリカ証券の構成　(億ドル)

	証券合計	株式比率	長期債券比率	短期債券比率
日　本	1091.5	16.3%	74.6%	9.1%
イギリス	559.8	46.5%	50.6%	2.9%
中　国	527.3	0.5%	92.0%	7.5%
ルクセンブルク	460.2	32.7%	59.3%	8.0%
ケイマン諸島	430.0	35.4%	58.6%	6.0%
ベルギー	334.9	5.4%	93.2%	1.5%
カナダ	307.9	71.6%	24.1%	4.3%
シンガポール	144.2	61.5%	35.4%	3.0%
韓　国	118.3	0.9%	89.6%	9.5%

注）　長期債券は国債，機関債，企業債券を含む．
出所）　アメリカ財政省，データは2005年6月30日まで．

るが現金フローをもたらしうる資産を対象として，構造的な調整と組み合わせを行い，金融市場で発行と取引が可能な証券に転換し，資金調達を行うことを指す．我々は，資産の証券化を資金調達手法として高い収益性のある外貨準備資産の運用に持ち込むことができるであろう．外貨準備資産の証券化によるメリットは主に，1) 通貨当局が売り出すのは未来の一定期間における資産の現金収入フローのみであること．外貨準備資産の所有権の移動がないため，通貨当局には投資関係が生じることはなく，外貨準備に直接的な拘束力が生じるわけでもない．さらに，伝統的な資金調達方式に比べると，資産証券化は原権益者の貸借対照表に記入する必要がないという簿外資金調達方式である．したがって，通貨当局は，貸借対照表を変更することなく，資産構造を改善できるし，さらに構造的資金調達のテクニックを使って資産の品質を高め，外貨準備の効率を上昇することもできる．2) 資金源については，社会公衆向けの証券発行，信託証書あるいはファンドを通じて人民元資金を募ることができる．こうして集まった資金を外貨準備の購入資金に当てる．通貨当局が入手した人民元を新

規外貨準備の購入資金に当てることによって，マネタリーベースの追加発行も，新たな中央銀行手形の追加発行も避けることが可能になり，さらに金融政策の独立性への影響が避けられ，インフレーションを引き起こす恐れもなくなる．
3) 資金調達リスクについて，特別目的機構（SPV）が基礎資産（一定規模の外貨準備）を引き受けた時点で，通貨当局自身のリスクと当該資産の将来の現金収入リスクが即時に切り離されることになる．資産担保証券からの収益は当該資産の将来の現金収入のみであり，投資家のリスクは基礎資産に限られ，通貨当局のリスクから切り離されることになる．こうして，リスク分散が実現される．
4) 資産の証券化による資金調達が実施された後に，資産担保会社の参加があるため，担保の商業化を通じて資産の信用レベルの確保がされうるので，SPVは資産からの証券利率を適切に切り下げることにより，当局の資金調達コストの削減が可能になる．

(3) 多額の外貨準備のリスク管理を強化する
① 操作リスクによる損害に対する宣伝に力を入れ，各部門の管理者および取引参加者のリスク回避上の認識を高め，管理者の技能研修を強化して業務人員の管理レベルを引き上げる．取引システムを改善し，各部門間の情報伝達とコミュニケーションの利便性とスピードを確保する．
② 外貨準備管理における情報の透明性を確実に高める．総額や投資方針や資産内容や政策意思決定などに関する情報は年報で公開開示し，政策指針を公布し，公衆の投資政策に対するガイダンスを提供する．通貨構成，資産配分と収益水準などの重要情報については，厳格な秘密措置を採り，中核管理層の政策決定時の参考データとして活用する．外貨準備管理の自主性を維持する．
③ 外貨準備管理における奨励制度と考課制度を改善する．定期的にリスク管理の業績考課を行い，リスク要因とリスク管理戦略の執行効果を十分考慮した上で，リスク調整の業績測定に基づき，リスク調整の成果・業績の絶対値指標および状況変化と奨励制度の目標とを結合させ，奨励制度の合理性・科学性・柔軟性を確保すると同時に，リスク管理政策の調整と改善を促進する．

④ 「外貨準備資産投資管理法」を公布し，外貨準備資産管理の法的根拠を設ける．「外貨準備資産投資管理法」の役割は，職務責任の明確化，管理の強化，透明性の拡大と管理の利便性を図ることである．現行の関連法律中の適用可能な内容のほか，少なくとも以下のような内容を盛り込むべきである．国家外貨準備の定義と分類，準備資産管理の目標，管理制度および各職務責任，準備資産構成，外貨準備投資の運用原則，投資管理業績に対する考課および奨励・懲罰制度，その他の外貨資産の管理目標，管理機構，職務責任，資産構成，国家外貨準備と他の国家外貨資産の関係とその予算処理原則，他国の外貨資産の購入と保有に関する資金調達上の配慮，国家外貨準備および他の国家外貨資産の監督管理，など．

⑤ アジア諸国との連携とアジア通貨準備システムの構築を推進する．昔から，外貨準備の規模がもっとも大きいのはアジア諸国であり，特に，中国，日本，台湾，韓国，インド，ロシアおよび香港などの国・地域に集中している．2006年末におけるこれらの国の外貨準備合計は3.14兆ドルに達しており，世界の外貨準備全体の63％を占めている．長期的に考える場合，このような外貨準備の配分状況はアジア経済圏にメリットを与える一方，強いリスクをもたらす側面も有している．また，世界経済に対して潜在的なリスクを与えている．アジア諸国における巨額の外貨準備に各国の地縁的関係も加わり，外貨準備管理における各国の協力・連携の強化は必然的なものである．ここから，アジア諸国・地域が一丸となって協力し合い，アジア通貨協力基金，アジア準備金の管理制度および準備金システムのリスク回避制度などを設立し，アジア諸国の外貨準備管理における提携を強化し，共同で準備リスクを回避することを提案したい．

＊本論文は2007年国家社会科学基金プロジェクト――「中国外貨準備のリスク評価と管理研究」――の経過的研究成果であり，プロジェクトコードは07BJYJ57である．また，本論文は福建省新世紀優秀人材支援項目（NCETXMU）からも援助を受けた．

1) 王国林, 許承明 (2004) は実証的手法を用い, 中国外貨準備におけるドル資産の比重を回帰分析した. 彼らは,「中国外貨準備の変動とドル資産の変化の間に高い正の関連性が存在している. 外貨準備が1ドル増えるたびに, 中国は0.619575のドル資産を購入している. つまり, 中国の外貨準備に占めるドル資産は60％以上である」と見ている. 李振勤, 孫瑜 (2003) は, 週刊『鳳凰誌』の署名論文「中国外貨準備の構成と変化」の中で, ドル資産対外貨準備の比率は74％に達すると推測している.
2) 2007年には, 米国際経済ピーターソン研究所所長のC. フレッド・バーグステイン, 著名為替問題専門家のジョン・ウィリアムソン, 前IMFチーフエコノミストのムーサなど多くの著名経済学者およびドル為替相場の統計分析に携わる学者たちのドルの減価に関する見解が珍しく一致した. 彼らは, 今後2, 3年はドル安が続くだろうと見ている.
3) 筆者のこの予測は, あくまで為替レートの変動が中国の外貨準備資産にもたらす巨額損失リスクの可能性を説明するためのものである. この予測は凡そのものであるが, 中国の外貨準備資産におけるドル資産リスクの大きさを理解するうえで有益であろう.
4) データ出所：王致誠　年平均収益率が7.5％　アメリカ女性は感情より株を愛する　上海証券報　2006年06月05日付

参 考 文 献

陈元等. 国际金融百科全书 [M]. 北京：中央财经出版社, 1994. p. 1095.

李扬, 余维彬, 曾刚. 经济全球化背景下的中国外汇储备管理改革[J]. 国际金融研究, 2007, (4)：4-12.

朱孟楠, 喻海燕. 中国外汇储备高增长的有效管理及路径选择, 山西财经大学学报, 2007, (6)：88-93.

朱孟楠, 喻海燕. 中国外汇储备有效管理与现实选择, 财经理论与实践, 2007, (5)：12-18.

朱孟楠, 喻海燕. 中国外汇储备的风险集中与控制策略——基于中国外汇储备高速增长的思考, 厦门大学学报 (哲社版) 2007, (6)：22-29.

Averham Ben-Bassat and D.Gottlieb (1992). Optimal International Reserves and Sovereign Risk, *Journal of Economics*, Vol.33, pp. 112-122.

Dean, J and R. Rajan (2004). Why and Whither China's Reserves? Motives, Costs, Consequences and Putative Policies, mimeo (April).

Elias Papaioannou, Richard Portes and Gregorios Siourounis (2006). Optimal currency Shares in Intenational Reservers : The impact of the Euro and the Prospect for the Doller, NBER Working Paper No.12333.

IMF, Guidelines for Foreign Exchange Reserve Management : Accompanying Document [s], http://www.imf.org/external/np/mae/ferm/eng/index.html, Septemper 20, 2001.

IMF, Guidelines for Foreign Exchange Reserve Management : Accompanying Document [s], http：//www.imf.org/external/np/mae/ferm/2003/eng/index.html, March 26, 2003.

IMF, Guidelines for Foreign Exchange Reserve Management : Accompanying Document [s], http://www.imf.org/external/pubs/ft/ferm/guidelines/2004/081604.pdf, August 16, 2004.

IMF, Guidelines for Foreign Exchange Reserve Management : Accompanying Document [s] and Case tudie[s], http://www.imf.org/external/pubs/ft/ferm/guidelines/2005/index.html, April 24, 2005.

第7章 日本の外国為替デリバティブ市場発展の経験から学ぶ

1. はじめに

　1997年，中国人民銀行は中国銀行に対して中国初の試行的な先物取引業務の認可を下した．これは中国における外国為替デリバティブ取引市場のスタートであったといえる．その後，2003年と2004年における2回の試行的な業務認可拡大を経ることにより，2005年における外国為替デリバティブ取引の業務認可を受けた銀行は国有銀行4行，株式制商業銀行3行の計7行に上った．しかし，当時は人民元対米ドル為替レートの変動幅が狭く，このため，外国為替先物の取引残高はきわめて少なかった．

　2005年7月21日，中国人民銀行は，「人民元為替相場形成制度改革に関わる諸事項の整備に関する公告」を発表し，中国はこれ以降市場需給に基づき，通貨バスケットを参考とする管理変動相場制[1]を導入することを宣言した．人民元為替相場はそれまでのドルペッグ制を離れ，より柔軟性に富む人民元為替相場制に移行した．これによって人民元為替リスクは増大し始めたのである．

　2005年8月15日，銀行間市場において人民元為替先物取引業務が登場し，これ以降為替先物取引の業務範囲は，実需原則[2]に基づく，経常勘定における外貨収支および外積，直接投資，海外上場など一部の資本項目における外貨収支活動にまで拡大した．2006年4月24日，銀行間市場はまた人民元為替スワップ取引を導入した．

　しかし，2007年末まで，中国の外国為替デリバティブ取引は事実上実需原則に基づいた外国為替の先物とスワップ取引のみであった．人民元の為替レート

の上昇の安定性，変動幅における狭さ，資本勘定における比較的大きな制限，また経常勘定における自由交換が実現されたものの外国為替デリバティブ取引に対する実需原則．これらの条件によって外国為替デリバティブ取引に対する需要は少なく，その規模も相対的に小さかった．

中国は，最終的にWTOの金融開放（金融自由化および資本移動の自由化）条件を満たすことになるため，人民元建て資本勘定における交換制限の撤廃と為替レート変動幅の増大に直面することが避けられない状況にある．したがって当面，中国における外国為替デリバティブ取引市場をどのように発展させるのか，発展のプロセスにおいて何を注意すべきなのか，これらは我々が直ちに考え，解決すべき重大問題となっている．現代中国のマクロ経済情勢と市場発展状況に基づくならば，我々は日本における金融デリバティブ市場の発展経験は我々にとって参考にする価値が十分にあると考える．中国が現在直面している持続的貿易黒字，人民元高，外資の流入，国内資産価格の上昇，外国為替管理制度の段階的緩和といった現象は1980年代の日本と非常に似かよっている．とりわけ，外国為替デリバティブ取引市場の発展プロセスにおいて，いつ外国為替デリバティブ取引の実需原則を撤廃するのか，いかに為替規制の緩和と為替相場の自由変動問題に対処するのかについて日本のやり方は我々にとって参考にする価値が非常に大きい．したがって，本章では現代日本の外国為替デリバティブ取引市場の概況からスタートし，日本の外国為替デリバティブ取引市場の現状と歴史的経緯を考察し，そしてその中からいくつかの重要な政策的ヒントを導き出すことにしたい．

2．日本の外国為替デリバティブ取引の概要

(1) 日本の外国為替デリバティブ取引市場の全体構造
① 市場構成と取引参加者構成

全体的に見て，日本の外国為替デリバティブ取引市場はおおよそオンショア市場とオフショア市場に分かれる．本章で用いるオフショア市場とは，日本以

第 7 章　日本の外国為替デリバティブ市場発展の経験から学ぶ　87

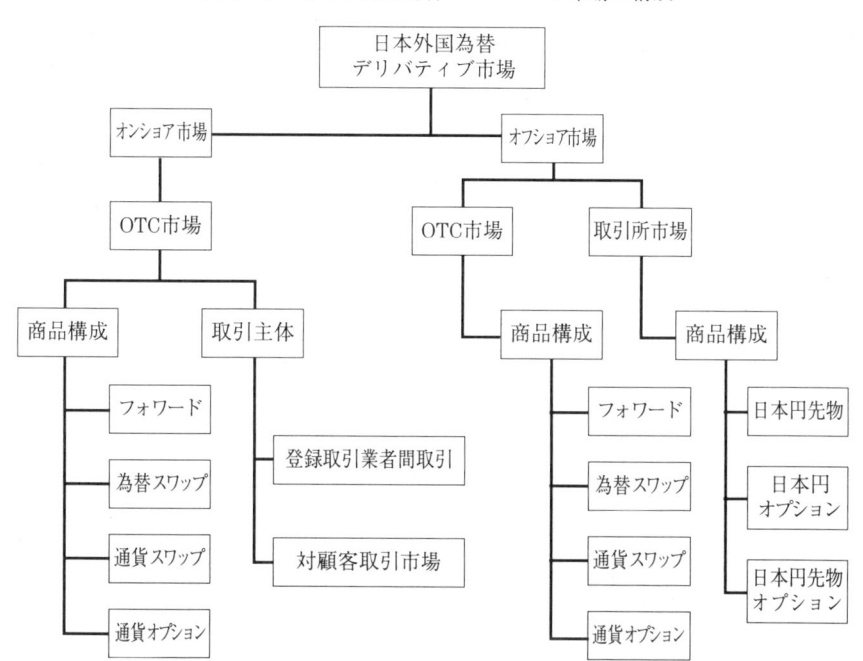

図 7-1　日本の外国為替デリバティブ市場の構成

```
                        日本外国為替
                       デリバティブ市場
                     ┌──────┴──────┐
                 オンショア市場      オフショア市場
                     │           ┌──────┴──────┐
                 OTC市場        OTC市場       取引所市場
              ┌─────┴─────┐      │        ┌─────┴─────┐
           商品構成     取引主体   商品構成   商品構成
           ├フォワード   ├登録取引業者間取引  ├フォワード   ├日本円先物
           ├為替スワップ ├対顧客取引市場    ├為替スワップ ├日本円オプション
           ├通貨スワップ                  ├通貨スワップ └日本円先物オプション
           └通貨オプション                └通貨オプション
```

外の場所で行われる円建てデリバティブ取引のことを指し，国外の OTC 市場と取引所市場を含む．国外取引所市場は主にアメリカの各主要取引所と韓国取引所での円建てデリバティブ取引を指している．オンショア市場については，東京金融先物取引所 (Tokyo Financial Exchange, TFX) が 1990 年代前後に外為先物取引を導入した経緯があったが，取引が低調であったため取引から撤退したので，現在の日本の外国為替デリバティブ取引市場は OTC 市場のみとなっている．

取引主体によって，日本の国内外国為替デリバティブ取引市場 (OTC) はまた登録取引業者間市場 (Inter-dealer Transactions) と対顧客取引 (Customer Transactions) に分けることができる．2007 年の登録取引業者は 45 社であり，そのうち日系銀行は 19 行，外資系銀行は 17 行，日系証券会社は 3 社，外資系証券会社は 6 社であった[3]．また，対顧客取引には非登録取引業者との取引とその他の非金

融機関との取引が含まれている．

② 商品構成と通貨構成

オンショア市場の場合，東京金融先物取引所外で取引される外国為替デリバティブ取引商品はフォワード，為替スワップ，通貨スワップ，通貨オプションであり，36種類の通貨を取り扱っている．ただし，主な取引は米ドル，ユーロ，英ポンド，スイスフラン，オーストラリアドルとの間で行われている．

東京金融先物取引所（TFX）で取引される外国為替デリバティブ取引商品には過去に米ドル／日本円先物および日本円／米ドル先物取引があったが，取引高が少ないため撤退するにいたった．

オフショア市場の場合，各国のOTC市場で取引されるのは日本円のフォワード，為替スワップ，通貨スワップ，通貨オプションであり，その他，いくつの国では取引所内での取引も行っている．例えばアメリカのシカゴ・コーカンタイル取引所（CME），フィラデルフィア取引所（PBOT），国際通貨取引所（ICE），国際証券取引所（ISE），韓国取引所（KRX）では日本円の先物またはオプション取引が行われ，その取り扱う通貨は約10種類であり，その中には，米ドル／円，ユーロ／円，英ポンド／円，オーストラリアドル／円，カナダドル／円，スイスフラン／円，ニュージーランドドル／円，スウェーデンクローナ／円，ノルウェークローナ／円が含まれている．しかし，取引高がもっとも大きいのはCMEで取引される米ドル／日本円先物である．

(2) 日本の外国為替デリバティブ取引の市場規模

① 市場ごとに異なる外国為替デリバティブ取引規模

日本の外国為替デリバティブ取引市場のうち，オフショア市場の日本円の取引規模はオンショア市場の他通貨同士間を含めた取引規模をはるかに上回るが，オンショアの外国為替デリバティブの取引規模はオフショアで取引される日本円デリバティブ取引の規模をはるかに上回っている．

1) 日本円のオフショア取引比率はオンショアの外国為替デリバティブ（直物，先物およびスワップ）取引比率より大きい．

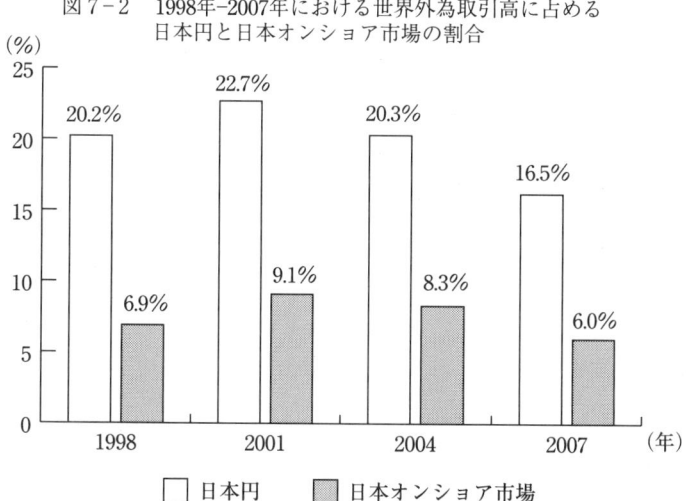

図7-2　1998年-2007年における世界外為取引高に占める日本円と日本オンショア市場の割合

年	日本円	日本オンショア市場
1998	20.2%	6.9%
2001	22.7%	9.1%
2004	20.3%	8.3%
2007	16.5%	6.0%

　日本円は世界の主要通貨の一つであるため，オフショア市場における日本円外為取引規模は相当に大きい．図7-2は，1998年，2001年，2004年および2007年の各4月の世界の外国為替市場における日平均取引残高のうち，日本円と日本オンショア市場のそれぞれの比率を示している．

　BISの定義と分類によると，ここでいう外為市場（Foreign Exchange Market）には為替直物，フォワードと為替スワップ取引（伝統的為替取引）が含まれるが，OTCによるオプションと通貨スワップ取引は含まれていないため，図7-2は正確な日本円デリバティブ取引情報は含んでいない．しかし，図7-2では，この10年の間に日本円のオフショアでの取引比率が常にオンショア市場での取引比率を上回っていることと，日本円は世界の主要通貨であることを明らかにしてくれる．たとえば，2007年4月の日本円日平均取引高は世界為替取引高の16.5％にまで達したが，日本オンショア市場における一日平均外為取引（日本円と他の通貨間および他の通貨同士間の取引）高は世界全体の6.0％にしか達しなかった．これは，日平均世界外為取引に占めるオフショア市場での日本円為替取引が10.5％も高いことを示している．

表7-1 2007年4月におけるオフショアOTC外国為替デリバティブ取引と
CME円デリバティブ取引の一日当たり取引高比較

	一日当たり平均出来高（億ドル）
国内OTC市場	1493
CME	91

2）オンショア市場における日本円デリバティブ取引規模はオフショア市場のそれよりはるかに大きい．

デリバティブ取引では，オンショアでの取引所での日本円デリバティブ取引がないこと，また，オフショアでのOTCによる円デリバティブ取引情報が入手できないこと[4]から，我々は取引量の圧倒的に大きいCMEにおける円デリバティブ取引を代表させて，オフショア市場の円デリバティブ取引規模をオンショア市場の円デリバティブ取引（先物，スワップ，OTCにおけるオプションとスワップ）規模と比較した．その結果は表7-1に示したとおりであり，オンショア市場における円デリバティブ取引規模がオフショア取引所取引規模よりもはるかに大きくなっている．他方，CMEでの取引規模がOTC市場取引規模の6.1％となっており，これは決して小さな規模とはいえない．

② 日本OTC市場における外国為替デリバティブ取引規模

1）規模全体：オンショアOTC市場における外国為替デリバティブ取引規模がやや低下した．

表7-2は1998，2001，2004と2007年の各4月の日本国内OTC外国為替デリバティブ取引と通貨直物の日平均取引出来高を示している．2004年まで，日本OTC外国為替デリバティブ取引市場全体は確実に成長していたが，2007年には2004年に比べて明らかに横ばいに止まっている．より具体的に確認すると，2007年の為替スワップ取引規模が14.1％下がったことが日本外国為替デリバティブ取引規模の停滞をもたらした主な原因であったことがわかる．これはこの3年間の世界の外国為替デリバティブ取引が急速に成長している趨勢と対照的である．それと同時に，2007年には日本円と外国通貨の直物取引が急激に増加

表7-2 日本のOTC市場における外国為替デリバティブ取引の日平均出来高

(百万ドル)

	1998年	2001年	2004年	2007年
為替直物取引総額	67,355	36,765	52,957	100,914
外国為替デリバティブ取引総額	91,658	115,946	154,413	149,307
為替スワップ	61,744	90,304	124,648	111,877
フォワード	19,477	19,720	21,259	25,633
通貨オプション	9,289	5,352	7,541	10,761
通貨スワップ	1,139	570	965	1,036

図7-3 1998年-2007年における日本オンショアOTC外国為替デリバティブ取引の日平均出来高

出所) 日本銀行http://www.boj.or.jp/

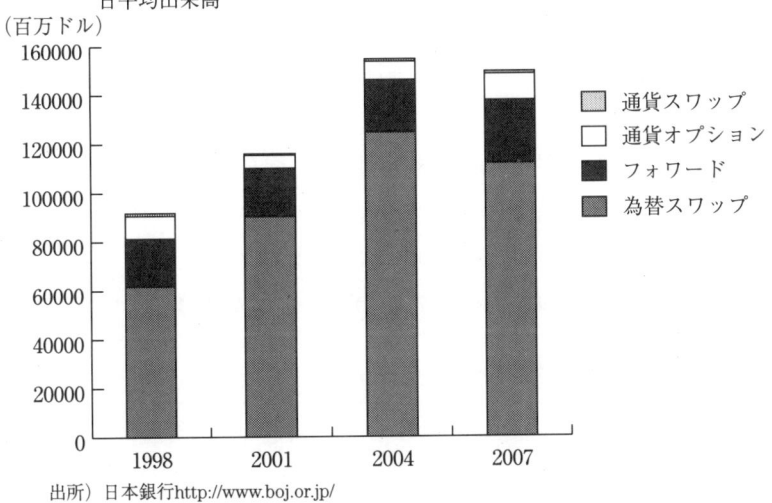

し，2004年4月に比べてほぼ100％成長した．我々は，これは近年の日本におけるキャリー取引[5] (Carry Trade) によるものであろうと考える.

2) 商品構成：為替スワップは終始日本OTC外為デリバティブ取引市場のメインである.

図7-3で示したように，OTC外国為替デリバティブ取引における為替スワッ

プは常に大きな割合を占めており，少ないときは67.3％（1998年），一番多いときは80.27％（2004年）となっており，2007年の出来高は若干落ちたものの，約75％をキープした．その次に重要なのはフォワード取引で，割合は13％-21％となっている．比較的割合が低いのは通貨スワップで，一番多いときでも1.24％に過ぎなかった．これらの特徴はほぼ世界の情勢と一致している．

OTC外国為替取引全体からみると，日本の外国為替デリバティブ取引規模は一時期為替直物取引を大幅に超えていたが，2007年には多少下がっている．表7-2は，1998年，2001年，2004年と2007年の各4月における日本のオンショアOTC外国為替デリバティブ取引市場の日平均取引出来高がそれぞれ為替直物取引の1.36倍，3.15倍，2.92倍および1.48倍になっていることを示している．ただし，具体的に内容を見ると，フォワード取引は為替スワップよりもかなり低いものの，他のデリバティブ取引を大きく上回っている．

3）残存期間構成：スワップ取引は主に7日間以内，フォワード取引は主に7日から1年間となっている．

為替スワップ取引は，その残存期間が短く，7日間以内の取引がメインとなっている，なお1998年以降，7日間以内にますます集中する傾向が見られる．2007年4月までに，この期間内での取引は78.4％になった．他方，フォワード取引の残存期間は7日間から1年間までのケースがより多く，1998年から右

表7-3　日本OTC市場外国為替デリバティブ取引残存期間構成（％）

	残存期間	1998年	2001年	2004年	2007年
為替スワップ	7日間以内	67.5	72.3	77.4	78.4
	7日間-1年間以内	28.1	27.1	21.9	21
	1年間以上	4.4	0.6	0.7	0.6
フォワード	7日間以内	47.3	38.1	35.7	39.9
	7日間-1年間以内	50.1	59.1	62.4	57.8
	1年間以上	2.5	2.7	1.9	2.3

出所）　日本銀行 http://www.boj.or.jp/

図7-4　主要通貨間の取引出来高の構成

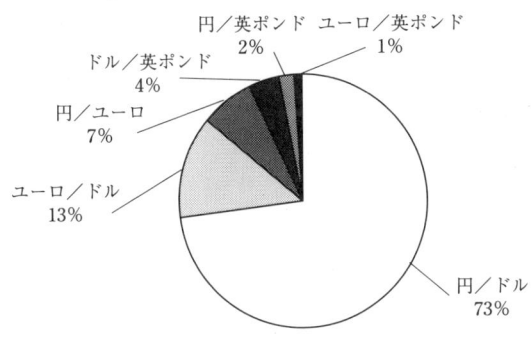

- 円／英ポンド 2%
- ユーロ／英ポンド 1%
- ドル／英ポンド 4%
- 円／ユーロ 7%
- ユーロ／ドル 13%
- 円／ドル 73%

出所）日本銀行http://www.boj.or.jp/

肩上がりの成長を見せた．ただし，2007年には若干下がり，57.8％であった．この2種類の取引に関して，一年以上の取引が全体に占める割合は非常に少ないことが表7-3から確認できる．この特徴も世界のそれと合致している．

4) 通貨構成：取引される主な通貨はドル，ユーロ，英ポンドと日本円に集中している．

日本オンショアOTC外国為替デリバティブ市場で取引される通貨は40種類もあるが，しかし主な取引は米ドル，ユーロ，英ポンドと円の間での取引に集中している．この四つの通貨で行われる取引高は全体の76.6％となっている．とりわけ，この四つの通貨のうち取引はさらに円と米ドルに集中している（図7-4参照）．

5) 取引参加者構成：申告取引業者間の取引および非個人対象取引がメインとなっている．

日本のOTCデリバティブ市場においては，大手金融機関が取引の中心となっている．申告取引業者（Reporting Dealers）との取引が終始大きな割合を占めている（図7-5参照）．

日本の金融市場の完全自由化につれて，業者間での競争がますます激しくなり，市場集中度もより高まり，年毎あるいは数年毎に申告取引業者が変化し，

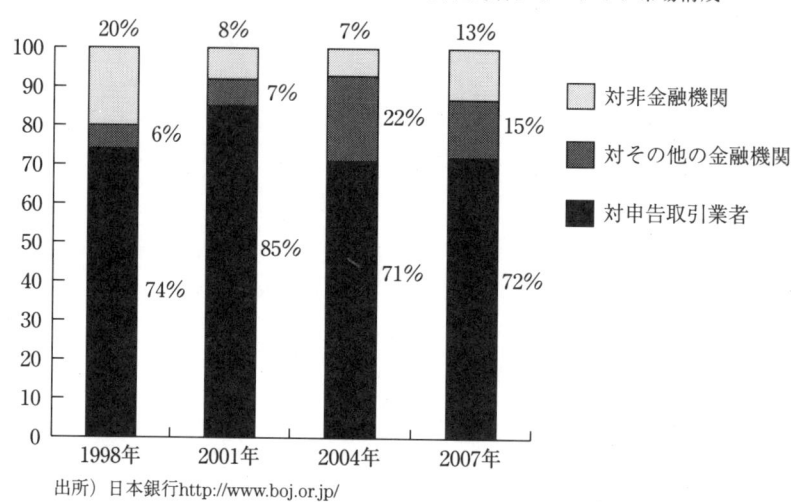

図7-5 取引主体別日本オンショアOTC外国為替デリバティブ市場構成

	1998年	2001年	2004年	2007年
対非金融機関	20%	8%	7%	13%
対その他の金融機関	6%	7%	22%	15%
対申告取引業者	74%	85%	71%	72%

出所）日本銀行http://www.boj.or.jp/

表7-4 日本外国為替デリバティブ市場における申告取引業者の状況（社）

	1998年	2001年	2004年	2007年
申告取引業者計	375	342	88	45
日系銀行	255	237	52	19
外資系銀行	101	81	27	17
日本証券会社	3	4	4	3
外国証券会社	6	10	5	6
外為ディーラー	10	10		

注）申告取引業者は外国為替市場における申告取引業者のことを指す．伝統的外為市場とOTC外為デリバティブ市場を含む．

その数も減っている．1998年の375社に対して2007年にはその数が45社まで減少した（表7-4参照）．なお，外国金融機関の比重はますます高くなっている．登録取引業者に占める外国金融機関の割合は2004年には36.4％だったが，2007年には51.1％に達し，すでに日本国内金融機関の割合を上回っている．

それと同時に，一部の業者が占める市場取引高の割合がますます拡大してい

表7-5　日本外国為替デリバティブ市場の集中度（％）

		1995	1998	2001	2004	2007
伝統的外為市場	上位10社取引業者市場ウエイト	50.6	55.3	61.2	74.7	78.9
	上位20社取引業者市場ウエイト	69.7	74.3	80.5	91.4	92.4
OTC外為デリバティブ市場	上位10社取引業者市場ウエイト	55.7	64.6	72.8	80.1	88.1
	上位20社取引業者市場ウエイト	76	84.9	91	95.4	96.8

出所）　日本銀行http://www.boj.or.jp/

る．統計ソースの違いによって，正確なデータにまとめることが出来ないが，ここではBISのデータを参考として引用したい（表7-5参照）．上位10社の大手取引業者による伝統的外国為替市場（為替直物，スワップ，先物）とOTC外国為替デリバティブ市場（通貨スワップ，通貨オプション，金利デリバティブ）出来高の取引全体に占める割合は，1995年には50.6％と55.7％だったが，2007年にはそれぞれ78.9％と88.1％にまで高まった．また，OTC外国為替デリバティブ市場への集中度は伝統的外為市場の集中度よりも高くなっている．これは，より複雑な外為デリバティブ取引を行う業者が少ないことを示している（通貨スワップ，通貨オプション）．

　このほか，東京は世界の重要な金融センターの一つであり，日本円も国際通貨の一つであるため，多くの国外金融機関，企業が日本のOTC外為デリバティブ市場に参入しているが，この市場においては対非個人取引が大きなウエイトを占めている．2001年の対非個人取引高のウエイトは54％に達した．その後も対非個人取引が外為デリバティブ市場に占める割合は70％前後で推移している（表7-6参照）．

　③　オフショア市場における日本の外国為替デリバティブ取引規模

　オフショアOTC市場における日本円外国為替デリバティブ取引に関するデータが入手困難であるため，我々はここで主にオフショア取引所における円デリバティブ取引の状況を分析することにしたい．アメリカCMEの日本円デリバティブ取引はその中でもっとも重要な部分になっており，2005年における

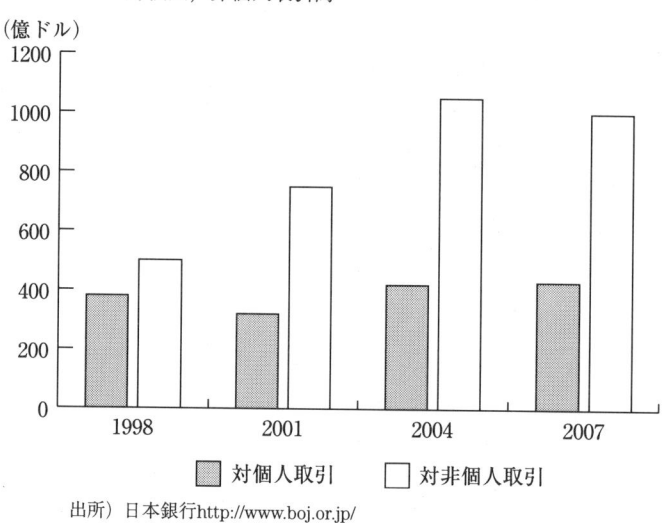

図7-6 日本オンショアOTC外国為替デリバティブ市場における対個人,非個人取引高

(億ドル)

凡例: 対個人取引 / 対非個人取引

出所) 日本銀行 http://www.boj.or.jp/

CME日本円先物取引は世界第3位に位置した．また，2007年4月には，CMEの日本円先物の日平均取引が84,338件，日本円先物オプションは日平均取引が2,659件になっている．先物取引規模はオプション取引をはるかに超えている．

韓国取引所にも少量の日本円先物取引があり，2007年4月における日平均取引は873件であった．また，アメリカのフィラデルフィア取引所（PBOT），国際通貨取引所（ICE），国際証券取引所（ISE）でも少量の日本円先物とオプション取引が行われている．

④ 世界における日本の外国為替デリバティブ取引のポジション

OTC市場から見ることにしよう．表7-6と表7-7はBISによる2007年4月の世界ランキングである．統計ソースの相違があって，表7-6は世界主要国の外国為替市場（通貨直物，為替スワップと通貨先物取引を含む）における日平均取引高にしめる割合とランキングを示している．結果はこのとおりであるが，世界の外国為替デリバティブ取引市場では，通貨スワップと通貨先物がメインになっているため，表7-6を表7-7と図7-2と照らし合わせてみると，次のような

表7-6 世界主要外国為替市場の日平均取引高

(10億ドル)

1998年4月		2001年4月		2004年4月		2007年4月	
1 イギリス	637 (32.5%)	1 イギリス	504 (31.2%)	1 イギリス	753 (31.3%)	1 イギリス	1359 (34.1%)
2 アメリカ	351 (17.9%)	2 アメリカ	254 (15.7%)	2 アメリカ	461 (19.2%)	2 アメリカ	664 (16.6%)
3 シンガポール	139 (7.1%)	3 日本	147 (9.1%)	3 日本	199 (8.3%)	3 スイス	242 (6.1%)
4 日本	136 (6.9%)	4 シンガポール	101 (6.2%)	4 シンガポール	125 (5.2%)	4 日本	238 (6.0%)
5 ドイツ	94 (4.8%)	5 ドイツ	88 (5.5%)	5 ドイツ	118 (4.9%)	5 シンガポール	231 (5.8%)
6 スイス	82 (4.2%)	6 スイス	71 (4.4%)	6 香港	102 (4.2%)	6 香港	175 (4.4%)
7 香港	79 (4.0%)	7 香港	67 (4.1%)	7 オーストラリア	81 (3.4%)	7 オーストラリア	170 (4.2%)
8 フランス	72 (3.7%)	8 オーストラリア	52 (3.2%)	8 スイス	79 (3.3%)	8 フランス	120 (3.0%)
9 オーストラリア	47 (2.4%)	9 フランス	48 (3.0%)	9 フランス	64 (2.7%)	9 ドイツ	99 (2.5%)
10 オランダ	41 (2.1%)	10 カナダ	42 (2.6%)	10 カナダ	54 (2.2%)	10 デンマーク	86 (2.2%)
世界合計	375	世界合計	1200				

出所) 日本銀行 http://www.boj.or.jp/ （ ）内は市場占有率．

表7-7 世界主要OTC市場における金融デリバティブの日平均取引高

(10億ドル)

1998年4月		2001年4月		2004年4月		2007年4月	
1 イギリス	171 (36.0%)	1 イギリス	275 (36.0%)	1 イギリス	643 (42.6%)	1 イギリス	1081 (42.5%)
2 アメリカ	90 (18.9%)	2 アメリカ	135 (17.7%)	2 アメリカ	355 (23.5%)	2 アメリカ	607 (23.8%)
3 フランス	46 (9.7%)	3 ドイツ	97 (12.7%)	3 フランス	154 (10.2%)	3 フランス	183 (7.2%)
4 日本	42 (8.8%)	4 フランス	67 (8.8%)	4 ドイツ	46 (3.0%)	4 ドイツ	93 (3.7%)
5 ドイツ	34 (7.2%)	5 オランダ	25 (3.3%)	5 イタリア	41 (2.7%)	5 日本	88 (3.5%)
6 スイス	16 (3.4%)	6 イタリア	24 (3.1%)	6 日本	39 (2.6%)	6 アイルランド	85 (3.4%)
7 シンガポール	11 (2.3%)	7 日本	22 (2.9%)	7 ベルギー	32 (2.3%)	7 スイス	73 (2.9%)
8 カナダ	7 (1.5%)	8 スペイン	21 (2.7%)	8 オランダ	22 (2.1%)	8 シンガポール	69 (2.7%)
9 ベルギー	6 (1.3%)	9 スイス	15 (2.0%)	9 オーストラリア	18 (1.2%)	9 イタリア	32 (1.3%)
10 オランダ	6 (1.3%)	10 ベルギー	4 (1.8%)	10 スイス	18 (1.2%)	10 オーストラリア	29 (1.2%)
世界合計	375	世界合計	575	世界合計	1220	世界合計	2090

出所）日本銀行 http://www.boj.or.jp/ （ ）内は市場占有率．

ことが明らかになる．

1）日本は世界の外国為替取引の主要市場である．世界の外国為替取引出来高の50％前後を占める英・米両国を除くと，日本の外国為替市場は世界で最も重要な外為市場の一つであり，そのランキングは常に第3位ないし第4位となっており，市場全体に占める割合は7％前後になる．

2）OTC金融デリバティブ取引（BIS基準，すなわち金利関連契約とオプションおよびスワップを含む）の場合，日本の世界への影響は小さく，2001年の市場ウエイトは2.9％，第7位となっている．その後，上昇傾向を見せ，2007年には3.5％に達し，5位にランクインした．

3）全体を見ると，日本円取引にしても，日本市場にしても，日本の外国為替取引は世界における順位が低下する傾向にあり，これには日本経済の中期的低迷と近年の日本のゼロ金利政策が大きく関連していると見られる．

3．日本における為替制度改革と外為デリバティブ発展の歴史的プロセス

(1) 日本における金利制度の改革プロセス

日本のようにより短期間に長く続いた固定相場制度から完全変動相場制度に進んだ国は少ない．

①固定相場制度（1949年～1972年）

戦後のブレトンウッズ体制の形成に伴い，日本は完全固定為替制度を22年間も維持してきた．

1949年4月25日から，日本はアメリカの支援を受け，経済復興のためのドッジ・ラインを実施し，米ドル／日本円の為替レートを1／360に固定した．基準為替相場は政府によって決められ，外国為替市場の価格変動幅は政府が決めたレートから一定の変動幅以内で動いていた．

20年間の発展を経過し，日本は，1968年にはアメリカに次ぐ世界第二の経済大国になった．また，日本の経済力の増大につれ，その産業構造はアメリカ

に近づき，日米間における貿易摩擦がますますエスカレートし，日本円は大きな切り上げ圧力に直面した．

1971年8月，ニクソンが金と米ドルの交換停止を含めた8項目の措置を発表したことによって，ドルをベースするIMF体制が大きく揺らぎ，世界各国通貨も固定的な基準を失うにいたった．このニクソン・ショックに対して，日本はまず旧平価を維持し，ドル買いを実施した．しかし，ドル売りがあまりにも多いことを受け，日本も1971年8月28日をもって平価維持を放棄し，日本円の為替変動を容認することを宣言した．これを受けて，円高が始まった．円レートの急速な上昇を抑えるため，日本政府は日本円の変動相場制を導入した後にも為替市場に介入し続けた．いわゆる「ダーティフロート」である．

12月に，西側10カ国蔵相会議がワシントンのスミソニアン博物館で開かれ，この会議では日本円為替レートを16.8％引き上げることが決定され（ドル対円は1対308となる），可能な変動幅は上下2.25％になった．これは持続的な円高が始まる以前では初めての円の大幅切り上げであった．

②変動相場制度（1973年〜現在まで）

1973年2月13日，アメリカ財務長官はドル対金の10％切り下げを表明し，ブレトンウッズ体制が崩壊することになり，日本は変動為替制度に移行した．基準為替相場が外為市場での取引価格によって決定され，為替市場における価格が自由に変動できるようになり，その変動幅に対する制限もなくなった．日本銀行は，外為市場において極端な為替相場の変化が起こる場合を除いては，為替相場の安定を図るための市場介入を行わなくなった（鈴木淑夫　1993）．1973年2月から1985年9月にかけて，徐々に円高が進み，ドル・円レートは240-250円まで上昇した．

1985年のプラザ合意もまた日本円為替相場に大きな影響をもたらした．1985年9月，G5諸国の蔵相はニューヨークでの協議で，共同で円高ドル安政策を推進することに合意した．この合意はまた，日本の金融自由化の促進，外為市場に対する規制の撤廃を要求した．その後，日本銀行は大量のドル売り・円買いを繰り返すことになり，円相場の大幅な上昇が始まった（図7-7参照）．1985年

図7-7　日本円の対ドル為替相場変動状況（1973年～2007年）

出所）日本銀行ホームページhttp://www.boj.or.jp/

9月から1986年8月までに，ドル・円の為替レートは260：1から152：1まで上昇し，1995年4月には79：1に達し，その後，100円台から140円台の間で動いている．

(2) 日本における外国為替自由化プロセス

円高につれて，日本の外国為替自由化も徐々に実現された．日本の外為規制は全面規制期，規制緩和期，初期自由化期および完全自由化期という四つの段階に分けることが出来る（劉剣平　1990, 洪志華・方文　1994, 何一鳴　1999）．

①全面規制期（1949年～1964年）

戦後，日本における外貨管理の厳しさは有名で，その全面性と複雑性が他の国をはるかに上回っていた．1949年，日本は「外国為替及び外国貿易管理法」と「外資に関する法律」（外資法）を制定して経常取引を政府の厳重な管理下に置き，資本取引もほぼ停止状態に置いた．外国為替管理に関しては，「外国為替公認銀行制度」，「外貨集中制度」，「為替持高規制」および「資本輸出入認可制度」などが実施された．

その主な内容は，すべての外貨取引は政府指定の銀行で行わなければない，また，個人が外貨を取得した場合，その外貨を指定された期間内に国に売らなければならない，というものである．外貨は政府をつうじて集中的に使用された．「為替持高規制」はまた，二つの段階に分かれる．すなわち，「全面集中規制管理」と「残高集中規制管理」である．1950年には全面集中規制管理が実施され，公認銀行でさえ外貨残高の保有が認められなかった．1952年から，日本の外貨状況が若干回復するようになり，外貨管理は完全集中管理から残高集中管理に移行した．こうして，公認銀行における一定限度額の外貨保有が認められ，認可された企業も一定金額の外貨を所持することが出来るようになった．そして，資本取引に関するすべての資金移動は当時の大蔵省の認可を得なければならなかった．

②規制緩和期（1960年〜1980年）

1960年6月，日本は「貿易及び外国為替の自由化に関する基本計画」を発表し，順次に経常取引と資本取引の自由化を推進し始めた．

経常取引について，日本は，1964年にIMF8条国としてOECDに加盟し，次第に「為替持高規制」を廃止して，経常勘定における自由化が基本的に実現した．1972年までに，日本の輸入自由度は95％に達したのである．

資本取引について，上述した1960年6月のガイドランの実施により，日本はさまざまな措置をとりながら，資本勘定における開放を慎重に漸進的に進めた．70年代になると，更に積極的に資本取引自由化を推進するにいたった．トータルで見ると，この時期の日本の資本取引自由化政策は常に為替相場の安定維持に資する形となっていた．日本円が円安（円高）傾向にあると考えられる際，当局はそれに応じて資本の流入（流出）への制限を緩和した．また，この時期，日本では資本の流出規制に対してより強い緩和政策が採られ，対外直接投資，海外の日系企業に必要とされる外貨，海外における不動産投資，海外証券投資，海外における貸し出しなどに関する資本輸出促進政策が実施された．他方，外国投資家による日本市場への参入に対する規制はまだ少なかった．

外貨管理について，1972年に，日本は「外貨集中制度」を廃止し，資金流入

規制の中心を貿易・投資などから公認銀行の外貨残高，円売買による短期的な資金移動に転換した．それと同時に，日本は，引き続き外貨交換所・公認銀行制度を続行し，外国為替業務は認可を受けた銀行あるいは交換所のみで行うこととされていた．公認銀行側には従わなければならないポジション制限が二つあった．第一は，直物ポジション制限である．この制限は1968年から始まり，1984年に廃止された．第二は，先物ポジション制限である．この制限は1960年よりスタートし，1998年の全面自由化まで続いた．第一の制限は外国為替取引による国内金融政策へのインパクトを避けるために設けられたものであり，第二の制限は金融機関の安全性と健全性を維持し，投機行為を防ぐという視点から生まれたものである．

③自由化初期段階（1980年～1997年）

1980年に日本は「外国為替及び外国貿易管理法」を全面改正し，「新外国為替管理法」を制定する同時に「外資法」を廃止した．外国為替取引は「原則禁止」から「原則自由」，「非常時のみの規制」に変わった．一般企業の外貨預金と外為公認銀行の「インパクトローン」の導入も完全に自由化された．

1984年には，日本は外貨売買における実需原則と円転規制[6]など一連の資本取引管理措置を廃止した．商業銀行は制限を一切受けず，外貨を円に交換したり，ユーロから円を取り入れて国内市場で運用したり出来るようになった．外国からの対日直接投資と証券投資および国内民間機関の外債発行なども，それまでの認可制から届出制に変更された．1984年の改革によって，日本の資本取引の完全自由化が基本的に実現したが，一部の留保規定や制限が追加され，非常時の政府介入を可能にした．

④高度な自由化段階（1998年～現在）

1997年5月，日本の参議院において「『外国為替および対外貿易管理法』修正案」が通過した．1998年4月より，日本は外為規制を廃止し，外為の完全自由化に移行した．その主な内容は，公認銀行制度の廃止によって，あらゆる者（ホテル，旅行会社，ギフト・ショップ，スーパーなども含む）が外為取引を行うことができる，外為取引について，公認銀行における営業終了時の現物と先物の総

合ポジションに対する金額制限が廃止され，銀行側は買いポジションと売りポジションを自由に維持することができるようになり，ポジション制限が一切なくなった（外為リスク防止のための資本準備規制だけを受けることになっている），外為取引に対する事前申告制が廃止され，個人や企業は自由に国内外における資本・経常取引を行うことができ，国内投資家は直接に海外の証券会社と証券取引を行うことができる，直接投資に対する制限がより少なくなった，などである．一般の業界について，すべての事前申告が廃止され，事後報告制が導入された．特殊な業界についても，規制がより緩和されるようになった．

これをもって，日本の外為市場は世界で最も自由な市場の一つになった．

(3) 日本における外為デリバティブ取引市場の発展

東京外為市場は1950年代初期に設立されてからまもなく，外為先物取引 (Reszat 1997) を開設し，市場参加者にコスト確定・リスクヘッジのためのツールを提供した．外為先物取引が始まった当初，日本は厳しい管理措置をとっていた．その中で，最も重要なのは実需原則の導入である（叶永剛・李源海 2001）．実需原則は，投機要因を市場から排除し，市場の安定的な運営を保証することによって，戦後の日本の外貨準備の増加や国際収支の改善および投機の抑制と市場の安定に重要な役割を果たした．1970年から日本は貿易黒字国となり，その後も黒字が拡大し，外貨準備が急速に増大し始めた．

1984年に，日本は，外為規制の自由化初期段階であったにもかかわらず，円高圧力が高まるなか，外為先物取引の実需原則を撤廃した．実需原則の廃止，円転規制の撤廃に1985年からの円価値の大幅上昇が加わり，日本の外為デリバティブ取引は急速に増加した．データによると，1989年4月，東京外為市場における1日当たり平均現物取引出来高は460億ドルであったのに対し，先物とスワップ取引出来高はそれぞれ70億ドルと590億ドルに達し，現物取引は全体の41％にしかすぎなかった．つまり，外為デリバティブ取引はすでに現物取引を上回っていたのである．1994年に，旧大蔵省は小口市場においても外国為替先渡し取引を解禁した．

1989年に，東京金融先物取引所 (TFX) が設立され，同じ年にドル対円の3ヶ月物通貨先物取引を始め，1991年2月に円対ドルの3ヶ月物通貨先物取引をスタートさせた．その後，取引量が少ないため，これらの取引は取り止めとなった．

　オフショア市場では，1970年代に日本の段階的な資本取引自由化が始まるとともに，日本円は直ちに世界市場に参加するようになった．CMEが1972年に外為先物取引を開始した際に，取引の一つとして円先物が登場した．1984年の資本取引のさらなる開放と1985年の日本円為替レートの自由変動化は，オフショア市場における日本円取引を大きく促進する効果をもたらした．1986年に，CMEはさらに円のオプション取引を開設した．これまでのところ，ドル対円のオプション契約のほか，CMEはオーストラリアドル対円，カナダドル対円，ユーロ対円とスイスフラン対円のオプション契約を始めている．その中で，取引高が比較的大きいのはドル対円およびユーロ対円の先物である．現在，韓国の取引所でも少量ながら日本円の先物取引が行われている．

　1986年に，東京オフショア市場が設立され，それは直ちに世界でも重要なオフショア市場となった．創設当初，外国通貨は取引出来高の80％前後を占めていたが，ユーロ円取引の増加につれて，外国通貨の割合は3分の1にまで落ち，ユーロ円取引の割合は3分の2になった．当該市場では，ユーロ円，ユーロドルなどの外為デリバティブ取引も取り扱われている（姜玉英　2005，張宏鳴　2006）．

4．日本の経験を参考にする

(1) 日本における外為デリバティブ取引の実需原則廃止に関する分析

　日本は1984年に外為取引における実需原則と円転規制を廃止した．外為市場と外為デリバティブ取引市場の発展という立場から見ると，これは確かに日本の外為デリバティブ取引市場の発展を大きく推進し，外為市場自由化の前進に重要な役割を果たし，また東京が重要な外為取引市場になることにも大きな役割を発揮した．しかし，1960年代から始まる日本の資本取引自由化プロセスと円切り上げプロセスを統一的に見る場合，その効果は複雑であり，これはその

後の十数年にもおよぶ日本の経済不況を理解するうえでヒントを与えてくれるものでもある．この点は十分に検討する価値がある．

まず，1984年4月に外為先物取引における実需原則が廃止され，1984年6月に円転規制も撤廃された．一般的に考えれば，実需原則の撤廃と通貨の自由交換との間には必然的な関係が認められる．外為先物市場における実需原則が一旦解除されると，通貨の自由交換も制限し難くなるから，ある程度の通貨の自由交換が必ず表面化してくる．

次に，1984年における実需原則の撤廃と円の自由交換は，円高圧力を受けていた背景の下で実現したものであった．4月に実需原則が廃止されてから，強烈な円高期待により，大量の投機資本と企業が相次いで先物市場に参入したことから，その取引高は急増した．6月の円の自由交換によってこの勢いはさらに激化され，日本円の取引規模は1984年の5月末から10月中旬までのわずか5ヶ月弱の間に，2,700億円から1兆5,000億円にまで急激に膨らんだ．

このような状況を受け，投機によるインパクトを懸念して日本政府は一連の過渡的な規制を打ち出し，これらを通じて先物市場に対する監督の強化を図ろうとした．すなわち，38行の銀行と35社の商社，メーカー，石油企業に外為先物予約状況を報告するように命じた．また，外為予約を行うのに外貨預金を義務づけ，反対売買と予約延長を認めず，延長されるたびに手数料を徴収して投機を抑制した（叶永剛・李源海　2001）．

しかし，市場からの円に対する切り上げ期待があまりにも強かったため，上述の対応措置では投機ブームを抑えることが出来ず，1986年の円取引高は5兆2,000億円にまで拡大した．これは1984年5月に比べて20倍近くの増加である．巨額な資金が日本に流入し，円の為替相場に大きな圧力を与えたのである．

1985年のプラザ合意によって，円は持続的かつ大幅に上昇し，資本も継続的に大規模な形で日本に入り込み，それが，日本の株式市場と不動産市場に流入して，資産価格を急激に引き上げ，都市の土地と住宅が投資の焦点になった．1989年に，日本政府は経済の過熱に気づき，金融引き締め政策を実施して投資と貸し出しを抑制し，不動産融資を厳しくコントロールすると同時に，地価税

の徴収を始めた．この政策の実施により，長期にわたったバブルが崩壊し，住宅価格が一気に下落するとともに，日経平均株価指数も継続的に下落した．銀行が当初貸し出しの担保として受け入れた不動産という「ハード担保」はすべて不良資産となった．日本の各銀行からさまざまなチャンネルを通じて株式市場，不動産市場へ流れ込んだ大量の貸出金は回収不能となり，これによって，巨額の不良債権が発生したのである．日本の金融全体が縮小し，大量の不良債権が出現し，銀行の信用格付けが下げられ，一部の銀行は破綻に追い込まれた．金融システムの崩壊は経済の衰退をもたらし，日本経済はこれによって長期不況に陥ってしまった．

現在の中国情勢はここでいう1970年代から1980年代までの日本に類似している点が多い．すなわち，持続的な貿易黒字，外貨準備の急増，切り上げされつつある人民元，非常に強い切り上げ期待の存在．日本の経験から見ると，実需原則の廃止は事実上通貨の自由交換をある程度容認することを意味するであろう．また，人民元上昇という市場期待が続いているなか，もし実需原則を廃止して，通貨交換に一定の自由を認めてしまえば，これによって，大量の投機マネーが中国に入り，国内資産価格を押し上げ，国民経済の安定的発展に不安要因を与えることになる．

実際，中国では，実需原則がなお継続中の現在，不動産価格と株価における急速な上昇から判断してホット・マネーによる影響がすでに出始めていると思われる．外貨準備増加から貿易黒字額とFDI（外資による直接投資）を差し引いた金額はホット・マネーの流入額に相当するという考え方が一般的である．中国国家統計局の統計によると，2007年，中国の外貨準備の増加は1,357億ドルに達するが，そのうち同期貿易黒字と外資直接投資の合計額はわずか623億ドルである．一方，734億ドルは「その他」の名義で中国に入ってきた．ホット・マネーの流入額はすでに貿易黒字とFDIの合計を逆転している．

日本の教訓から，人民元の切り上げに対する予測がまだ続いている中では，安易に実需原則を放棄することは望ましくない．また，実需原則廃止の最適な選択時期は，人民元為替相場が相対的な均衡エリアに入り，しかも人民元が基

本的に自由交換を実現した時点である，と我々は考えている．これによって，国内資産価格へのインパクトとこのインパクトによる悪影響を避けることができるであろう．

(2) 外為デリバティブ市場発展に対する金利自由化の影響

日本における金利の自由化プロセスと外為デリバティブ取引市場の発展の関係について，我々は金利の自由化は外為デリバティブ取引市場の発展にとって非常に重要ではあるが，しかし，必要な前提条件ではなかったと考える．

理論的に見ると，先物為替は金利の平価理論によって決められる．しかし，金利平価理論が成立するには二つの条件が必要である．第一は，金利の自由化であり，第二は，通貨の自由交換である．この二つの条件が成立する場合，外為デリバティブの価格付けは比較的に合理的で，市場の効率性もより高くなるといわれる．

日本の経験を見ると，次のようなことがわかる．日本は，1950年代から実需原則に基づいた先物外為市場がすでに存在しており，1984年の実需原則の撤廃は外為デリバティブ取引市場の更なる発展をもたらした．なお，日本の金利自由化はおおよそ4つの段階に分けることが出来る（汪為興 2001）．第一段階は1970年から1970年代末まで，国債発行・流通金利の自由化を実現した時期である．第二段階は1970年代末から1980年代初期まで，手形市場の多様化と市場整備の上でコール・手形市場金利の自由化を実現した時期である．第三段階は1980年代初期から1980年末まで，金融革新と取引商品の小額化につれて，貸借市場の金利自由化を実施し，完成させ，基本的に金利自由化を実現した時期である．第四段階は，1990年代初期から1994年10月までで，この時期には，日本銀行は「窓口指導」の代わりに公開市場操作などの方式を通じて通貨供給を調整した．また，1993年6月には，定期預金金利の自由化を実現し，10月には，流動性預金の金利自由化を実現し，ついに1994年10月に金利の完全な自由化を実現したのである．したがって，金利自由化は外為デリバティブ取引市場を発展させるための必要条件ではありえない．

現在の中国はコール市場金利の自由化を基本的に実現しているので，日本の金利自由化プロセスにおける第二段階に似ており，また金利の自由化途上にあるといえる．それゆえに，我々は中国の金利における不完全な自由化という現状は中国の外為デリバティブ取引市場建設にとってハードな制約条件になりえないと考える．ただし，人民元金利の更なる自由化は，中国の外為デリバティブ取引市場の健全化と更なる発展にとって非常に有利な条件となるであろう．

(3) 日本銀行の外為市場介入に関する実証的結論

　先進国の中で，とりわけ，2004年まで，日本銀行は，もっとも頻繁に外為市場介入を行う通貨当局の一つであった．為替が自由に変動し，外為デリバティブ市場が発達している場合に，中央銀行の介入は本当に有効なのであろうか，その影響はどのようなものであろうか？　Chang Y. と Taylor S. J. (Chang & Taylor, 1998) は1992年10月1日から1993年9月30日にかけて，この間の日中データとARCHモデルを用いて日本銀行による外為市場介入が当日の為替相場変動率に与える影響を研究した．彼らはロイター通信のヘッドライン・ニュースを通じて日銀の市場介入行為を確認し，ロイター通信が公表した介入開始前の1時間以内と開始後の1時間以内との円対ドルの為替相場の変動率が明らかに異なり，特に頻繁な介入（5分から10分間隔）は円為替相場の変動に目立った正の影響を与えることを発見した．

　Michael Frenkel と Christian Pierdzioch および Georg Stadtmann (Frenkel-Pierdzioch et al., 2005) は1993年から2000年までの間における日本銀行の外為市場介入の円為替レート変動への影響を研究した．研究結果で明らかになったのは，日本銀行による介入は円の為替レートの変動を増加させ，非公開の介入こそ（報道されなかった介入を指す）が為替相場の変動を激化し，また，日本銀行が市場に登場するということだけでも（ドルの売買額に関係なく）為替相場の変動率を増加させてしまう可能性がある，ということであった．

　楊栄と賀暁波（楊栄・賀暁波　2005）は2003年1月1日から2004年3月31日までという期間における日本政府の市場介入が円為替相場にもたらした影響に

ついて研究した．研究の結果は以下の通りである．すなわち，日銀の市場介入は円為替相場に一定の影響をもたらすが，しかしその影響は非常に短期なものである．長期にわたって連続的に介入しても，円の上昇を阻止することが出来ない．また，日本銀行の市場介入は国内のデフレ圧力を緩和することができなかった．彼らは為替変動の最終要因は外為市場介入ではなく，その通貨の本国の国内経済，対外経済の発展状況および国内資本の変動である，と考えている．

このほか，多くの経済学者が日本銀行の為替市場介入について研究した．全体からいうと，多数の研究は，日本銀行の外為市場への介入は為替相場の変動率を激化させ，短期間においては（30日以下）為替動向の変更に一定の効果があるが，しかし，為替の長期的な動向を変えることが出来ない．為替レートは最終的に日本国内経済と対外経済の発展状況如何によって決められるものである，と述べている．

以上，外為デリバティブ市場の発展に直接的な関連性はないものの，為替の自由な変動および外為デリバティブ市場がすでに発達している状態の下での中央銀行の為替介入効果について紹介した．西側と比べて，アジア諸国の政府と中央銀行には市場に介入する傾向が頻繁に見られる．たとえ自由化がより進展している場合でも同様である．人民元為替相場の自由化が実現され，外為デリバティブ市場がより発達する未来において中国の中央銀行はどのように市場介入を行うのか，どのような政策をとり，そして所期の政策効果を得るのか，これらは我々にとって考える価値のある重要問題である．

* 中国教育部（文部省）優秀人材支援プロジェクトおよび自然科学基金緊急プロジェクト「人民元為替デリバティブ商品の発展状況と構造設計」（70741012）から頂いた支援に感謝する．

1) IMFの分類基準によれば，中国の為替相場制度は事実上まだ固定為替相場制度ということになっている．管理変動相場制に適合するのは，人民元為替相場の変動幅に関する制限がなくなり，中央銀行が政策目標に基づき為替相場に介入する場合のみである．中国人民銀行は現在，外国為替レートを毎日公表し，その変動幅を上下5％に設定している．

2) つまり，個人・法人および外為銀行の間で外国為替の先物取引を行う際に，輸出入に伴う実際の需要に応じた金額で行わなければならないということ．
3) 日本銀行が3年置きに国際決済銀行に提出している外為市場取引状況報告を参照のこと．
4) 本稿では断りがない限り，OTC外為デリバティブ市場とはオンショア市場のことを意味する．
5) これは，投資家が金利の低い円を借り入れ，円をドルや他の通貨に換えて別の国の高収益資産に投資することを意味している．
6) 正式名称は通貨取引上限規制である．日本は国内金融市場の秩序を維持し，外為投機取引を防止するために，以下のような場合に上限規制を実施する．すなわち，外為公認銀行が外貨を国内に導入し，それを円に交換して資産運用をする場合，本支店間の帳簿取引を通じてユーロ円を吸収し，日本国内で運用する場合．

参考文献

何一鳴（1999）「日本外汇管制的演化.」現代日本経済（006）：34-36.
汪办兴（2001）「利率市场化的国际经验及经验」云南财贸学院学报17（005）：30-34.
姜玉英（2005）「日本离岸市场的发展及启示」金融会计（10）：4-8.
洪志华，方文（1994）「战后日本外汇管理体制的演变」中国外汇管理（3）：48-49.
刘剑平（1990）「战后日本外汇管理体制的演变」現代日本経済（003）：27-30.
叶永刚，李源海（2001）远期结售汇——人民币兑外汇远期市场研究，武汉大学出版社．
张宏鸣（2006）「离岸市场：上海国际金融中心建设的战略突破口」上海金融（4）：14-17.
杨荣，贺晓波（2005）「日本央行干涉外汇市场的实证研究」亚太经济（3）：26-29.
铃木淑夫（1993）日本的金融政策，中国发展出版社．
Chang, Y. and S. J. Taylor (1998). "Intraday effects of foreign exchange intervention by the Bank of Japan". *Journal of International Money and Finance* 17 (1): 191-210.
Frenkel, M., C. Pierdzioch, et al. (2005). "The effects of Japanese foreign exchange market interventions on the yen/US dollar exchange rate volatility." *International review of Economics and Finance* 14 (1): 27-39.
Reszat, B. (1997). The Japanese Foreign Exchange Market, Routledge.

第8章 The Bursting of the Bubble and Bank Shareholding

I Main thematic import

At the beginning of the 1990s the bubble economy burst in Japan. The ensuing sharp decline in land prices generated massive non-performing loans in banks' real estate-related portfolios, and many financial institutions fell into managerial crisis. Housing loan companies were particularly hard hit and, with their heavy borrowings from banks, the impact was feared to threaten the financial system as a whole. The government therefore decided to inject public funds to liquidate these housing loan companies. However, the injection of public funds into the non-bank entities triggered a sharp criticism from public and the financial crisis spread to major banks and security houses[1]. Major factors behind the unfolding of events in this manner were government's clumsy macro-economic policies, the Ministry of Finance's mishandlings of bank failures in early stages of crisis, the outbreak of international currency crisis triggered by the Asian crisis. In the late 1990s several major banks including Hokkaido Takushoku Bank, Long Term Credit Bank of Japan, and Bond Credit Bank of Japan, as well as a couple of securities houses including Yamaichi and Sanyo collapsed. The final resolution of the non-performing loan problem of major banks remained to be seen until 2005. In the meantime, the Japanese economy has grown at a minimal 1.1% rate on average during 1992-2002 with nominal GDP contracting at △ 1.2% during 1998-2002.

Against this backdrop, policy discussions over the financial crisis in Japan so far centered around the handling of non-performing loans and the injection of public funds. However, the bursting of bubble and the ensuing financial crisis accompanied another annoying issue. That was the grave influence of the deep drop in share prices on the stability of Japanese financial system and the soundness of financial institutions.

In Japan, during the post-war period of economic reconstruction, large banks became major shareholders of corporations replacing individual shareholders. These bank shareholdings progressively increased through a series of stages such as the 1963-65 slump in securities markets, the liberalization of capital transactions from the 1970s, and the bubble economy of the 1980s[2]. By way of international comparison, albeit there exist examples of German banks holding considerable client company shares, the sheer numbers held by Japanese banks, as well as the mutual shareholding format between banks and client companies, makes for a unique combination.

The shareholdings brought about huge latent gains for banks as a result of the sustained rise in share prices until the bubble burst in the early 1990s. Many banks used the latent gain as a form of retained earnings, which enable banks to stabilize cash flow when their profits tumbled.

The latent gain was not only a matter of stable cash flow but was closely related to the fulfillment of BIS rules imposed on banks in the 1990s. Given the extremely small capital base, Japanese banks were allowed to count the 45% of latent gains into Tier 2 category of capital, and, taking advantage of this allowance, most banks could barely secure over 8% capital/asset ratios. However, with the sudden and deep fall in share prices after the bubble burst, the banks' latent gain decreased sharply and in 2002, when the Nikkei 225 index dropped below 8,000 yen, the latent gain fell into the negative on an Zenkoku Ginko (all domestically licensed banks) basis[3].

The disappearance of latent gain came as another big blow to banks that

第 8 章　The Bursting of the Bubble and Bank Shareholding　115

for several years had already exhausted their equity capital for the handling of massive non-performing loans. Moreover, in the 2001-02 period there existed practically no prospects for the quick recovery of share prices, rather fears of a further drop spread in the financial communities. However, it was clear that if banks, in order to avoid capital loss, embarked on selling off shares at once, this would engender a further precipitation in share prices.

Judging the delay in handling of non-performing loans to be the main reason for the prolongation of financial crisis and economic stagnation, the government pressed banks for the prompt disposal of these loans at that time. However, given the already sharp drop in share prices, few financial institutions could afford to deal with non-performing loans by realizing latent gains. As a result, the government's policy met with a dead end.

Against this backdrop, the government imposed restrictions on bank shareholdings on the one hand, while establishing a public organization named "Organization for the Acquisition of Bank-held Shares" to purchase shares from banks in order to absorb the prospective selling pressure. Furthermore, as a supplementary measure, the government requested the Bank of Japan to buy up shares from banks.

These were explicitly interventionist policies at odds with the idea of the sweeping liberalization of the Japanese capital market (Japanese version of the financial Big Bang which aimed at institutionalizing "Free, Fair, Global" markets in Tokyo). A series of government's countermeasures including a couple of share price-keeping operations had prolonged distorting effects on the capital market and the eruption of scandals in financial communities in the meantime deeply undermined the credibility of the Japanese financial system.

This paper seeks to focus on the problems associated with the fall in share prices under bank ownership and the ways this was handled. These problems were less documented so far compared with problems of the massive bad loans and the injection of the public fund. The paper also addresses the countermeasures implemented by banks and the government to combat the problems. We will first look in Section II at the history and the recent situation of bank shareholdings and in Section III will consider the main factors behind the phenomenon. In Section IV we will examine how the post-bubble drop in share prices affected bank management and Section V will deal with government's counter-measures and price-keeping operations. Section VI provides a conclusion.

II Bank shareholding : history and present situation

The Anti-Monopoly Law (Articles 10 and 11) enacted just after the end of World War II imposed strict limits on corporate shareholding. With the exception of parent-subsidiary companies approved by the Fair Trade Commission, industrial companies were prohibited from acquiring or holding shares in domestic businesses. Furthermore, financial institutions including banks were prohibited from acquiring shares in rival financial institutions, and were not allowed to acquire or hold in excess of 5% of outstanding shares in any industrial companies.

Between 1949 and 1953, the Anti-Monopoly Law underwent successive revisions. It became possible for industrial companies and financial institutions to acquire shares in other businesses (provided that this would not "substantially restrain competition"), and the upper limit for shareholdings by financial institutions in domestic corporations was raised to 10% of outstanding shares.

Facilitated by the revision of Anti-Monopoly Law in tandem with the remarkably swift advancement of the formation of business groups, there occurred acceleration in inter-corporate shareholdings which centered around major banks. According to a report by the Fair Trade Commission (1954), which investigated the shareholding of financial institution in 1953, the shareholding ratios of financial institutions (ratio of bank-held shares to total outstanding shares) rose suddenly from the level of 9% in 1949 to over 23% in the first term of 1952. The report went on to add:

第8章 The Bursting of the Bubble and Bank Shareholding

"Particularly notable is the fact that the amount of bank shareholdings is extraordinarily large; furthermore, it is made up of an extremely diverse spectrum of industry types," and "to those familiar with shareholding statements in general industrial companies, it is at least remarkable" (Fair Trade Commission, July 1954, 14).

The report above mentioned pointed out that bank shareholding in Japan had already commenced before the first period of high economic growth (1955-60). It all started when banks purchased shares relinquished by individual investors in the course of economic recession accompanying the 1948 Dodge Line (tight-money policy based on nine principles for economic stability)[4]. The ratio of shares held by financial institutions and business corporations rose from a total of 15.5% in 1949 to 23.7% in 1950 (Ito, 2004, p. 87).

There was further concentration of bank-held shares associated with the formation of business groups during the period of high economic growth. At that time, banks acquired shares at low prices assigned at par value by client companies. Moreover, client companies also attached great importance to maintaining a favorable trade relation with banks and stepped up efforts for the stable holding of bank shares. As a result, inter-corporate connections developed between banks and companies via cross-shareholdings. One important feature of this inter-corporate connection was the high ratio of "mutually held shares" between banks and their client companies.

The bank-centered cross-shareholding first culminated around 1960, when the corporate shareholding ratios detened by financial institutions and companies reached 40%. Then around the mid-1960s, the corporate shareholding ratios rose again and in 1966 exceeded those of individual shareholdings. In 1971, the shareholding ratios of financial institutions also overtook individual ratios. The main factor behind this rise in corporate shareholding ratios was the release of large numbers of shares that had been held by the organizations for share purchase (Japan Joint Securities Co. Ltd., and Japan Securities Holdings Union) which were incorporated to deal with the 1965 slump in securities markets. Corporate investors, including banks and insurance companies, were dominant takers.

Until the 1980s banks acquired newly issued shares at par value from client companies, and the continued rise in share prices generated significant latent gains in banks' portfolio. These latent gains — which did not show up on the banks' balance sheets — acted as a kind of internal reserve that served to stabilize the banks' cash flow. However, in the latter half of the 1960s, the high growth of the Japanese economy began to wane and demands for bank-lending from industrial companies was on a declining trend (the disintermediation in corporate finance). In such a climate, many banks actively sought to increase their shareholdings as lucrative investment.

As a result, the number of industrial companies in which financial institutions were high-ranking shareholders has rapidly increased. This phenomenon induced concern in supervisory bodies (the Ministry of Finance and the Fair Trade Commission) that major banks would gain an excessively dominant business power. This led to a revision of the Anti-Monopoly Law in 1977 whereby the upper limit for shareholdings by financial institutions (except for life insurance) in domestic corporations was lowered from 10% back to 5%. Nevertheless, in order to alleviate the effect of this change in regime on the share market, a period of ten years' grace was accorded to those financial institutions whose shareholdings had already exceeded 10%.

Despite these measures to limit shareholding in financial institutions, according to investigations by the Fair Trade Commission, as of December 1986 — one year before the above-mentioned period of ten years' grace was due to expire — of the 145 domestic banks surveyed, only three regional banks and three mutual savings banks did not exceed the 5% shareholding limit, and the number of companies in which banks held shares amounted to a total of 1,457.

In the bubble years from 1985 to 1990, banks pursued share investment with renewed vigor. During this period, city banks' equity investment ratios (shareholding ratio to gross assets on a book value basis) rose on average from 3.2% to 5.7%, and other financial institutions including long term credit banks and regional banks showed similar increases in equity investment ratios. In the first year after the collapse of the bubble economy (at the beginning of 1990), the shareholdings amounted to a total of 35 trillion yen on the basis of all domestically-licensed banks, accounting for 4.7% of total assets.

III Main factors behind bank shareholding

Why did Japanese banks seek so actively to own large amounts of corporate shares? And how did shareholding by banks affect their management?

According to Okumura (1975), one of the first researchers on the intercorporate shareholdings centered on bank, the main motivation that promoted major banks' share ownership in the 1950s was not so much the return on portfolio investments, as the concentration and expansion of business groups. By becoming stable shareholder of their client companies, banks could enhance the connection of their business group and ensure the various transactional relations with client companies, thereby also stabilizing their earnings base.

A study by a private investigatory institution (Norin-Chukin Soken, 1993) examining the motivation behind bank shareholding also pointed out that banks attached larger importance to the increased earnings base through the amplification of financial transactions with client companies rather than to return on portfolio investment including dividend yields. As a matter of fact, from the 1960s on, the dividend yield of bank shareholding floated under bank's funding cost. However, the study went on to conclude that, together with various side benefits generated from stable and multiple financial transaction with client companies, the total revenue amply covered the cost of shareholding.

According to the same study, in the 1980s the main motivation behind bank shareholdings clearly shifted from the reinforcing transactional relations as described above back to the return of portfolio investments, particularly the expected increase in share prices.

Actually the expected cash flow from dividend yield via shareholding itself worsened in the period with prevailing of share issuance at market prices and the ensuing rise in offer prices. The cash flow from dividend yield minus funding cost of all city banks is estimated as entailing a deficit to the scale of one trillion yen in 1991. This loss amounted to 70% of city banks' net business profit.

Despite this deterioration in cash flow from dividend yield, throughout the 1980s banks boosted their shareholding with the main intent of reaping large latent gains as a result of the rise in share prices. According to this study, the latent gain of all city banks from March 1981 to March 1989 totaled 33 trillion yen, 27 trillion yen of which was generated during the three-year period between March 1986 and March 1989. For this same three-year period, major city and long-term credit banks together sold off part of their shareholdings, realizing a profit of over 7 trillion yen, which amounted to almost 80% of the ordinary profit of these banks.

The huge latent gains in the shareholdings of major banks not only contributed to the stabilization of their cash flow, but also had another important implication for the banks' management. Because the latent gains, in addition, served for banks as quasi-equity capital that could make up for the shortage of equity capital required by the "BIS rules".

The BIS rules of July 1988 required internationally active banks to maintain more than 8% capital/asset ratios. However, at that time, most major Japanese banks had severe difficulty in fulfilling the requirement. A local rule was therefore applied to Japanese banks whereby 45% of latent gain in off-balance assets might be counted into the supplementary item (Tier 2) of capital up to the amount of Tier 1 (proper equity capital)[5]. Despite the fact that the enforcement of BIS rules coincided timely with the collapse of the bubble economy, this measure enabled major banks to secure capital/ asset ratios of 9%-10% even after 1993. As a consequence, as opposed to original forecasts of unavoidable credit crunch following the introduction of BIS rules, many banks could afford to maintain the outstanding lending (Matsuura, 2000, p.57).

However, this expedient application of BIS rules facilitated the reluctance in restructuring equity finance in major Japanese banks, resulting — coupled with the collapse of the bubble economy — in the erosion in bank soundness. This was because the local rule made banks depend more heavily on high share prices to secure the required capital/asset ratios, with result of fluctuations in share prices causing unordinary repercussions on banks' behavior.

As described above, the primary incentive for banks to continue long-term shareholding resides in the building-up of strong ties that would serve to maintain stable trade relations with client companies. The shareholdings, in turn, generated the considerable latent gains with the ensuing rise in share prices. However, the motivation for shareholdings came to play not only on the side of banks but also on the side of industrial companies.

During the period of high economic growth many industrial companies welcomed banks as stable and reliable shareholders with intension of precluding possible TOB. From the 1980s many companies, taking advantage of the sharp rise in share prices and abundant market liquidity at this time, implemented a vigorous policy of equity finance. In so doing, they expected that their main banks continued to own shares as stable shareholder avoiding the drop in stable holding ratios (the ratio of holdings by stable shareholders to outstanding shares).

According to a survey conducted by a private investigatory organization in 1990, the ratio of companies that considered over 50% of their outstanding shares to be held by stable shareholders rose from 83% in 1985 to 90% in 1990. Furthermore, among these companies, the ratio of those that regarded banks as desirable stable shareholders was as high as 90%, with very few companies seeking to reduce their stable holdings ratios in the future (Kawakita, 1995, p.84).

In 1985, Japanese supervisory bodies took steps to liberalize the placement of foreign currency-denominated convertible bonds and new issuance of shares at market prices for banks. These steps made it possible for convertible bonds to be issued domestically, thereby enhancing the potential for banks' equity finance.

This liberalization of bank equity financing was instituted abreast with BIS negotiations in Basel. Major banks implemented an extremely vigorous policy of equity finance in preparation for the future enforcement of capital requirement. During the three-year period from 1987-89, the very heyday of Japan's bubble economy, the total equity finance employed by banks accounted for around 20% of that of all listed companies (Kawakita, op. cit., p.109). In order to manage the massive equity finance in a climate of accelerating financial deregulation, banks expected their client companies to hold even more shares as stable shareholders[6].

This background accounts for the fact that the mutual shareholdings was maintained as a necessary framework for both banks and companies even during the bubble years.

(for sectional shareholdings after the bubble burst, see table 8-1)

IV The fall in share prices and banking crisis

After reaching a peak at the end of 1989, share prices went into a sudden downspin at the beginning of the following year, 1990: the share market bubble had burst. From its highest level of 2,884 (Nikkei 225 average: 38,915 yen) recorded on 18 December 1989, the Tokyo Stock Exchange Stock Price Index (TOPIX) slumped to 1,102 (Nikkei 225: 14,309 yen) in August 1992. Although TOPIX was subsequently backed by the government's share price keeping operations (PKO), it continued to fall from 1995, reaching its lowest level of 770 (Nikkei 225: 7,607 yen) in March 2003.

This drastic fall in share prices had a far-reaching twofold effect on the management of major banks that held huge quantity of corporate share in their portfolios.

Firstly, as mentioned earlier, up until the babble burst banks had used the sizable latent gains in shareholdings as a kind of internal reserve to stabilize profit and cash flow. However, the drop in share prices of such magnitude brought about a quick evaporation of latent gains, with many banks experiencing latent losses. Although it is not easy to provide an accurate appraisal, according to a survey by a private investigatory organization (Teikoku Databank) by the mid-business term of September 2001, all fifteen major banks had incurred latent losses, amounting to a total of almost 1.8 trillion yen. It is estimated that these banks suffered a loss of 4.3 trillion yen in the market value of their securities portfolio.

This decrease in latent gain, coupled with large amounts of non-performing loans after the collapse of the bubble economy, engendered serious financial problems for banks. The losses posted by eight city banks in processing non-performing loans amounted to 7.2 trillion yen for the March 1998 period and 6.7 trillion yen for the March 1999 period. It became impossible for banks to offset these huge losses by realizing off-balance gains as they had done before.

Secondly, until this point of time, banks had managed to secure the required capital/asset ratios by counting latent gains into Tier 2. However, it became increasingly difficult to fulfill the BIS rules in this way when the sharp drop in share prices led to the evaporation of latent gains.

Although major banks had announced that they could afford to maintain the post-bubble capital/asset ratios at the level of 10%-11%, the figures were considerably inflated taking advantage of various accounting manipulations. Firstly, banks included in equity capital deferred tax assets that amounted to 30%-50% of net worth (Tier 1). However, deferred tax assets were in themselves contingent assets, and their realization was dependent on unsecured future profits. Secondly, the loan loss provisions might be arguably insufficient at this time. This is because the authorized classification scheme of bad loans was too vague to conduct an accurate evaluation of credit risk. Thirdly, the injection of public funds from March 1999 (exceeding six trillion yen for banks in March 1999) served to pad the reduction in equity capital. According to an evaluation, based on the capital/asset ratios and share prices in March 2002, all major banks had practically fallen into insolvency with negative net value amounting to around six trillion yen, equivalent to the amount of public funds injected (Fukao, 2003, p.38).

In such circumstances, in order to provide relief to ailing banks, from March 1998 the financial authorities took steps to allow the application of Genka-method (the original cost method) to bank shareholdings, whose booking was conventionally required to be based on Teika-method (the lower-of-cost-or-market accounting method). Many banks therefore changed to the Genka-method from the Teika-method to avoid posting of capital losses. It is estimated that this change saved for all banks a total of around two trillion yen of revaluation loss (Okuda, 2000, p. 49).

For banks, shareholding that no longer generated latent gains implicated a new burden in the light of BIS rules. This was because, as in the case of lending, banks were required to maintain equity capital equivalent to 8% of the book value of shareholdings.

In the period from 1999 to 2000 there was a temporary rise in share prices and banks once again sold off more shares for realizing latent gain. According to banking commentators, the profit accrued from selling off shares by eight major city banks for the second half fiscal year of 2000 amounted to 3.8 trillion yen, which at the same time amply made up for the cost of bad loan disposals. However, these massive sales of shares for realizing latent gain lead to the rise of book value of their shareholdings, with result of increased equity capital requirement[7].

In addition to the direct effects described above, previous studies have pointed out that the sharp fall in share prices after the bubble burst also influenced bank management in indirect manners.

One study documented the following relation between share prices and bank lending: when share prices fall and latent gains decrease, banks seek to curtail lending. The change in bank behavior is strongly apparent in short-term operating fund lending compared with long-term loan. Furthermore, in terms of corporate scale, the effect is more strongly apparent with small and medium-sized enterprises compared with that of big businesses. Even discounting the sluggish demand for bank credit from borrower companies due to the slack economy, the interrelation can still be clearly observed. The study concluded that the interrelation between share prices and bank financing may not be considered as an outcome of business fluctuations, but as a phenomenon having a pro-cyclical effect of its own (Ashihara, 2001).

From 2000 downward Japanese share prices entered another phase of depreciation and the TOPIX finally recorded an all-time low of 770 in March 2003. The biggest factor behind this sharp drop in share prices was the intensified sale by banks. There were a couple of reasons for this rapid increase in sales from 2000. Firstly, banks were concerned that, if the further fall in share prices was not confined, increased latent losses would perilously undermine their capital base. Secondly, the market-value-based accounting was finally introduced from the September 2001; if latent loss occurred, 60% of this was required to be deducted from equity capital. Thirdly, based on a Financial System Council's report (June 2001), the government moved to institute a policy whereby bank shareholding would be restricted to the Tier 1 range of equity capital.

At the same time, the banking crisis was getting extremely acute. Despite efforts by banks to accelerate the processing of non-performing loans, due to the deepening economic recession and increasing business failure, the outstanding amount of non-performing loans continued to rise. On the all banks basis the total amount of non-performing loans in 1996 decreased from 28.5 trillion yen to 21.7 trillion yen due to temporary economic recovery combined with huge write off of losses of over 13 trillion yen in the previous year. However, from 1997 recurrent economic recession brought about another upswing in the amount of non-performing loans, exceeding 30 trillion yen in 1999 and reaching 42 trillion yen in 2001. These staggering non-performing loans were not only a result of asset deflation caused by the collapse of the bubble economy, but were newly generated by the downslide in economic fundamentals and ensuing increase in business failures.

The pressure remained on banks to sell off shares as share prices were seemingly still on a downward trend and had still not hit their bottom.

There extended fears in both authorities and financial communities that the eventual collapse of share market, coupled with the intensified bank failures would trigger a full-scale breakdown in the Japanese financial system.

V Bank rescue measures and share price keeping operations

The Japanese government did not stand by idly during the persistent downslide of share prices after the collapse of the bubble economy. From the summer of 1992, when the Nikkei 225 index fell to around 14,000 yen, the government, provoked by a sense of impending crisis, bought up repeatedly shares using funds of postal savings and postal life insurance, measures known as Price Keeping Operation (PKO). Whenever the Nikkei average index neared the purported threshold point of 14,000 yen (at which banks' latent gains were supposed to disappear), PKO was carried out.

However, PKO in turn affected the investment judgment of domestic and foreign investors and entailed artificial distortions in the share prices. Taking advantage of this market anomaly institutional investors could tap sizable profit through speculative transactions[8].

Anyhow, the government could not solely afford to buy up sufficient amount of shares using quasi-public funds in the postal savings and postal life insurance. This was because these funds were not government's equity capital but contingent outside capital which the government should pay off to policyholders in the future. Unless the downslide of share prices was brought under control, the continued recourse to PKO carried the undue risk undermining the public confidence in the system of postal savings and postal life insurance.

In 2001, when a sudden drop in share prices made the Nikkei index fall below 10,000 yen, it became virtually impossible for the government to continue PKO. PKO was clearly powerless to absorb the large selling pressure accelerated by fear for impending systemic crisis.

In April 2001, the government announced new emergency economic measures, which proclaimed the pressing need to eliminate market risk from banks' balance sheets, the initiative of new legislation to limit bank shareholdings, and the introduction of a public share purchase scheme in order to alleviate the selling pressure.

In September of the same year, the Nikkei 225 index plunged to the critical level of 9,500 yen. Against this backdrop with all major banks suffering unabsorbable latent losses, a bill including the Emergency Economic Measures was submitted to the Diet and was enacted in November.

With the establishment of the Banks' Shareholdings Purchase Corporation, and in accord with newly enacted law which came into effect from September 2004, the ceiling of total shareholdings by banks was set at the level equivalent to equity capital (Tier 1). The Corporation executed the government's policy of buying up shares (domestically-listed issues or OTC issues) from member banks up to two trillion yen through the four-year period until the end of September 2006.

The Corporation started buying up shares from February 2002. However, it was clear from the outset that this scheme did not provide a real solution to the problem. Firstly, the scheduled purchasing limit of two trillion yen was too small compared with bank shareholdings which amounted to over 44 trillion yen on a book value basis. Secondly, in order to sell shares to the Corporation, banks had to pay in contribution equivalent to 8% of the sale price. This provision turned to be a heavy burden to banks at this time and provoked banks into refrain from selling off. In fact, the purchases by the Corporation did not progress smoothly and as of April 2003 amounted to around 220 billion yen, far below the expected level.

Given the fact that the Corporation did not provide a real solution to the problem, the government called for the Bank of Japan to implement a unprecedented measure of direct purchase of shares from private banks. The Bank of Japan, without any major objection, accepted the government's request and in September 2002 embarked on purchasing shares from major banks up to two trillion yen[9].

At first, there was no sudden increase in the sale of shares by banks, but the sale became livelier before long. According to the estimations of a private investigatory body (Dai-ichi Mutual Life Insurance Co., 2003), from November 2002 when the Bank of Japan commenced the operation to the end of March 2003 its purchases amounted to around 1.2 trillion yen (on the basis of current prices). This is estimated to be equivalent to 60% of the total number of shares sold off by major banks (1.9 trillion yen at current prices, 4.8 trillion yen at book value).

On the other hand, in September of the previous year, the government had set forth a new program for financial revival. The government compelled banks to accelerate the write-off of non-performing loans. The banks which could not achieve the disposal of non-performing loans on schedule would be placed under the prompt corrective measures including the enforced dismissal of the management.

In this way, with the government's urgent economic measures and two public schemes for purchasing shares, major banks in Japan could barely overcome the critical situation by the first quarter of 2003. Estimations by Dai-ichi Mutual Life Insurance Co. found that major banks' latent losses declined to 1.2 trillion yen and share prices at the break-even point (at which latent gains and losses cancel each other out) fell on the Nikkei index to 8,850 yen. Furthermore, according to a recent estimation, even if Nikkei 225 average should drop to the level of 4,860 yen, they would still be able to maintain 8% of BIS capital ratios.

In 2005, after a prolonged and painful business restructuring, big businesses recovered their profitability and their share prices came back on the track of recovery somewhat earlier than anticipated. Another remarkable factor behind this share price recovery was the inflow of funds from institutional investors including domestic investment trusts or overseas investment funds. Moreover, it is noteworthy that from the latter half of 2005, funds from individual investors — who had hitherto been wary of the share market — began to flow in.

From the latter half of the 1990s, the government and financial industries have made desperate efforts to invite individual investors' funds into the share markets. They expected that the shift of a portion of enormous individual financial assets from bank deposit and postal savings to the capital market will afford to absorb the unwinding of cross-shareholdings of banks and businesses. However, it took more than ten years for this shift to happen (Osaki, 2005).

In the latter half of the 1990s, when several big equity investment trusts put on sale by major securities houses went under par due to the decline in share prices, many individual investors incurred painful loss. Furthermore, a series of scandals erupted in financial communities including the cozy relationship between MoF's bank examiners and bank managements, illegal loss compensations for corporate clients by major security houses and trust banks, unjustifiable profits provided by banks and securities houses to Sokaiya (corporate racketeers), and the intra-company transfer of concealed losses (Tobashi, by Yamaichi), to single out just a few of them.

Given these scandals, the credibility of financial authorities was bitterly undermined and individual investors were scared away from markets. The financial authorities tried to enforce a package of measures to revitalize the securities markets, including the revision of the Investment Trust Law and the Securities and Exchange Law, the lift of securities transaction tax, and enactment of the Special Purpose Company (SPC) Law.

From 2005 downward the turnover in the Tokyo Stock Exchange has remarkably increased and TOPIX is moving on a lively up-trend. Particularly notable is the conspicuous increase in turnover of individual investors' deal as well as the brisk purchase by a variety of investment trusts. The active running of recent capital market is regarded as the evidence of changing behavior of individual investors.

VI Conclusion

In December 2004, the Financial Services Agency, a newly institutionalized supervisory organization separated from then-the Ministry of Finance, announced a new policy package (the Program for Financial Reform).

This Program clearly highlighted the authority's recognition that the worst part of the problem was over and the financial crisis since the collapse of the bubble economy was already a thing of the past. In other words, as a consequence of a series of institutional reforms together with several emergent measures, the disposal of bad loans was accelerated and prolonged slump in capital market was finally overcome.

In accord with the recognition on the government's side, many commentators now argue that the coming back of increased individual investors and foreign institutional investors was the compelling evidence of the enhanced bullish sentiment in the market. In fact, in major banks that had in the meantime achieved far-reaching business restructuring along with active mergers and acquisitions, business net profit showed a conspicuous improvement and these banks intensified the initiatives to pay back ahead of schedule the public funds injected by the government[10].

Turning to the main theme of this paper — the problem of bank shareholdings — since the 1990s, the cross-shareholding seems to have loosened considerably with banks continuing to sell off shares, combined with corporate sale of bank shares. However, compared with European and American banks, Japanese banks still hold exceptionally large amounts of shares to this day and the problem of bank shareholdings itself has not disappeared.

According to a survey by a private investigatory body (Daiichi Seimei Institute, 2004), compared with the mid-1990s the break-even point of bank-held shares has fallen dramatically, and few commentators predict a possible drop in share prices which should disrupt banks' fulfillment of BIS capital requirements in the near future. Nevertheless the market risk on banks' balance sheet should not be considered negligible. Given a large change in share prices, the event can reveal a considerable vulnerability in banks' cash flow as well as capital base[11].

In this context, it may be advisable for financial authorities to explore appropriate policies to dismantle the inter-corporate shareholdings between banks and client companies from a long term perspective. As mentioned above, the Financial System Council has proposed limiting bank shareholdings to the range of bank equity capital. However, from an international viewpoint, this standard remains extremely high. It seems more appropriate to set the ceiling somewhere under 50% of equity capital and to implement measures to transfer the ownership of shares from banks to securities arms under bank holding companies.

The main prerequisite condition of these measures was the continuous increase in individual investors as long-term buyers. In order to fulfill the precondition, a sizable portion of the individual financial assets should be mobilized into the capital market in line with the government's initiatives toward the market-based indirect financing[12].

To achieve this, it will be indispensable to further enhance the transparency and functionality of the capital market together with reinforcing the supervisory system and building up the processing capacity of the Tokyo Stock Exchange. Of particular importance is the prompt enactment of the Financial Services Act in order to safeguard innocent individual investors from unjustifiable disadvantages due to the market inefficiency or anomaly, not to mention of wrongful conducts of Livedoor style.

1) According to a recent survey, during the bubble years 1986-90, Japan's domestic gross assets increased by a total of 1,599 trillion yen then decreased by 1,389 trillion yen in the post-bubble years from 1991-2003. In this decrease in asset value, financial assets (mainly shares) accounted for 44 trillion yen, while real assets (mainly real estate) amounted to 1,345 trillion yen. Other categories include household 623 trillion yen, the corporate sector (excluding finance) 466 trillion yen, financial institutions 89 trillion yen, and general government 189 trillion yen. (Mitsubishi UFJ Research and Consulting, 2006); Up to March 2000, 110 deposit-taking institutions were dissolved under the deposit insurance system. The Total amount spent in dealing with the non-performing loans problem from April 1992 to March 2000 was 86 trillion (17% of GDP), which included

charge-off and provisioning by banks, transfers by the Deposit Insurance Corporation to cover losses of the failed institutions and capital injections to banks. The financial crisis of the 1990s in Japan was indeed unprecedented in terms of seriousness (Nakaso, 2001, p. 2).

2) Some experts divide the historical evolution of inter-corporate shareholdings between banks and industrial companies after World War II into three phases. The first phase covers the period from the post-war resumption of share market activity to the slump in the securities market (1963-65). The second phase goes from this slump to the first oil shock (1973), while the third extends from the first oil shock to the bursting of the bubble (Kawakita, 1993, p. 36; Ito, 2004, p. 86).

3) Zenkoku Ginko is a statistical category of a group of deposit-taking institutions including city banks, regional banks, long term credit banks, and trust banks.

4) Individual investors originally acquired these shares when parent companies of large business combines (*Zaibatsu*) were split up as part of the post-war economic democratization process. The large amount of shares under the ownership of Zaibatsu parent companies were sold out to public, giving rise to dispersed shareholding structures in post-war Japan.

5) This Japan-specific application of BIS rules came about at the strong request of the Japanese financial authorities during the course of negotiations about the BIS rules among OECD member countries. Fearing that the strict enforcement of BIS rules would have a strong contractive effect on major banks with low capital/asset ratios, Japanese financial authorities and banking communities called for the application of a local rule to alleviate the effect.

6) Kawakita (see above) points out the following correlations between equity finance and share prices. "If share prices were high, the amount of equity finance increased at the same time or slightly (around two months) later. Furthermore, when equity finance became active, corporate shareholders' net buying of shares also increased at the same time or slightly (around two months) later. And the rise in the net amount of shares bought up by corporate shareholders also entailed a simultaneous increase in share prices" (p.139).

7) In most cases, the selling off of shares were not outright alienation but accompanied with repurchase arrangements. Putting it differently, immediately after selling off at market value with realized gains, banks repurchased the shares at market value minus commissions for the counterpart buyers. In

第8章 The Bursting of the Bubble and Bank Shareholding 133

consequence, the book value of shareholdings increased.
8) The PKO and other price-keeping measures conducted by the government were basically in line with business communities' desire to reactivate the capital markets. They argued that then-share prices were too low and price-keeping measures should be justified as policies to recover the fair level of share prices. There exists another line of argumentation. "it will be very difficult to make the case that the government should intervene in the national interest because the prices on that market are too low........Even when the Nikkei 225 Average declined to the 8,000 level, the stock market was still functioning properly. Perhaps those who demanded action to revitalize the market really only wanted to see share prices higher and were not interested in boosting turnover or increasing efficiency for their own sake" (Osaki, 2005, p. 13).
9) The Bank of Japan's spontaneous acceptance of this unprecedented request from the government was compelled by a couple of factors. First of all, the Bank took into account the then political context in which a prolonged financial crisis may be problematic in coordinating diplomatic relations with the USA. In September 2002, at a summit meeting between Japan and the United States, Prime Minister Koizumi had promised US President Bush a swift solution of the problem of non-performing loans. Moreover, the Bank of Japan, with responsibility for safeguarding the stability of financial markets, also took the impending systemic risk more seriously than the government (Nakaso, 2001).
10) However, with the recovery of bank profitability and share prices, a series of new problems began to surface, of which the Livedoor Case in January 2006 was the most controversial. In the Livedoor Case, prosecutors revealed untoward share price manipulations and related wrongful financial conducts by an influential IT company that had achieved amazing rapid growth in the past decade. The case made it clear that although the Japanese capital market had accomplished a wide range of reforms over the past ten years, many problems remained to be attended in terms of transparency and stability. Particularly disappointing was the fact that relevant entities such as the Tokyo Stock Exchange or the Securities and Exchange Commission failed to deter Livedoor from conducting untoward and unlawful share price manipulations, causing considerable capital loss to innocent shareholders. Furthermore, the course of events was not covered by media until the Tokyo Metropolitan Prosecutors' Office began imperative investigations. In addition, the suspension of large volume of orders for Livedoor shares in tandem with the market disruption triggered by the wrong sell-offer

by Mizuho Securities further spoiled the reputation of the Tokyo Market.

11) Based on a detailed examination on banks' shareholdings, Ito (2004) concludes: On a Zenkoku Ginko (all 134 banks, 2002 FY) basis, the total outstanding shareholdings in all banks amount to ¥ 23.2 trillion, accounting for 3.1% of their total assets (¥ 746 trillion) and nearly equivalent to equity capital (¥ 24.8 trillion). Calculated on the probability of 5% and 1% level, based on the price volatilities in the past five years, the VARs of this shareholdings are ¥ 5.2 trillion, ¥ 7.3 trillion respectively. The fact that the shareholdings that account for only 3.1% of assets carry market risk of 20-30% of equity demonstrate that the shareholding is still excessive. (We should notice that shareholding/ assets ratios in large banks are in average higher than that in all banks.)

12) The market-based indirect financing denotes the architecture of financial system in which deposit-taking financial institutions play a substantial roll together with other intermediary channels including investment trusts as well as SPCs and a variety of syndicated lending schemes facilitated by advanced securitization. The essence of this architecture is the complementary combination of bank-oriented intermediation and financial securitizations with dispersion of financial risk among wide range of markets and players.

References

Ashihara, Kazuya (2001), The Effects of Fluctuation in Share Prices on Financial Activities of Banks and Businesses. (Japanese) *Yuseikenkyusho Geppo*, (11) pp.16-39.

Daiichi Seimei Institute (2004), The Dissolution of Shareholdings of Major Banks is in Sight, (Japanese).

Financial Trends, (No.F-9).

Financial System Council (2001), A Report on the Bank Shareholding, (Japanese) *Kosei-Torihiki*, (7) pp.13-16.

Fukao, Mitsuhiro (2003), The Disposal of NPLs and Injection of Public Funds (Japanese), *Jurist*, No.1240. pp.35-41.

Ito, Masaharu (2004), An Inquiry into the Inter-corporate Shareholding and Bank Shareholding, (Japanese) *Daiwa Review*, (13) pp.82-115.

Kawakita, Hidetaka (1993), The Evolution and Current Situation of Stable Inter-Corporate Shareholding, (Japanese) *Shoken Analyst Journal*, (6) pp.33-44.

Kawakita, Hidetaka (1995), The Structural Transformation of Japanese Capital Markets, (Japanese) *Toyokeizai-shinpo*, Tokyo.

Matsuura, Yoshiyuki (2000), The Effects of BIS Capital Requirements and Vulnerable Latent Profits on Financial Institutions, (Japanese) *Sangyo-Keiri*, (3) pp.50-59.

Mitsubishi UFJ Research and Consulting (2006), *Nippon Keizai Watch*, (2).

Nakaso, Hiroshi (2001), The Financial Crisis in Japan During the 1990s: How the Bank of Japan Responded and the Lessons Learnt, BIS Papers, No.6.

Norin-Chukin Soken (1993), The Equity Investment of Banks and It's Performance, (Japanese) *Norin Chukin*, (5) pp.16-31.

Okuda, Ken'ichi (2000), The Current Situation of BIS Ratio of Japanese Banks, (Japanese) *Monthly Review of Yuhsei Institute*, (10) pp.47-53.

Okumura, Hiroshi (1975), *The Structure of Hojin-Capitalism*, (Japanese) Nippon-Hyoronsha.

Osaki, Sadakazu (2005), Reforming Japan's Capital Markets, *Public Policy Review*, Vol.1, No.1, pp.3-17.

Table 8-1 Segmental Breakdown of Shareholding (% of total outstanding, on market value basis)

	government	financial institution							securities house	industrial company	individual investor	foreign investor
		long term, city, regional bank	trust bank	investment fund	pension fund	life insurance	casualty insurance	other financial institution				
1991	0.3	42.8	15.6	9.7	3.4	1.0	12.2	3.9	1.4	1.5	29.0	20.3	6.0
1992	0.3	42.9	15.6	9.9	3.2	1.2	12.4	3.8	1.2	1.2	28.5	20.7	6.3
1993	0.3	42.3	15.4	10.0	2.9	1.4	12.1	3.7	1.1	1.3	28.3	20.0	7.7
1994	0.3	42.8	15.4	10.6	2.6	1.6	12.0	3.7	1.1	1.2	27.7	19.9	8.1
1995	0.3	41.1	15.1	10.3	2.2	1.8	11.1	3.6	1.0	1.4	27.2	19.5	10.5
1996	0.2	41.9	15.1	11.2	2.0	2.4	11.1	3.6	0.9	1.0	25.6	19.4	11.9
1997	0.2	42.1	14.8	12.4	1.6	3.8	10.6	3.5	0.9	0.7	24.6	19.0	13.4
1998	0.2	41.0	13.7	13.5	1.4	4.7	9.9	3.2	0.8	0.6	25.2	18.9	14.1
1999	0.1	36.5	11.3	13.6	2.2	5.0	8.1	2.6	0.9	0.8	26.0	18.0	18.6
2000	0.2	39.1	10.1	17.4	2.8	5.5	8.2	2.7	0.7	0.7	21.8	19.4	18.8
2001	0.2	39.4	8.7	19.9	3.3	6.0	7.5	2.7	0.7	0.7	21.8	19.7	18.3
2002	0.2	39.1	7.7	21.4	4.0	5.8	6.7	2.6	0.7	0.9	21.5	20.6	17.7
2003	0.2	34.5	5.9	19.6	3.7	4.5	5.7	2.4	0.9	1.2	21.8	20.5	21.8
highest	0.9(86)	44.1(88)	20.9(85)	21.4(02)	4.0(02)	6.0(01)	12.8(86)	4.8(79)	2.6(87)	2.3(88)	30.3(87)	37.7(70)	21.8(03)
lowest	0.1(99)	31.6(70)	5.9(03)	7.3(86)	1.4(98)	0.4(82)	5.7(03)	2.4(03)	0.7(01)	0.6(98)	21.5(02)	18.0(99)	2.7(78)

Source: Tokyo Stock Exchange, Fact Book, 2005.

第9章　金融改革と地域金融
——日本，中国の事例を中心にして——

1. はじめに

　日本も中国も金融改革に取り組んできた．そのねらいは，金融自由化，グローバル化の過程で生じた不良債権の処理と金融機関，大企業および中小企業の活性化にある．同様に，1997年のアジア通貨危機の影響を強く受けたタイ，インドネシア，韓国など東アジア諸国も，不良債権処理と強い金融システムの強化を目的とした金融改革のさなかにいる．

　アジア通貨危機の反省から，プルーデンス規制，スーパービジョンの強化，また域内の資金の還流にとって，債券市場の整備が不可欠であると考えられるようになってきた．しかし，一方では，グローバル化から取り残され，商業銀行へのアクセスすら困難な農村社会が存在している．しかし，最近では，NPO，NGO，自助金融グループ，民間・公的金融機関の仲介によって，各国の地域金融が整備，拡充する動きが見られるようになっている．この動きは国債，地方債，投資信託を取引する市場型間接金融システムの構築，さらにクロスボーダー債券市場と各国の地域金融を結び付ける資金チャンネル構築の可能性を示唆するが，それを実現する日本，中国の債券市場と地域金融を結ぶ資金チャンネルの構築の必要性を市場メカニズムとプルーデンス規制の強化という視点から考察するのが，本章の目的である．

　そのため，まず，第2節で，アジア通貨危機当時の銀行主導型の東アジア金融システムを展望する．第3節は，中国と日本の1990年代の金融改革を，組織の変更，不良債権の処理，証券市場の整備などの観点から検討する．第4節は，

中国，日本など東アジア諸国の債券市場の発展が遅れた理由を検討すると共に，アジアボンドファンド（ABF）やアジア債券市場イニシアチブ（ABMI）などクロスボーダーの債券市場構築について検討することにする．第5節は，中国の農村金融の事例などから，中小・零細企業の資金調達にとって重要なマイクロファイナンスの役割を検討した後で，コミュニティ，地方経済，社会投資に配慮した健全なマイクロファイナンスの発展，さらに債券市場の育成の可能性を論じることにする．そして，最後に，若干のマトメを行うことにする．

2．アジア通貨危機とアジアボンドファンド（ABF）

アジア地域の資金還流の必要性がクローズアップされている．その第1弾となったのが，アジアボンドファンド（Asia Bond Fund : ABF）である[1]．アジア諸国の国債および政府系機関債を運用対象とする債券インデックス・ファンド（債券投資信託商品）であるABFは，東アジア・オセアニア中央銀行役員会議（Executives's Meeting of East Asia-Pacific Central Banks : EMEAP）加盟11カ国・地域（オーストラリア，中国，香港，インドネシア，日本，韓国，マレーシア，ニュージーランド，フィリピン，シンガポール，タイ）の中央銀行が外貨準備の一部をアジア債券投資に振り向けるものである．

ABFはABF1とABF2に分けられるが，ABF2は最終的に一般投資家の購入を可能にすることを目的しているだけに，①現地通貨建てのファンドであること，②ファンドマネージャーを民間会社から選定すること，③ファンドのインデックスを公開としていることで，ABF1と異なっている．

しかし，債券市場の育成と金融システムの強化を目的とするABFは，もともと，アジア通貨危機の苦い経験をきっかけとしていた．アジア通貨危機は，1997年7月2日，タイの変動相場制への移行によって顕在化したが，またたくまに，インドネシア，マレーシア，フィリピンさらに韓国などほとんどの東アジア諸国に伝染し，3カ国の通貨はいずれも大幅に減価することになった．吉冨によれば，アジア通貨危機を誘引したのは，期間のミスマッチと通貨のミス

マッチのダブルミスマッチであった[2]．すなわち，短期の海外資金を国内の長期投資に向けたため，短期資本の流入が止まったとき，長期の実物投資また株式・不動産に向けられた融資を直ちに回収することができない期間のミスマッチと，国内通貨の為替レートが下落したときに，外貨（米ドル）建て債務が増加する通貨のミスマッチが内在し，脆弱な資金循環構造が形成されていたためである．ここに，グローバル化につれて，リスク資金の活用と管理に適した資本市場整備の必要性が浮き彫りになった．

Rhee も，また，現地企業がオフショア市場の資金に依存したのも債券市場の発展が遅れていたためであり，それがアジア通貨危機を引き起こす要因になったことを指摘する．当時の銀行部門が有するモニタリング機能やコーポレート・ガバナンスの弱さが，家計の貯蓄を生産的な投資に結び付けるのに失敗しただけに，債券市場の拡充が重視されることになる[3]．

債券市場の重要性を認識させたのはアジア通貨危機に他ならなかったが，当時の東アジア諸国の金融構造と，その後の金融政策を振り返ってみよう．表9-1は，1998年当時の日本，中国，韓国の3カ国とアセアン諸国（インドネシア，マレーシア，フィリピン，タイ）の金融構造を示しているが，同表によれば，(1)銀行の規模は，日本が突出して大きく，世界のトップ1000の中に116銀行がランクされていた．(2) 銀行の集中度（5大銀行が総資産に占める割合）は，中国とフィリピンが高く，それぞれ，70％，60％であった．ちなみに，日本は，22％と最も低かった．(3) 対政府債券は，フィリピンの23％が最も高かった．しかし，タイ，中国，インドネシア，韓国の対政府債券は低かった．(4) 総金融資産に占める銀行部門の資産のシェアはインドネシアの91％が最も高く，その反対に韓国の38％が最も小さかった．(5) 政府所有銀行のシェアは，中国の99％が最も高く，マレーシアの7％が最も小さかった．(6) 外国所有銀行のシェアはマレーシアの20％が最も高かったが，中国は最も低くゼロ％であった．(7) ムーディの格付けが最も高いのがフィリピンであり，最も低いのがインドネシアとタイであった．

このように，銀行部門の型は国家間で異なるものの，中国も日本も銀行主導

表9-1 銀行部門の構造（1998年末）

	中国	韓国	日本	インドネシア	マレーシア	フィリピン	タイ
世界トップ1000にランクされる銀行数	7	14	116	—	15	14	9
銀行部門の集中度（%）	70	50	22	—	40	60	62
対政府債券（%）	2	3	11	3	7	23	0
総金融資産に占める銀行部門のシェア（%）	78	38	48	91	78	—	77
政府所有銀行のシェア（%）	99	28	15	85	7	—	29
外国所有銀行のシェア（%）	0	6	2	—	20	—	13
BFSR格付け	E+	E+	D	E	D	D+	E

出所）　Hawkins, J. and P. Turner (1999), p. 9.

　型の金融システムになっていることで共通している．この状況下では，企業の資金調達は銀行借入に依存することになるが，株主の監視を受け，利益の大部分を配当金として支払わなければならない資本市場からの資金調達と異なって，企業経営者は大部分の利益を自己の利益にすることができる．しかし，その反面，リスキーな投資を行いがちになる．他方，銀行経営者も，貸出量を基準として報酬が支払われる場合には，リスキーな貸出を行いがちになるというエージェンシー問題が生じやすくなる．とくに，ほとんどの商業銀行が政府のコントロールを受けがちな中国やインドネシアの場合，経営効率を妨げるモラル・ハザード，レント・シーキングの問題を生じやすくするだけに，これをチェックする機能が必要になる．

　事実，アジア通貨危機を契機として，健全なコーポレーガバナンスの重要性やその基盤ともいうべきスーパービジョンの必要性が認識されることになった．

また，その前提条件として，健全かつ持続可能なマクロ経済政策，十分に訓練された公的インフラストラクチャー，有効な市場教義，銀行部門の不良債権を処理する有効な手続き，システィマティックなリスク管理と保護を促進する強いプルーデンシャル規制の必要性が認識されるようになった．

3．中国と日本の金融改革

(1) 中国の金融改革

アジア通貨危機の教訓は，日本や日本の金融政策への教訓でもあった．中国の場合，グローバル化に対応して，母国／受入国相互監督（home／host reciprocal supervision）制度の強化や最低所要自己資本に代表されるバーゼル委員会のコアプリンシプルの尊重など銀行の国際化，またそれを実施する人員の育成を重視する金融改革が試みられることになった．

他方，国内的には，銀行だけでなく，ノンバンクの規制と監督が重視されることになった．というのも，1986年に，投資信託公司，ファイナンス公司，リース会社のようなノンバンク金融機関の設立が認められていたが，韓国のマーチャントバンクやタイおよびインドネシアのファイナンスカンパニーと同様，内部コントロールが弱かったため，バブルを発生させることになったからである．

この状況に対応するため，中国政府は1993年以降，不動産バブル崩壊がもたらした不良債権処理に取り組んでいたが，アジア通貨危機を機会に金融リスクの防止・解消を目的とした金融セクター改革を進めることになった．さらに，2001年以降は，WTO加盟に伴い金融セクター開放が必要とされたため，国際基準に沿ったルール作りと国際競争力をもつ金融機関の育成を軸とした金融改革に取り組むことになった[4]．

WTO加盟に際して，弾力的な金利政策を採用する一方，預金準備率を引き下げるなど市場メカニズム尊重型経済運営を行うようになった．しかし，1999年までは，外国銀行に対して，人民元業務を認めていなかったので，バブルと不良債権の発生は外資流入の結果ではなく，国営企業の改革の遅れが最大の要因

であったと考えることができる．この結果，不良債権処理を遅らせることになった[5]．たとえば，① 閉鎖した金融機関が個人預金を返済するだけの資金を持っていないこと，② 閉鎖および破産法不在が，金融機関の整理を難しくしていること，③ 財務会計原則が，新しい産業やリストラ企業の資産の計算に適していないこと，④ 財務報告が不適切なこと，⑤ 地方政府の役人の干渉が行われること，⑥ 閉鎖ないし破産した金融機関の売却や証券化のための流通市場が存在していないことなどの問題が残った[6]．

そこで，国有企業と中央政府・地方政府の介入を避け，金融機関の経営効率を改善するために，中央銀行の監督体制の強化，また商業銀行のリスク意識の高揚およびモニタリングに主眼が置かれることになった．すなわち，1998年の証券法によって，中国人民銀行，中国保険監督委員会，中国証券監督委員会の3つの主要監督局が，それぞれ3つの型の金融機関とその業務活動を監督しながら，監督機能の強化を目指すことになった．同様に，1999年には，中央銀行と国有銀行の組織の変更と不良債権の処理を目的とする金融改革が実施されることになった[7]．

第1に，組織の変更に関しては，中国人民銀行の総行が金融政策を担当する一方，分行が金融監督業務を担当する分業体制が敷かれることになった．この分担も，国有銀行の民営化と再編も金融政策の円滑な伝達やリスク管理の強化などを目的としていた．第2に，不良債権の処理に重点が置かれることになったが，中国商工銀行，中国建設銀行，中国農業銀行，中国銀行の4大国有銀行ごとに資産管理公司が設置された．また，これらの銀行の資本を増強するため，政府特別債券が発行された．さらに，ノンバンクと中小企業金融機関の不良債権の処理と整理を主目標として，銀行再建が行われた．第3に，証券市場の発展を目的として，証券会社と基金管理会社に対して，インターバンク市場が開放されることになった．

しかし，中国の金融自由化と金融改革上の諸問題は，中国の発展方式と切り離して考えることはできない．1993年以降の金融改革は，市場メカニズムを重視する経営体制を構築したことにあるが，その柱になっていたのが，① 政策

融資と商業融資の分離，② 政策銀行の設立，③ 国有専門銀行の商業銀行化であった．1970年代末から80年代前半にかけて，中国農業銀行（1979年），中国投資銀行（1981年），中国工商銀行（1984年）などの国有専門銀行が設立されていたが，1980年代半ば以降，資金の供給体制から貸借関係に変更されただけでなく，招商銀行，広東発展銀行などの商業銀行が設立されるなど経済効率を重視する政策運営に変わった．しかし，収益性だけを基準とすることなく，1994年に，新たに政策銀行が設立された．すなわち，国家重点建設プロジェクトの遂行を目的とする中国国家開発銀行，輸出の促進を目的とする中国国家開発銀行，農業政策金融を担当する中国農業発展銀行の設立によって，収益性を基準とする融資と効率性よりも政策目的を実現するための融資が峻別されることになった[8]．

　金融改革は都市部だけでなく，地方の金融システムに及ぶことになった．すなわち，商業銀行は，全国的な国有商業銀行だけでなく，都市信用組合を核とする地方銀行も設立された．同様に，農村部では，農村信用社（農村信用組合）そのものが再編されることになった．農村金融は，政策的金融の農業発展銀行，商業銀行の中国農業銀行（農銀），協同組合的金融の農村信用社によって構成されているが，農村信用社は1994年と1996年に農業発展銀行から分離したものである．しかし，農銀が都市商業銀行の性格を有しているなかで，協同組合的な農村信用社は市場ベースでの経営が難しい零細資金需要に応える目的を持っている[9]．

　ところが，大多数の農村信用社の経営は深刻な状況にある．これを克服すべく農村信用社を合併して県連合組合が設立されたが，呉が指摘するように，所有権が不明確であることからインサイダー・コントロールを難しくしている．それだけに，市場経済を貫徹する企業金融と相互扶助としての組合金融の適切な組み合わせが今後の課題となっている[10]．

(2) 日本の金融改革

　次に，1996年11月の金融制度改革（日本版ビッグバン）に象徴されるように，日本の金融改革は，金融自由化・グローバル化の一層の進展と1990年のバブル

崩壊によって生じた不良債権処理・経済再生という目的を併せ持っていた．1998年6月，不良債権や破綻金融機関の処理能力を高める目的から，金融監督庁（2000年7月，金融庁に移行）が発足，また同年10月には金融機能再生緊急措置法（金融再生法）と金融機能早期健全化法（早期健全化法）が成立するなど，法的整備が進められた．後者の目的は公的資金の投入によって健全な銀行の経営を立て直すことにあった．他方，前者のそれは金融整理管財人による管理（ブリッジバンク設立）か，特別公的管理（一時国有化）によって，金融機関の破綻が経済活動に与える影響を最小に食い止めることにあった．

その後，2002年10月に，新しい金融システムの枠組み，新しい企業再生の枠組み，新しい金融行政の枠組みを3つの柱とする金融再生プログラムと作業工程表が公表されたが，その目的は金融機関の不良債権の大幅な削減と強固な金融システムの構築にあった[11]．さらに，2004年12月，望ましい金融システム構築に向けた金融改革プログラムが策定された．「金融サービス立国への挑戦」を副題とするこのプログラムは，2005年から2006年までの2年間の金融行政の指針となるものであるが，民間活力を推進力としている．そのねらいは，① 利用者ニーズの重視と利用者保護ルールの徹底，② ITの戦略活用による金融機関の競争力および金融市場，③ 国際的に開かれた金融システムの行政の国際化，④ 地域経済への貢献，⑤ 信頼される金融行政の確立にある[12]．

この間，証券市場改革に関しては，2001年3月に国会に提出された「銀行法等の一部を改正する法律案」が，主要株主の的確性判断，株主の報告・検査のあり方，銀行経営悪化時の株主の対応の明確化を問うものであった．同様に，2002年8月，金融庁が公表した証券市場の改革促進プログラムも，多様な投資家に幅広い市場参加，投資家の信頼の得られる市場の確立，効率的で競争力のある市場の構築を目指していた．なかでも，投資家の信頼獲得のためには，市場の公正性，透明性の確保が先決であるとして，証券投資委員会の体制・機能の強化，会計・監査の充実・強化，市場における公正な取引の確保，ディスクロージャーの充実，投資家の立場に立ったコーポレート・ガバナンスの強化を掲げている．

同年10月，金融担当大臣が経済財政諮問会議に提出した金融再生プログラムのなかでも，資産査定の厳格化，自己資本の充実，ガバナンスの強化に関して，新しい金融行政のスタンスが窺われる．とくに，ガバナンスについては，外部監査の機能，優先株の普通株への転換，健全化計画未遂に対する業務改善命令の発出，早期是正措置の厳格化，早期警戒制度の活用が提案されている．

　他方，地域金融機関に関しては，「地域密着型金融の機能強化に関するアクションプログラム（2005-2006）」において，① 事業再生・中小企業金融の円滑化，② 経営力の強化，③ 地域の利用者の利便性向上の視点から改革が方向付けられている．このうち，事業再生・中小企業金融の円滑化に関しては，担保・保障に過度に依存しない新しい型の融資すなわちシンジケートローンや中小企業の私募債引き受け，動産担保融資など市場型間接金融の拡充が図られることになった．同時に，非上場企業を投資対象とするプライベート・エクイティ・ファンド（PEファンド），中小企業基盤整備機構などが行っているようにハイリスクの危険性が存在するものの成長を見込める企業にエクエティ資金を供給するVCファンド，財務状況が悪い企業の再生を通じて利益を得るファンドである再生ファンドなど，資本市場からの資金調達も重視されることになった[13]．

　次に，経営力の強化に関しては，収益力の向上を目指す一方，リスク，ガバナンス，コンプライアンス，検査・監督体制の強化，また共同組織中央機関の機能強化が図られることになった．さらに，地域の利用者の利便性に関しては，地域住民の満足度を重視した金融機関経営，地域再生促進政策との連携，アンケート調査による利用者の評価が取り入れられることになった．

4．債券市場の整備

　中国，日本の両国とも，金融自由化とグローバル化の中で発生したバブルと不良債権の処理を進める金融改革に取り組んできた．同様に，アジア通貨危機に苦しんだタイ，インドネシア，韓国もプルーデンス規制の強化に取り組んでいる．しかし，金融自由化・グローバル化と衝突することなく，それを促進す

るプルーデンス規制を強化するのが，これまでの産業金融に代わって，株主，投資家が金融・資本市場をチェックする市民主役のコーポレート・ガバナンスである．

　しかし，現行の金融システムを抜きにして，市民主役のプルーデンス規制を考えることはできない．実際，東アジア諸国の銀行部門が家計の資金運用と企業の資金調達に占めるシェアは圧倒的である．ちなみに，最近（1999年11月から2003年11月の4年間），家計の資金運用に占める現金・預金のシェアは，中国76％，韓国69％，タイ61％に続き，日本，フィリピン，インドネシアがいずれも51％，さらに最もシェアが小さな台湾でさえ41％であった．同様に，同期間の企業の資金調達に占める銀行借入のシェアは，中国の68％を筆頭に，タイ49％，インドネシアと日本の45％，フィリピン31％，台湾21％，韓国16％と続く[14]．銀行の影響力からみて，東アジアの金融システムは，企業が発行する債券，株式を銀行や保険会社などの機関投資家が購入することによってリスク市場へ資金を誘導する市場型間接金融，中間型金融構造が基盤になるものと考えられる．とくに，債券市場が補完的な機能を果たすことによって，新しいコーポレート・ガバナンスが可能になるはずである．

　市場型間接金融への移行が現実性を帯びるのも，銀行中心型の金融構造の下で，東アジアの財閥系企業が未発達な外部金融市場がもたらす情報の非対称性を緩和し，取引コストを引き下げる役割を果たしてきたことに，まず，着目する必要があるからである．ところが，経済発展をリードした財閥系の銀行などが，金融自由化の過程で，それまでの既得権を失い始めたため，損出分をカバーすべく収益率は低いがリスクも高いプロジェクトを選択し始めた．この逆選択が大量の不良債権を累積することになったが，商業銀行のリスキーな行動をチェックするためには，信頼可能かつ透明性の高い金融市場が構築されなければならない．しかし，銀行自身のコーポレート・ガバナンスだけでは銀行の経営にまで立ち入ることができない．したがって，利回りなどの投資指標が信頼可能なものとして機能し，また外部からのチェックが可能な債券市場が必要になるものと思われる．

しかし，日系企業の直接投資が示唆するように，グローバルな債券市場が発展しているとは言い難い．1999年当時，進出先の債券市場で資金調達した日系製造業は，EU，NIEs，米国進出企業だけであることが分かる．しかも，債券発行による資金調達のシェアが最も大きなEU進出企業でさえ5.2％，それに次ぐNIEs進出企業は3.1％程度であり，米国進出企業にいたっては，0.9％に過ぎなかった[15]．

債券市場での取引が少なかった背景には，弱い市場メカニズムと少ない債券発行量という問題が内在していた[16]．前者の問題は，利回りなど本来投資基準となるべき指標が機能していなかったことである．香港通貨当局（Hong Kong Monetary Authority：HKMA）が為替基金証券（Exchange Fund Note）を発行することによって債券市場の拡充に成功したのと対照的に，ベンチマークとなる金融商品を発行していない中国の債券市場が停滞していたことからも，市場メカニズムの弱さが課題になる．

他方，後者に関しては，（1）投資先国の債券発行市場および流通市場の整備の遅れを指摘することができる．たとえば，両市場の利回りの乖離が債券需要を低めたこと，金融機関とノンバンクの年金準備金の利回りを低めるなど拘束的な発行条件が課されていたこと，競争的なセリ，リアルタイムの価格と量に関する情報の伝播，清算と決済，金利リスクのヘッジ，格付けを実施するインフラの整備の不十分さが目立っている．（2）法制度に関しては，企業の負債を明記する法律の制定，投資家の保護規定，企業破産に対する訴訟制度が確立されていないこと，またその反対に商業銀行が新しく支店を開設する見返りとして国債ないし国営企業の債券の保有を条件とするように，抑圧的な規制が行われてきた．（3）資本市場の信頼性が乏しいことから，とくにリレーションバンク的な優位性を背景に，銀行借入による調達コストの方が資本市場で調達するよりもむしろ低かったことも，債券市場の発展を妨げてきた．

これらの課題を克服して債券市場を拡大する試みが，国内外で行われている[17]．第1に，国内の発行市場と流通市場双方の整備が試みられている．（1）発行市場において，政府債券のごとくリスクが小さくかつ適切な利回りを提供する標

準的な金融商品を導入することである．また，競争入札制度が導入されると，信用市場の需給条件によって利回りが定められることになるが，多数の小型の発行者を制限すると共に，格付け機能を強める発行ディーラー・システムを確立することによって市場の機能を高める必要がある．かりに，政府債券を発行できない場合でも，たとえば，住宅関連の抵当裏付け証券を発行することによって，標準利回りを誘導する工夫が必要とされている．(2) 流通市場では，流動性を低める要因となっている諸要因すなわち，① 債券投資家が満期まで保有し中途解約しないこと，② 価格と取引量がリアルタイムでは利用できないこと，③ マーケット・メーカーが不在であること，④ 信用格付けシステムが弱いこと，これらの要因を除く必要がある．そこで，① レポ市場の拡充，② 市場の流動性と透明性を高めるディーラー間ブローカー (inter dealer broker：IDB) 市場の整備，③ 政府が発行する債券に対する拘束条件の完全な撤廃，④ 債券，決算，決済システムの改革が必要とされている．

　第2に，クロスボーダー市場の整備を目的として，2003年，アジアボンドファンド (ABF) が開設されることになった．前述のABFプロジェクト以外にも，アセアン10カ国に日本，中国，韓国を加えたASEAN＋3の財務省および中央銀行は，「アジア債券市場イニシアチブ (Asian Bond Markets Initiative：ABMI)」プロジェクトに取り組んでいる．これは，ABFと相互補完することによって，証券化，信用保証，格付機関，為替・資本規制，証券決済といった各分野における規制・インフラの改善を目指すものである．

　クロスボーダー取引のうち，とくに外国人投資家による国内債券への投資が重要であるが，実際に，外国人投資家が国内債券を取得することが認められているかどうかが問題になる．たとえば，2004年に日本銀行とマレーシア中銀が共同で実施したサーベイ調査[18]によれば，中国の場合，2002年12月に適格外国機関投資家 (Qualified Foreign Institutional Investor：QFII) 制度が開始されたものの，QFIIは，(1) 中国国内の金融機関に人民元を扱う特別講座を開設した上で，国内証券会社を通じた取引を条件としていること，(2) 投資した資金およびその収益の国外への持ち出しが，クローズエンド型で設立後3年間，その

他の型で同1年間，禁止されているため，ファンドマネージャーの能力を制約すること，(3) QFIIへのライセンス付与の透明性に疑義が存在していることなどの課題を残している．他方，日本の場合，2005年4月の法改正により，定められた条件を満たすすべての外国人投資家が購入可能となっただけでなく，非課税措置の申請手続きが大幅に簡素化されたが，税務当局への質問への対応の遅さなどに課題を残している．

5．地域活性化の資金チャンネル

今後，東アジア諸国の金融市場は，債券市場が銀行部門を補完する金融システムに変わるものと思われる．債券市場が整備されるならば，モニタリング機能を通じて，コーポレート・ガバナンスが高まるはずである．しかし，債券市場は言うまでもなく商業銀行へのアクセスさえ不十分な農村地域の中小企業や家計の資金チャンネルを整備，拡充する必要性に迫られている．上述のように，中国も日本も，中小企業金融や農村金融の整備のための改革の重要性を認識し，地域の活性化のための改革を推進しつつある．

中小企業が商業銀行から資金調達するのを難しくしているのは，政策金融の主対象とはなっていない中小企業向け融資に内在する信用リスクと取引コストの問題である．向山によれば，破綻処理に関する法制度が不備な中で，借り手・中小企業の担保不足や会計帳簿の不明瞭さなど情報不足の問題が信用リスクを高めてしまう．また農村部の中小企業が各地に点在するなど規模の経済のメリットを享受し難いことから，取引コストを高めることになる．このため，とくに農村部の中小企業は自己資金や私債，また，親戚・友人，互助組織(「講」，「契」など)，高利貸しからの借り入れに依存せざるを得なくなる[19]．

中国の中小企業および農村金融も，東アジア諸国に共通の問題を抱えている．中国の場合，中小企業は非国営企業とほぼ同義語であり，郷鎮企業，個人企業，三(外)資企業によって構成されている．2001年頃から，国有商業銀行の中小企業向けの貸出比率は増加傾向にあるが，国営企業すなわち大企業の不良債権比

率が高まったため,優良な中小企業向け融資が増加したことがその原因になっていた.しかし,企業規模が小さいほど金融機関の貸出比率が低くなるだけでなく,短期資金依存度が高いことも事実である.ちなみに,2003年時点で,大企業,中企業,小企業の短期資金依存度は,それぞれ,39.6％,44.9％,48.9％であった[20].

他方,中国の農村金融は,中国農業銀行,農村信用合作社（農村信用社）のフォーマル金融と,農村合作基金会,互助組織（「会」）,親戚・友人のインフォーマル金融によって構成されている.中でも,農村信用合作社が農村部の最大の金融組織であるが,1990年代に不良債権を発生させたことから,1997年に再び人民銀行の管轄（1979年に,人民銀行から農業銀行に管轄が移っていたが）となった.その後,2003年に,「農村信用社改革の深化の実験に関する法案」によって,農村信用社の資本関係の明確化,コーポレート・ガバナンスの向上,管理体制の再構築が目標にされることになった.また,一連の金融改革を通じて,農村信用社を,① 株式制農村信用銀行,② 合作制銀行,③ 株式制農村合作銀行の3つの形態に転換する方針が打ち出された[21].

農村信用社はマイクロファイナンスの一例である.マイクロファイナンスの目的は,もともと,工業化の中で相対的に取り残された農業部門,中小企業,家計の資金調達と資金運用の機会を円滑化することにあった.日本の農業協同組合もその役割を負っているが,代表的な機関は1976年に融資を開始したバングラデッシュの農村開発NGOであるグラミン銀行（Grameen Bank）である.グラミン銀行が実施するマイクロクレジットは,連帯責任制によって,土地や保証人がない貧困層に対して,無担保の貸出を可能にした.90％以上の返済率を誇っているが,5人グループという連帯責任制が敷かれ,仲間内のモニタリングがゆきわたるしくみになっていること,また,グループを形成する際,リスクが少ない仲間を選ぶように,情報生産を行うことが,背景になっている[22].

さらに,NGOなど民衆組織が発展する中で,マイクロファイナンスの課題も,都市貧困層や農村世帯に対する低金利資金貸付や補助金供与よりも,多様化した金融ニーズに合致した金融サービスを提供し得る金融システムの構築に重点

が移っている．そこでは，市場メカニズムが重視され，資本収益率（ROE）や資産収益率（ROA）が重要な指標になる．貯蓄の動員を促す自助，自給的な成長方式を重視する環境の中で誕生したのが，アジア太平洋地域農業信用組合（Asian and Pacific Regional Agricultural Credit Association : APRACA）である．APRACAは，中央銀行，農村開発銀行，農村商業銀行によって構成される協会であると共に，国際連合食料農業機構（FAO）が発起した4つの地方農業信用組合（Regional Agricultural Credit Associations : RACA）の1つでもあるが，草の根仲介者としての現存の金融自助グループと銀行を結び付けるのに成功した[23]．

連帯保証を土台とした自助努力，海外のアドバイザーの協力が，金利をベースとする取引を浸透させることになった．グラミン銀行，APRACAの例は，家計・企業と金融機関の間のリンケージを債券市場に繋げる可能性を示唆するが，

草の根型金融は経済発展途上国だけでなく，先進国にも適用可能である．日本の場合も，アドバンテストやDRAMテスターのようなローカル企業が，すでに，ニッチ市場で世界の市場を席捲しているように，地域発のグローバルな競争が可能な生産システム，また，それを支えるグローバルな資金調達方法が行われるようになっているケースも存在している[24]．

しかし，WTOやヨーロッパ金融統合，証券化に象徴されるように，グローバル化が進展した中で，かなりの中小企業がマイクロファイナンスから資金調達していることも事実である．ここに，コミュニティ，地方経済，社会投資に配慮しながら，健全なマイクロファイナンスを育成する必要性が生じる．健全な金融市場を構築するためには規制が必要であるが，先進国の法的規制をそのまま適用することはできない．すなわち，適切なプルーデンス規制とスーパービジョンの下で，マイクロファイナンスを育成する独自な規制の型が必要になる[25]．

そこで，マイクロファイナンスそのものを見てみると，(a) 預金を取り扱う機関なのか否か，(b) 規模，(c) フォーマル機関なのか否かを基準として，3つの型が存在していることが分かる．すなわち，① インフォーマルな連帯ないし自助グループ，また，信用組合などの互助組織や，協同組織銀行のように，

メンバーを主構成員とする機関，②NPO，NGOなど非営利事業体，③ファイナンス会社や銀行のカテゴリーに含まれる機関の3つのタイプのマイクロファイナンスが存在している．このカテゴリー③には営利事業と非営利事業の双方が存在しているが，マイクロファイナンスが営利企業を設立する一方，非営利マイクロファイナンス・パートナーと提携するならば，銀行を仲介役として，双方の型のマイクロファイナンスが結び付くことになる．

　上述のマイクロファイナンスと規制の型の関係を，次のように考えることができよう．③のタイプのように，相対的に大規模な預金を扱う機関は規制が必要であるが，①や②の中で，NPO，NGO，またインフォーマルな連帯や自助グループのように，公衆の預金を扱わない機関や，小規模な機関，さらにメンバー自身によって適切にコントロールされている機関は，自主規制の手段が望ましい．ただし，協同組合銀行のように，規模が大きくなる場合には，規制を要することになる．

　表9-2は，マイクロファイナンスの発展段階に応じて，どのように規制の型が変わるかを表している．マイクロファイナンスの萌芽期に重要な役割を果たす東アジアのNPOに対しては，北米のコミュニティ開発と社会資本のケースと同様，プルーデンス規制よりも自主規制が望ましい．その反対に，国際基準に合致するプルーデンス規制やスーパービジョンが必須であるのは，公衆の預金を預かる銀行やその他金融機関である．消費者保護がその目的であるが，規模が小さくメンバー間だけの取引が行われる場合には，自主規制が適切ということになる．このように，地域に密着するマイクロファイナンスが発展に応じた規制を実施することによって，グローバル化と平行しながら，継続的な役割を果たしていくものと期待できる．

　今後，地域の資金が，市場メカニズムにもとづいた投資に向けられるほか，地域の環境保全を優先する投資にも向けられるものと思われる[26]．しかし，地域の資金を地域内で還流させる必要性や市場型間接金融の考え方が強まる中で，新しいタイプの債券が育ち始めたことに着目できる．住民参加型ミニ市場公募債がその例であるが，2002年に群馬県で「愛県債」が発行されたのを皮切りに，

表9-2　マイクロファイナンスの発展と規制の型

第1局面．経験と革新
・コスト節約
・開発目的を追求する支持者の信用性
・異なった期間ごとの資金調達の可能性
・独立した貸出ないし投資の開始
第2局面．開発と発見
・組織内の質的コントロールと手続きを可能にすること
・金融の信用性の向上
・ドナーおよび公的資金の適正また寄付金の免税を認めること
第3局面．安定化と主な流れ
・プルーデンス規制を通じた内部コントロール会計システムを促進すること
・活動に必要なリスクを認めること
・金融的なビジネスと社会的な非ビジネスの分離を認めること
・ドナーおよび公的資金の社会的要素に関する資格と寄付金の免税を認めること
・投資家のためにパフォーマンスの適切なディスクローズを鼓舞すること
・預金者の保護

出所）　Fisher, T., M. Bush and C. Guene (2000), p. 12.

　2003年には川崎市で「川崎シンフォニー債」が，また2004年に「川崎市民健康の森債」が発行された．証券会社，銀行ともこれらのミニ公募債だけでなく，個人向け国債の販売を重視するようになっている[27]．

　他方，企業の成熟度が低く，政府金融機関・政府機関の債券が最も信頼性が高い場合には，APRACAの事例が示すように，NGOや自助グループが仲介役になって，地方の家計や中小企業が市場メカニズムを遵守する取引が浸透することになる．さらに，地域の発展につれて，銀行借入また資本市場での資金調達に繋がっていくものと考えることができる．同時に，NGOなどの仲介を通じて，全国的なネットワークを形成する可能性が生じるものと考えることができる．

　東アジア諸国の資本市場をさらに発展させるためには，ベンチマークの創設，レポ市場の拡大など公社債市場そのものの強化と共に，ベンチャービジネなど

によるプロジェクトファイナンスの活性化が必要と思われる．とくに，最近，ファンドを設定して，一般投資家から資金を調達する匿名組合というしくみがクローズアップされているように，創業的な事業活動支援策が重みを増してきた．市民が地元の企業に投資できる資金チャンネルを育成するためにも，地方債発行の規律と自由化が肝要と思われる．

6．むすび

　アジア通貨危機の反省から，日本，中国など東アジア諸国は金融インフラを整備すると共に，地域の資金を地域内で還流させようとの考え方を強めている．銀行主導型の金融システムを補強する債券市場がプルーデンス規制とスーパービジョンの強化にとって不可欠であるとの認識から，ABFやABMIのようにクロスボーダーの債券市場構築が実施されつつある．これによって，各国の債券発行市場，流通市場の整備と，コーポレート・ガバナンスの強化が促進されるものと思われる．

　しかし，国際標準のプルーデンス規制が適用されるのにふさわしい債券市場の発展が見込まれるのと対照的に，商業銀行からの資金調達さえ難しい中小・零細企業が現存している．同じ空間軸に，国際競争に適した企業と，グローバル化の恩恵を享受するのが難しい農村部の中小・零細企業が，隔離された形で，並存しているかのごとくである．しかし，両者をリンクさせる可能性をグラミン銀行やアジア太平洋地域農業信用（APRACA）のようなマイクロファイナンスに求めることができる．これらの金融機関は連帯保証グループを設定して，情報の非対称性を緩和すると共に取引コストを引き下げることに成功している．そこでは，NPO，NGO，金融自助グループの介在を通じて，市場メカニズムを遵守する金融取引が根付きつつある．これらの経済主体と地域金融機関，地場産業のリンケージを見込むことができる．

　今後，東アジアの地域金融システムは，(1)マイクロファイナンスを主役とするシステム，(2)銀行（公的・民間金融機関）を主役とするシステム，(3)投資

信託，債券が補完する市場型間接金融システムという時間軸に沿った発展を期待できそうである．

クロスボーダーの債券市場と地域密着型の債券市場が並存するだけでなく，たとえば，地域発のベンチャービジネスが世界市場に勇躍するような場合には，地域密着型の債券市場が世界の債券市場とリンクすることになるであろうし，さらに株主市場を活用する可能性も生じる．しかし，資本市場の金融取引がリスクを伴うことから，バランス・シートの公開，格付機関など市場機能の強化が，一層，重要になる．それだけに，債券投資を通じた市民参加とチェック機能の強化がポイントとなる．

1) 竹内淳 (2005), pp. 56-61, また，清水聡 (2006), pp. 31-50.
2) 吉冨勝 (2003), pp. 50-52.
3) Rhee, S.G. (1999), pp. 114-121.
4) 金融改革の歩みは，玉置智巳・山澤光太郎 (2005), pp. 16-19 および pp.150-185 による．
5) 載相人民銀行総裁の会見では，2001年1月時点の不良債権比率は25％であって，1998年1月時点のそれとほとんど変わっていなかった．http://www. org. cn / jp.
6) E-sheng, C. (1999), pp. 169-173 および Ping, X. (1999), pp. 124-129を参照．
7) 中国金融学会 (China Society of Monetary Economics) 編 (2000), pp. 14-15.
8) 高橋良晴 (1997), pp. 26-33.
9) 元尉 (1997), pp. 64-65.
10) Wu, J. (2004), p. 219.
11) 金融庁ホームページ (http:www.fsa.go.jp/).
12) 金融庁ホームページ (http:www.fsa.go.jp/).
13) 『中小企業白書 2007年版』, pp. 128-155.
14) 日本銀行国際統計局 (2004), pp. 97-105 による．
15) 経済産業省 (2001) による．また，アジア進出日系企業の資金調達については，Kishi, M. (2002), pp. 731-748を参照．
16) Rhee, S.G. (1995), pp. 14-21.
17) Rhee, S.G. (1995), pp. 114-121.
18) 竹内淳 (2006), pp. 35-41.

19) 向山英彦 (2002), pp. 53-72.
20) 唐成 (2005), pp. 169-181.
21) 玉置知己・山澤光太郎 (2005), p. 96.
22) 岡本真理子・栗野晴子・吉田秀美編著 (1999), pp. 21-28, 中村まり (1999), pp. 134-151, 奥田英信 (2006), pp. 131-138 を参照.
23) Seibel, H.D. and U. Parhuship (2003), pp. 11-36.
24) 米国のコミュニティ銀行の例からも, 地域経済とリレーションシップ貸出の重要性が窺われる. 由里宗之 (2001), pp. 26-28. また, 日本の例は, 島田春雄編著 (1999), pp. 1-52 による.
25) Fisher, T., M. Bush and C. Guene (2000), pp. 2-35.
26) 市場型経済と共同体経済の関係については, 岸真清 (2007), pp. 8-13 を参照.
27) 丹羽由夏 (2005), pp. 209-211 による. また, 地域活性化事業に対する地方債の役割に関しては, 原山和己 (2005), pp. 5-18 を参照.

参考文献

原山和己 (2005),「平成17年度地方債計画の概要について」地方債協会『地方債月報』.
経済産業省 (2001),『我が国企業の海外事業活動:平成11年度海外事業活動調査〈第7回〉』.
岸真清 (2007),「循環型経済と地方債―地域金融の視点において―」中央大学商学研究会『商学論纂』第48巻第1・2号.
向山英彦 (2002),「グローバル化が進む東アジア経済と中小企業」国民生活金融公庫『調査季報』第60号.
中村まり (1999),「バングラデッシュにおけるマイクロクレジット政策の理念と現実」アジア経済研究所『アジア経済』40巻9・10号.
日本銀行国際統計局 (2004),「資金循環統計の国際比較」『日本銀行調査月報』1月号.
丹羽由夏 (2005),「個人向け国債と個人向け地方債―ペイオフ凍結解除と個人預貯金からの資金シフト―」農林金融中央金庫『農林金融』.
岡本真理子・栗野晴子・吉田秀美編著 (1999),『マイクロファイナンス読本―途上国の貧困政策と小規模金融―』明石書店.
奥田英信 (2006),『開発金融論』日本評論社.
島田春雄編著 (1999),『産業創出の地域構想』東洋経済新報社.
清水聡 (2006),「アジア債券市場育成の現状と課題」Business & Economic Review, Vol.No.6, 日本総合研究所.
高橋良晴 (1997),「中国における金融改革の進展と課題」農林中央金庫『農林金融』第50巻第7号 (7月号).
竹内淳 (2005),「アジアの債券市場育成とアジアボンドファンド」『日本銀行調査季報』

秋 (10月).
竹内淳 (2006),「アジア諸国における債券のクロスボーダー取引阻害要因」『日本銀行調査季報』冬 (1月).
玉置智巳・山澤光太郎 (2005),『中国の金融はこれからどうなるのか』東洋経済新報社.
唐成 (2005),『中国の貯蓄と金融—家計・企業・政府の実証分析—』慶應義塾大学出版会.
元尉 (1997),「中国農村金融の現状」農林中央金庫『農林金融』第50巻第7号 (7月号).
吉冨勝 (2003),『アジア経済の真実』東洋経済新報社.
由里宗之 (2001),「米国のコミュニティ銀行の業務運営方式とわが国への含意—「顧客の声が伝わる」中小金融機関の強み—」農林中央金庫『農林金融』.

China Society of Monetary Economics (2000), *Academic Almanac of China's Finance and Banking*.

E-sheng, C. (1999), "Financial supervision in China: framework, methods and current issues." *BIS Policy Papers*, No.6.

Fisher, T., M. Bush and C. Guene (2000), *Regulating micro-finance: a global perspective*, New Economic Foundation.

Hawkins, J. and P. Turner (1999), "Bank restructuring in practice: an overview," *BIS Policy Papers*, No.6 (Sept.).

Kishi, M. (2002), "Foreign direct investment by Japanese firms and corporate governance: in relation to the monetary policies of China, Korea and Japan," *Journal of Asian Economics*, Vol.13 No.6, North Holland.

Ping, X. (1999), "Bank restructuring in China." *BIS Policy Papers*, No.6.

Rao, K. (2003), *Development Finance*, Springer.

Rhee, S.G. (1999), "Rising to Asia's Challenge: Enhanced Role of Capital Markets," in *Rising to the Challenge in Asia: A Study of Financial Markets*, Asian Development Bank.

Seibel, H.D. and U. Parhuship (2003), "Financial innovations for micro enterprises-linking formal and informal institutions," in Harper, M.D. (ed.), *Microfinance: Evolution, Achievement and Challenges*, ITDG Publishing.

Wu, J. (2004), *Chinese Economic Reform*, Shanhai Far East Publishers (青木昌彦監訳/日野正子訳『現代中国の経済改革』NTT出版, 2007年).

第10章　金融規制緩和が証券会社に与えた影響
―― 市場データによる分析 ――

1. はじめに

　わが国では，1990年代より金融規制の緩和が進展している．1992年には金融制度改革法が成立し，銀行業務や証券業務，信託業務に関して，制限付きながら相互参入が行われた．その後，1996年より検討の始まる日本版ビッグバンでは，更なる金融の自由化が議論された．その成果を受けて，1998年に金融システム改革法が成立し，銀行業務と証券業務の垣根は撤廃された．日本版ビッグバンでは株式売買委託手数料の自由化や，金融持株会社の解禁も実施され，わが国における証券業を取り巻く環境は大きく変化した．戦後の金融業界を特徴付けてきた分業制・専門制からの転換は，金融機関のあり方を再検証する契機となった．かつて四大証券会社や準大手証券会社と呼ばれてきた証券会社は再編や組織改革を行っており，持株会社化や合併・提携が大きなニュースとなっている．銀行グループの証券会社は集約が進んでおり，大手証券会社と激しい競争を行っている．1990年代から始まった業務規制緩和は，その後の証券会社のあり方に大きな影響を与えるものであった．

　このように経営環境の変化をもたらした金融規制緩和であるが，その発表や進展により，証券会社に対する市場評価は変化をするのであろうか．特に証券会社の収益性への期待や，リスクへの期待は変化をするのであろうか．金融業態のあり方を考える上で，規制緩和や金融機関再編による収益性やリスクの変化は重要な問題点となる．銀行子会社を所有することになる証券会社のリスク変化は，金融システム全体に影響を与える可能性がある．これは銀行業務と証

券業務を分離してきた従来の問題意識に関わるものであり，規制緩和の是非を判断するために重要な点である．また業態規制が厳密であった状況から相互参入が促進されれば，証券会社の経営状態は大きく変化する．証券業務のみの実施から多角化を進めたとき，市場の評価が変化するか否かは，証券業務に対する評価を確認する上でも重要である．

証券会社に対する市場からの評価は，その後の再編や金融規制のあり方に重要な示唆を与えることが期待される．特にわが国において，1990年代は証券会社の不祥事が続出した時期であった．また粉飾決算が発覚するなど，証券会社の決算に対する不信感も増大した．証券会社に対する規制や競争政策の変化は，証券会社経営に対する規律付けをもたらした可能性もあり，市場評価から規制緩和を確認することは，意義深いものであると考えられる．本章における分析によって，証券業務のあり方や規制緩和の効果が確認されることが期待される．

本章の構成は以下の通りである．第2節では業態規制緩和に関して概観する．第3節で銀行業務と証券業務の相互参入の効果と分析における仮説，先行研究を確認する．第4節でデータと分析手法を紹介し，分析結果の検証を行う．最後に第5節で全体のまとめを行う．

2．証券業と銀行業の相互参入

(1) 金融制度改革

第2次世界大戦後の日本における金融業務は，業務と専門に関して分離を行う，分業制・専門制が採用されてきた．特に銀行業務と証券業務に関しては，アメリカのグラス・スティーガル法に準拠する形で証券取引法第65条が設けられ，銀行の証券業務参入と証券会社の銀行業務参入が厳密に禁止された．さらに海外における銀行の証券業務に関しても，三局指導（三局合意）によって，邦銀系証券現地法人の業務には制限が課せられていた．このように戦後の復興期から長期間にわたり銀行業務と証券業務を厳密に分離する政策が採用されてきたが，1985年9月にその後の規制緩和に繋がる「専門金融機関制度をめぐる諸

問題研究のための専門委員会」(制度問題研究会) が，大蔵省の金融制度調査会に設置された[1]．この研究会は日本の金融制度を総合的に検討するものであり，それまでの厳密な分業制・専門制からの転換をもたらすきっかけとなった．

　金融制度改革は，金融制度調査会が主導する形で進められた．1987年12月4日に制度問題研究会から銀行と証券会社の垣根見直しを含む報告が行われ，1988年2月に金融制度調査会に金融制度第1委員会・第2委員会が設置された[2]．これに応える形で証券取引審議会では1988年9月に基本問題研究会が，保険審議会では1989年4月に総合部会が設置され，相互参入に関する議論が行われた．1990年3月10日には金融制度調査会・金融制度第2委員会より，業務分野を見直す制度改革案として，業態別子会社方式や特例法方式など5案が提示された．それを受けて5月16日には，同委員会によって「新しい金融制度について」と題する中間報告が取りまとめられた．また証券取引審議会では，6月16日に銀行・証券の相互参入に関する中間報告がまとめられた．翌1991年には，5月24日に証券取引審議会で最終報告が行われ，6月4日に金融制度調査会でも最終報告がまとめられた．これらの審議会の報告書や答申に基づき，銀行業界・証券業界・信託業界などの意見調整を経て，金融制度改革法（「金融制度及び証券取引制度の改革のための関連法律の整備等に関する法律案」）が1992年6月19日に成立，1993年4月1日に施行された[3]．

　金融制度改革法では，銀行業務と証券業務の相互参入が子会社方式で認められることとなったが，これは銀行業務と証券業務の垣根問題に関する大改革であった．そのため相互参入については漸進的な取扱が求められ，業務制限と参入時期の調整が行われた．表10-1にあるように，証券子会社の取扱業務からは（1）株式の発行及び流通業務，（2）エクイティもの（転換社債，新株引受権付社債，新株引受権証券）の流通業務，（3）株価指数先物取引及び株価指数オプション取引が除外された．このため銀行などの証券子会社は，普通社債の引受などが中心的な業務となった．また信託子会社の取扱業務からは，金銭の信託に関する業務の一部（貸付信託や年金信託，合同金銭信託など）が除外された．ただし銀行業務については，銀行の力が強いと考えられていたため激変緩和措置が取

られることは無く，当初からすべての業務が認められた．したがって証券会社の銀行業務参入は，信託銀行子会社を設立することにより，すべての銀行業務と一部の信託業務を扱うことで行われた．業態別子会社の参入時期については，表10-2にあるように，証券子会社については長期信用銀行や系統金融機関，信託銀行が優先され，信託銀行子会社については証券会社や外国為替専門銀行，系統金融機関，長期信用銀行が優先された．これは都市銀行が参入するまでに，それぞれの業態別子会社と参入を受ける証券業界・信託業界が，十分に準備を行うことが出来るように考慮されたものであった．現在振り返ると進展は漸進

表10-1　金融制度改革法で認められた証券子会社・信託子会社・銀行子会社の業務内容

証券子会社

		公共債	普通社債・金融債	投資信託	エクイティもの*	株価指数オプション・株価指数先物	株　式
発行		○	○	○	○	—	×
流通	ディーリング	○	○	○	×	×	×
	ブローカー	○	○	○	×	×	×

注）＊エクイティもの：　転換社債，新株引受権付社債，新株引受権証券

信託子会社

金銭の信託	貸付信託	年金信託	合同金銭信託	特　金	指定単	ファンドトラスト	証券投資信託
	×	×	×	×	×	○	○

金銭以外の信託（項目ごとの信託業務可否）	有価証券	金銭債権	動　産	不動産
	○	○	○	○

併営業務	×

銀行子会社

すべての業務が可能

出所）　西村吉正〔2003〕『日本の金融制度改革』や，金融庁（大蔵省）資料などを参考に作成．

表10-2　証券子会社と信託銀行子会社の参入時期

証券子会社

時　期	母 体 行	設立証券子会社
1993年7月	日本興業銀行	興銀証券
	日本長期信用銀行	長銀証券
	農林中央金庫	農中証券
1993年10月	三菱信託銀行	三菱信証券
	住友信託銀行	住信証券
1994年7月	安田信託銀行	安田信証券
	あさひ銀行	あさひ証券
1994年11月	第一勧業銀行	第一勧業証券
	さくら銀行	さくら証券
	富士銀行	富士証券
	三菱銀行	三菱ダイヤモンド証券
	三和銀行	三和証券
	住友銀行	住友キャピタル証券
1995年1月	東海銀行	東海インターナショナル証券
1995年3月	北海道拓殖銀行	北海道拓殖証券
1995年5月	三井信託銀行	三井信証券
1995年9月	東洋信託銀行	東洋信証券
1996年9月	信金中央金庫	しんきん証券
	横浜銀行	横浜シティ証券

信託銀行子会社

時　期	設立母体	設立信託銀行子会社
1993年9月	大和証券	大和インターナショナル信託銀行
	日興證券	日興信託銀行
	山一證券	山一信託銀行
	野村證券	野村信託銀行
	東京銀行	東京信託銀行
1994年3月	信金中央金庫	しんきん信託銀行
	日本債券信用銀行	日債銀信託銀行
1995年9月	農林中央金庫	農中信託銀行
	東海銀行	東海信託銀行
1995年10月	日本興業銀行	興銀信託銀行
1995年12月	第一勧業銀行	第一勧業信託銀行
	三和銀行	三和信託銀行
1996年1月	さくら銀行	さくら信託銀行
1996年3月	あさひ銀行	あさひ信託銀行
1996年6月	富士銀行	富士信託銀行
1996年7月	住友銀行	すみぎん信託銀行
1996年12月	日本長期信用銀行	長銀信託銀行

出所　西村吉正〔2003〕『日本の金融制度改革』や，各社HPなどを参考に作成。

的であったものの，金融制度改革は日本の金融業界における重要事項であった銀行業務と証券業務の垣根問題に，大きな変革を与えた．

このような改革が達成された背景として，この時期の日本の金融業界を取り巻いていた状況も重要なものであった．1991年には，証券会社による損失補填問題や暴力団との取引，相場操縦などの疑惑が噴出し，いわゆる証券不祥事として大きな社会問題となった．また証券市場，特に発行市場は四大証券会社による寡占化が進んでおり，適切な競争相手の参入による競争の促進と透明性の向上が求められていた[4]．このような環境の中で議論が行われた金融制度改革は，証券市場改革が中心的議題であり，証券会社による銀行業務参入よりも，銀行による証券業参入が大きく取り上げられた．

(2) 金融システム改革

1992年に成立した金融制度改革法によって，銀行業務と証券業務の子会社方式による相互参入が解禁されたが，表10-1で見たように制限も多く，証券取引法第65条の精神が維持されていた．日本が漸進的に証券市場改革を行う間に，世界では各国金融市場の一体化や大手金融機関の国際展開の拡大などが進み，日本の金融システムが海外と比較して遅れたものとなっていた．このような状況に対応して提唱されたのが，日本版ビッグバンであった．1996年10月17日に，経済構造改革の推進案を作成していた経済審議会の行動計画委員会がまとめた提言に，1997年度中に銀行・証券・信託・保険の相互乗り入れを事実上自由化することが盛り込まれた[5]．これに対応して，橋本内閣の掲げた6大改革に日本版ビッグバンが取り入れられた[6]．この日本版ビッグバンは，従来の規制に基づく金融秩序を大きく変革する試みであった．東京市場を2001年にはニューヨークやロンドン並みの国際市場とすることを目標とするものであり，①Free，②Fair，③Globalの3原則に基づく改革と不良債権処理に取り組むことで，市場の活力を甦えらせることを目指すものであった．1996年11月11日に橋本首相から三塚大蔵大臣，松浦法務大臣に対して金融システム改革に全力を挙げて取り組むことが指示された．これを受けて11月15日には，証券取引審

議会など5つの審議会に対し，目標とする2001年までに金融システム改革が完了するプランを早急に取りまとめるように要請が行われた．プラン策定に当たっての基本的考え方では，①タイムスケジュールの明確化，②明確な理念の下での広範な市場改革，③利用者の視点に立った取り組み，④金融システムの安定，の4つが挙げられており，これらを踏まえて各審議会において活発な議論が行われ，とりまとめが行われた．1997年4月には「金融システム改革の現状整理」が公表され，さらに6月には各審議会の最終報告書・答申が取りまとめられた．これらの成果を基に6月13日に策定されたのが，「金融システム改革のプラン—改革の早期実現に向けて」であった．これを受けて，金融システム改革法（「金融システム改革のための関連法律の整備等に関する法律」）が1998年6月5日に成立し，同年12月1日に施行された[7]．また金融システム改革法に先立って，1997年12月5日には金融持株会社2法（「持株会社の設立等の禁止の解除に伴う金融関係法律の整備等に関する法律」，「銀行持株会社の設立のための銀行等に係る合併手続きの特例等に関する法律」）が成立しており，日本の金融システムは，1992年の金融制度改革以上の変革をすることとなった．

　日本版ビッグバンは，銀行による投資信託窓販解禁や，証券業務の登録制から届出制への移行が実施されるなど，証券会社にとって競争激化が予想されるものであった．もちろん相互参入の促進も求められ，1992年の金融制度改革法で定められていた業態別子会社の業務範囲制限を1999年下期中に撤廃することが示された．金融持株会社の解禁と子会社の業務範囲制限撤廃は，金融機関の再編を促し，三大メガバンクや三大証券グループの下で証券会社の再編や組織改革が行われた[8]．1992年の金融制度改革で証券子会社を設立した銀行では，系列証券会社を含めた再編を行っている．これは日本版ビッグバンによって銀行の再編が進展したことや，系列証券会社の経営環境が厳しくなったことに対応するものであった．このような銀行の証券子会社や系列証券会社の再編に対して，かつて大和証券，日興證券，野村證券と呼ばれていた三大証券会社も，持株会社化による組織改革を行っている．大和証券グループ本社の下ではホールセール事業を三井住友銀行と合弁で行い，ホールセールとリテールの分社化

を行っている．日興コーディアルグループではホールセールをシティ・グループと提携しており，大和証券グループ本社と同様ホールセールとリテールを分社化している．野村ホールディングスではホールセールとリテールの分社化は行われておらず，両業務とも独自に行っている．日本版ビッグバンは日本の金融システムに関する大改革であったが，特に証券市場に関連するものが中心であり，既存の証券会社も改革に対応した変化が求められていたことが分かる．

このように1992年の金融制度改革法を契機とする日本の銀行業務と証券業務の相互参入は，1996年から検討が始まる日本版ビッグバンによって完成を見ることとなった．それによる金融業界の大再編も行われ，証券会社の経営環境も大きく変わった．

3．先行研究と仮説

(1) 銀行業務と証券業務の相互参入効果

銀行業務と証券業務の分離によりリスクの遮断が達成されてきたが，それは二つの業務を同時に行うことで得られるプラスの効果を手放すものでもあった．規制緩和により，銀行業務と証券業務を同時に行うことが可能になると，さまざまな観点から変化が期待できる．

銀行の証券業務参入や証券会社の銀行業務参入によって，主に次のような効果が期待される．プラス面では，(a)「範囲の経済性」による費用逓減効果，(b) 業務の多角化によるポートフォリオ効果，(c) 多様な業務を行うことによるシナジー効果，などが考えられる．それに対してマイナス面では，(d) 競争激化による収益性低下効果，(e) 銀行業務と証券業務の利益相反が予想されることによる効果，(f) 他の業務が不振となったときに銀行が破綻する効果，(g) 事業が多角化・複雑化することによるコーポレート・ガバナンス能力の低下効果，が考えられる．プラス面で挙げられた (a) の「費用逓減効果」では，銀行業務と証券業務それぞれで得た情報を相互で有効活用することや，人的資源の有効活用によって，より効率的となり費用の節約が期待されるものである．ま

た (b) の「ポートフォリオ効果」は，業務の多角化によるリスク分散を行うことで，金融機関としての総合的な安定性が増すことが期待される効果である．(c) の「シナジー効果」は，二つ以上の業務を同時に行うことによる相乗効果を示しており，それまでよりも多様なニーズへの対応による顧客拡大などが含まれる．それに対してマイナス面では，(d) の「収益性低下効果」が考えられる．これは，銀行，証券会社とも新たな競争に直面することによって，これまでより収益性が低下する可能性が存在するためである．また (e) の「利益相反による効果」は，銀行業務と証券業務分離の根幹に関わるものである．例えば銀行が，債権回収が困難になった貸出先に社債を発行させて当該銀行からの借入を返済させることで，貸出先の破綻リスクを投資家に転嫁することが考えられる．これは銀行による情報優位性を利用した行動であるが，証券業務の観点からはこのような社債発行は適切なものではない．このような利益相反関係に対応することを主要な目的として銀行業務と証券業務の分離を行ってきたが，相互参入を認めれば，利益相反行動が行われる可能性がある．また (f) の「銀行破綻効果」は，他の業務の損失によって銀行業務が同時に立ち行かなくなる状況を考慮している．(g) の「コーポレート・ガバナンス能力低下効果」は，業務の多角化によって最適なガバナンスが行われず，例えば企業のリスク・マネジメントが効率的に行われない状況を考慮したものである．

(2) 先 行 研 究

日本における証券会社の経営環境は金融制度改革以降大きく変化をしたが，日本と同様に銀行業務と証券業務の分離を行っていたアメリカでは，日本に先立って改革が行われた．証券業務と銀行業務の相互参入に関して，アメリカの20条子会社やグラム・リーチ・ブライリー法（以下，GLB 法）に関する実証研究では，商業銀行の証券業務参入に注目するものが中心となっている[9]．投資銀行や証券仲介業者に関するデータを用いた分析は非常に少なく，商業銀行との比較のために分析を行ったものが多い．先行研究では規制緩和による銀行業務と証券業務の相互参入によって，プラス面が発生するか否かの確認が行われ

た[10]．特に銀行が証券業務を行うことによるリスクへの影響を確認することが中心であり，金融システムの安定性への影響を検証することが重視された．これは銀行業務と証券業務の分離の基本的考えに関わるものであり，先行研究では銀行が証券業務を行うことの是非を問うものが主であった．

このようにアメリカの規制緩和に関する実証研究では，商業銀行が証券業務を行うことによるリターンとリスクの変化に着目するものが中心であるが，会計データを用いた分析と，市場データを用いた分析に分けられる．

会計データを用いた分析では，銀行業務と証券業務などに関して，ROA（総資産利益率）やROE（株主資本利益率）で測った収益性の比較や，収益の相関係数の計測に基づいて，業務多角化を行った場合のポートフォリオ効果の確認などが行われている．White (1986) では，グラス・スティーガル法が施行される以前の銀行による証券業務が分析されており，平均的な収益性は系列証券会社が銀行を上回っていたことを明らかにしている．Wall and Eisenbeis (1984) では，銀行業務と証券業務に負の相関を確認しており，この結果から銀行業務と証券業務を同時に行うことのポートフォリオ効果を期待することができる．一方でBoyd and Graham (1986) やKwast (1989) では，銀行持株会社が証券業務を行うことによるポートフォリオ効果への期待は小さいとしている．しかしながら使用しているデータは，規制緩和が進められる前（1970年代から1980年代はじめ）のものであり，その点への注意が促されている．これらの結果をふまえて，Kwan (1998) では1990年から1997年のデータを用いて，銀行持株会社の銀行子会社と20条子会社（証券子会社）のリターンとリスクの関係を検証している．20条子会社は銀行子会社よりもリスクが高いものの，そのリターンは常に高いものではないことが確認された．また証券業務と銀行業務の相関が低いことも確認しており，これによりポートフォリオ効果が期待できるとしている．特に引受業務は，自己売買業務や銀行業務とのポートフォリオ効果が期待できるとしている．Kwan and Laderman (1999) では，それまでの主な研究の成果がまとめられている．銀行業務と証券業務の関係では，銀行業務と比較した証券業務の収益性は，業務内容や20条子会社の形態によって異なっていると

されている．全体では証券業務の収益性は高いものの，引受業務では銀行業務と同程度か低いものとされており，自己売買業務では高い収益性が確認されている．それに対してリスクは，すべて証券業務において銀行業務を上回っており，証券業務は相対的に危険な業務であることが分かる．銀行が証券業務に進出した場合のリスクの変化では，全体では一致した結論が得られていないものの，個別の業務に注目すると，リスクが低下する組み合わせが多く見られる[11]．Reichert and Wall (2000) では，1997年までのデータを用いることで，相互参入の影響に関して分析を行っている．この分析によればポートフォリオ効果は明確に確認されており，銀行の証券業参入は適切な戦略とされている．ただし最適な組み合わせは，経済のマクロ的環境や技術に依存するものとしている．

　これら会計データを用いた分析とは異なるアプローチで，市場データを用いた分析も行われている．市場データを用いた場合，リターンは株式収益率が，リスクは市場で評価されるリスクが計測されることとなる．Apilado et al. (1993) では因子分析を用いてイベント・スタディを行い，シティコープなど大手商業銀行が，子会社を通じて限定された証券に関する引受業務と自己売買業務を行うことが認められた，1987年4月30日の株式収益率の影響を分析している．その結果，マネー・センター・バンクと呼ばれる大手商業銀行はニュースに対して有意にプラスの超過収益率を示したが，投資銀行では有意な結果は得られないことが明らかとなった．したがって，限定された商業銀行による証券業務参入は，投資銀行にとって大きな脅威とはなっていなかったとしている[12]．Bhargava and Fraser (1998) では，Apilado et al. (1993) と同様の1987年4月30日のニュースによる効果とともに，その後の商業銀行による証券業務拡大に関するニュース（1989年1月18日など3つのニュース）について，ダミー変数を用いてリターンとリスクに関する分析を行っている．リターンに関しては，最初のニュースには商業銀行が有意にプラスの超過収益率を示したのに対して，投資銀行は有意な値を示さないことが明らかとなった．これはApilado et al. (1993) と同様の結果である．またリスクに関しては，トータル・リスク，システマティック・リスク，アンシステマティック・リスクのすべてに有意な変化

は認められなかった．これらの結果は，商業銀行が制限の下で証券業務を行うことは，投資銀行にとって大きな影響がないことを示している．その後の3つのニュースに関して投資銀行は，20条子会社による証券業務シェア拡大が認められた1989年9月13日のニュースに，有意にマイナスの超過収益率を示している[13]．商業銀行の証券業務に関する重要な規制の緩和に対して，市場参加者が投資銀行の収益性に関するマイナスの影響を考慮したものであり，規制緩和の進展が投資銀行に影響を与えたと考えられる．リスクに関しては，投資銀行のトータル・リスクは，マイナスの超過収益率を記録した1989年9月13日に上昇している．このニュースに対する，投資銀行への市場からの厳しい評価だと考えられる．しかしながら更なる規制緩和に対しては，トータル・リスクが低下するという逆の結果となっている．Cornett et al. (2002) も20条子会社に関する分析を行っている．その結果銀行の収益は，20条子会社を通じた商業銀行業務以外の収益によって拡大をしているものの，リスクに有意な変化が無いことが確認された．20条子会社設立によって銀行収益にプラス効果が見られることは先行研究と同一であるが，投資銀行に対する効果は検証されていない．Akhigbe and Whyte (2001) では，GLB法が株式収益率に与える影響について，銀行，株式仲介業者，保険会社を対象に分析している．分析の結果すべての業態について，正の超過収益が確認された．これはGLB法によって新たな業務を行うことが可能となることが，積極的に評価された結果であるとしている．Akhigbe and Whyte (2004) では，GLB法の成立による銀行・投資銀行・保険会社のリスクの変化を検証している．商業銀行のトータル・リスクが有意に上昇しているのに対して，証券会社のトータル・リスクは有意に低下している．システマティック・リスクに目を向けると，銀行，証券会社とも有意に低下しているが，アンシステマティック・リスクは銀行が有意に上昇，証券会社が有意に低下している．これらの結果から，銀行業務に比較して危険な証券業務への進出は銀行のアンシステマティック・リスクやトータル・リスクを上昇させるものであり，証券会社は比較的安全な銀行業務や保険業務が可能となることで，ポートフォリオ効果への期待からリスクはすべて低下したとしている．

Geyfman（2005）では銀行持株会社に焦点を当てており，20条子会社の所有の影響を確認している．20条子会社を通じて投資銀行業務を行うことは，ポートフォリオ効果によって銀行持株会社のトータル・リスクとアンシステマティック・リスクを低下させるが，システマティック・リスクを上昇させることを確認している．

(3) 仮　　　説

アメリカの市場データを用いた分析では，

① 銀行による制限された証券業務参入は，証券会社のリターンやリスクに有意な影響を与えない．

② 銀行の証券業務拡大は証券会社のリターンを低下させ，リスクを上昇させる．

③ 証券会社が銀行業務や保険業務に参入が可能となる業務制限撤廃が行われた場合には，証券会社のリターンは上昇し，リスクは低下する．

ことが明らかとなった．

これらを前提に日本の状況を検討すると，子会社方式による銀行業務と限定された証券業務の相互参入が可能となった金融制度改革が①と③の要素を持ち，業態間の垣根撤廃が進んだ金融システム改革が②と③の要素を持つと考えられる．

日本のデータを用いた場合には，アメリカと異なる規制緩和のスケジュールであったことと，日本の証券会社が投資銀行的な要素と，証券仲介業者的な要素を持つことに注意が必要である．金融制度改革では，銀行の証券業務参入と，証券会社の銀行業務参入が同時に検討された．したがってアメリカにおける実証分析結果がそのまま期待されるのではなく，二つの要因が同時に検証されることとなる．リターンに関しては，銀行が証券業務を行うことによる競争激化や，証券会社が相対的に収益性の低い銀行業務を行うことによるマイナスが考えられる．一方で証券会社が銀行業務を行うことによる費用削減効果や，シナジー効果からのプラスが考えられる．アメリカの例では，銀行が限定された証

券業務を行うことは証券会社に影響を与えていなかったが、日本では証券会社も同時に銀行業務参入が検討されたことにより、その効果はプラス面とマイナス面の相対的な大きさによって決まることとなる。リスクに関しては、証券会社の銀行業務参入によるポートフォリオ効果からマイナスが期待される。しかしながら日本の証券会社に注目する場合には、コーポレート・ガバナンスの問題を念頭におく必要がある。銀行業務に参入する場合には厳密な審査が行われ、その後の経営もそれまで以上に適切に行うことが求められる。したがって証券会社が銀行業務に進出することは、証券会社のコーポレート・ガバナンスを改善する可能性が考えられる。この場合に市場が評価する証券会社特有のリスクは低下すると考えられる。一方で適切な経営を期待できないと判断されれば、リスクが上昇することとなる。したがってポートフォリオ効果とコーポレート・ガバナンスへの期待などが、リスクとして総合的に評価をされる。

金融システム改革では、リターンは銀行の証券業務拡大による影響や、新たな証券会社設立による競争激化の影響、証券会社の他業務拡大による影響などが考えられる。リスクは証券会社が証券業務以外を拡大することによるポートフォリオ効果が考えられるが、これも金融制度改革と同様にコーポレート・ガバナンスの効果などが影響を与える。したがって総合的に評価されたリスクを計測することとなる。アメリカのGLB法に関する研究を考慮すれば、リターンの上昇とリスクの低下が期待されるが、日本独自の事情も影響を与えると考えられる。

このように金融制度改革では、「銀行の証券業務参入が証券会社に与える影響」と「証券会社の銀行業務参入が自身に与える影響」が、金融システム改革では「銀行の証券業務拡大が証券会社に与える影響」や「新たな証券会社設立が既存証券会社に与える影響」、「証券会社の他業務拡大が自身に与える影響」などが同時に検証される点となる[14]。特に証券会社には不祥事が多発していたこともあり、業務多角化によるポートフォリオ効果など以外にも、コーポレート・ガバナンスなど市場が評価しているものすべてが含まれた分析結果となることに注意が必要である。

4. 実証分析

(1) データ

第2節で確認したように，1992年の金融制度改革に関連して，(i) 1987年12月4日に制度問題研究会から銀行と証券会社の垣根見直しを含む報告が行われ，(ii) 金融制度改革法が1992年6月19日に成立している．また1998年の金融システム改革に関連して，(iii) 1996年10月17日に経済審議会の行動計画委員会が大胆な金融規制緩和の提言をまとめ，(iv) 金融システム改革法が1998年6月5日に成立している．本章では以上 (i)～(iv) の4つのニュースに対して検討を行う．日経テレコン21を用いて，日本経済新聞・日経産業新聞・日経流通新聞MJ・日経金融新聞より，4つのニュースに関連する事項の確認をした．その結果，(i) については1987年11月15日の朝刊に制度問題研究会報告の要旨が掲載されていたため，具体的内容が周知された日としてニュースが掲載された日を選択した．(ii)～(iv) については，前述の日がニュースの確認された日である．したがって，

① 1987年11月15日
② 1992年6月19日
③ 1996年10月17日
④ 1998年6月5日

が分析対象の日となる[15]．これを以下ではイベント日と呼ぶ．銀行の制限された証券業務への参入や証券会社の銀行業務への参入に関する①・②と，業態間の垣根が撤廃された③・④について，市場データを用いて証券会社のリスクとリターンの変化を確認する[16]．

本章では，イベント日より前の300営業日と，イベント日を含むイベント日以後300営業日の株価データを用いて分析を行う．長期的なデータを用いることで，信頼の出来る結果が期待される．この合計600営業日の株式収益率が用いられるため，601営業日に渡って上場をしている証券会社が分析対象となる．①では13社，②では24社，③では24社，④では21社が該当した．金融制度

改革に向けて上場する証券会社は増加したが，1997年の山一證券や三洋証券の経営破綻により，1998年には上場証券会社が減少していたことが分かる．

サンプルとなった証券会社の株式時価総額と資産総額が表10-3にまとめられている．株式時価総額は，イベント日直前の決算時における株価と発行済株式数の積として求め，資産総額はイベント日直前の決算時における値を用いている．この表10-3から明らかなように，四大証券会社（三大証券会社）とそれ以外の証券会社では株式時価総額，資産総額ともに大きな差があり，さらにその差は時間を経るごとに広がっている[17]．株式時価総額は1987年11月の時点で，四大証券会社の平均値がそれ以外の証券会社の平均値の9.9倍（中央値では8.8倍）であったのに対し，1998年6月には三大証券会社の平均値がそれ以外の証券会社の平均値の34.9倍（中央値では37.7倍）となっている．資産総額の平均値は6.0倍（中央値では5.6倍）が26.1倍（中央値では46.5倍）となっている．日本では委託売買業務，引受業務，募集・売出業務，自己売買業務のすべてにおいて四大証券会社（三大証券会社）とそれ以外の証券会社の能力の差が大きく，規制緩和の進展に従ってこのような結果になったと考えられる．分析に当たってはこの点を考慮し，全体のデータによる検証とともに四大証券会社（三大証券会社）に注目した検証も行う．

(2) 分析手法

証券会社のリターンに関する評価と，リスクに関する評価について，イベント日前後の変化を確認することで検証する．規制緩和の影響を市場データで検証する場合には，誤差項の相関を考慮したSURの手法が有効である．(Binder (1985a, b) など.) Bhargava and Fraser (1998) などでも使用されているこのSURの手法を，本章でも用いることとする．

以下ではリターンとリスクの分析を行うために，Bhargava and Fraser (1998) やAkhigbe and Whyte (2004) の手法を参考に分析を行う[18]．イベント日前300営業日とイベント日を含んだそれ以後300営業日のデータを用いて，リターンとトータル・リスク，アンシステマティック・リスク（市場リスク），

第10章　金融規制緩和が証券会社に与えた影響　175

表10-3　基本統計量

		時価総額（億円）			資産総額（億円）		
		平均値	標準偏差	中央値	平均値	標準偏差	中央値
イベント1	全サンプル	17,008	23,323	5,994	12,341	12,346	7,315
	（四大証券会社のみ）	45,042	25,442	35,892	29,161	6,955	28,334
	（四大証券会社以外）	4,549	2,380	4,063	4,866	2484	5,020
イベント2	全サンプル	2,871	5,263	754	8,638	12,042	2,569
	（四大証券会社のみ）	12,690	7,473	9,877	33,857	6,542	34,012
	（四大証券会社以外）	907	594	699	3,594	2,845	2,299
イベント3	全サンプル	5,055	10,517	793	8,618	18,514	1,539
	（四大証券会社のみ）	24,498	15,341	20,946	43,849	25,131	34,082
	（四大証券会社以外）	1,166	1,111	704	1,572	1,271	1,516
イベント4	全サンプル	2,490	6,806	259	13600	28756	1361
	（三大証券会社のみ）	14,872	13,822	7,479	77,406	31,629	60,767
	（三大証券会社以外）	426	676	198	2,965	4,117	1,307

注）・四大証券会社は、大和証券、日興証券、山一證券、野村證券を指す。
　　・三大証券会社は、大和証券、日興証券、野村證券を指す。

システマティック・リスク（固有リスク）のイベント前後の変化を確認することで，証券会社に対する市場の評価を検証する．

初めにそれぞれの証券会社に対して，短期的に超過収益率が確認されるか否かと，システマティック・リスクの変化を確認する．これについては，ダミー変数を用いた手法を用いる．収益率発生過程としてシングル・マーケット・モデルを想定し，イベント前後で定数項とシステマティック・リスクを捉えるパラメーターに変化が見られるか否かを確かめる．推定する式は以下のものである．

$$R_{it} = \alpha_{0i} + \alpha_{1i}D_{1t} + \alpha_{2i}D_{2t} + \beta_{1i}R_{mt} + \beta_{2i}D_{2t}R_{mt} + e_{1i} \tag{1}$$

ここでR_{it}は証券会社iのt時点における日次株式収益率，R_{mt}はt時点におけるマーケット・インデックス（TOPIX）の日次収益率，e_{1i}は残差である．D_{1t}とD_{2t}はダミー変数であり，D_{1t}はイベント日とその前営業日に1を，それ以外の期間は0を取る変数である．またD_{2t}はイベント前には0，イベント日とそれ以後には1を取る変数である．このダミー変数を用いることで，イベントに対するリターンの効果とリスクの変化を検証する．

リターンへの短期的影響は定数項の変化で確認をするため，

$$\Delta\alpha_{0t} = \alpha_{0t}Event - \alpha_{0t}Pre = \alpha_{1t} + \alpha_{2t} \tag{2}$$

であり，イベント日（Event）の影響が$\alpha_{1t} + \alpha_{2t}$で計測される[19]．$\alpha_{1t}$はイベント日とその前日のみに見られる効果，$\alpha_{2t}$はイベントによる長期的な定数項のシフトを示している．したがってイベントによる短期的効果は，$\alpha_{1t} + \alpha_{2t}$で表されることとなる．ここで$Pre$はイベント前を表している．

リスクへの影響は，

$$\Delta\beta_{1i} = \beta_{1i}Post - \beta_{1i}Pre = \beta_{2i} \tag{3}$$

であり，β_{2i}がシステマティック・リスクを捉えるパラメーターβ_{1i}のイベント前（Pre）とイベント後（$Post$）での変化を表している．

続いてトータル・リスクを求める．これにより，証券会社の総合的な安定性を確認することが出来る．トータル・リスクは各証券会社の日次株式収益率 (R_{it}) の分散 ($Var(R_{it})$) であり，その変化 ($\Delta Var(R_{it})$) は，イベント前 (Pre) とイベント後 (Post) の分散の差により求める．

$$\Delta Var(R_{it}) = Var(R_{it})Post - Var(R_{it})Pre \tag{4}$$

三つ目のリスク指標として，アンシステマティック・リスクを求める．システマティック・リスクの変化を確認したときと同様に，収益率発生過程としてシングル・マーケット・モデルを用いた．

$$R_{it} = \gamma_{0i} + \gamma_{1i}R_{mt} + e_{it} \tag{5}$$

記号は(1)式で用いたものと同様である．この式について，イベント前のデータとイベント日を含むイベント後のデータに分割して，γ_{0i} と γ_{1i} を推定する．推定から得られる残差の分散 ($Var(e_{it})$) をアンシステマティック・リスクと定義し，その変化 ($\Delta Var(e_{it})$) は，イベント前 (Pre) とイベント後 (Post) の分散の差により求める．

$$\Delta Var(e_{it}) = Var(e_{it})Post - Var(e_{it})Pre \tag{6}$$

以上のように求めたそれぞれの指標について，有意性を検証する．

(3) 分析結果

はじめにイベント①について確認する．表10-4よりイベント①では，イベント日とその前営業日の変化を測る α_1 は13社中12社がプラスの符号であり，6社で有意であったことが分かる．それに対して長期的な変化を測る α_2 は13社すべてがマイナスの符号であるが有意なものは無かった．システマティック・リスクに関する β_2 は一定の変化を見せておらず，13社中4社が有意にプラスとなりシステマティック・リスク上昇を示したのに対し，4社が有意にマイナスとなりシステマティック・リスク低下を示している．これらを全体として

評価するために表10-5を確認すると，定数項の短期的変化は1％水準で有意にプラスとなっており，プラスの超過収益率が発生したことが明らかとなった．これは銀行業務と証券業務に関する規制緩和を，市場が積極的に評価した結果であると考えられる．リスクを見ると，システマティック・リスクは有意に変化をしておらず，トータル・リスクとアンシステマティック・リスクが1％水準で有意に低下している．システマティック・リスクが変化していないことは，市場が証券会社の事業に対する評価を変更していないことを示している．イベント②では，先のイベント①とは異なる結果となっていることが，表10-4より明らかである．α_1は24社中23社でマイナスとなっており，α_2は24社すべてでプラスとなっている．システマティック・リスクに関するβ_2は24社中22社がプラスで有意となっており，リスク上昇が確認された．表10-5より全体を確認すると，定数項の短期的効果を表す$\alpha_1+\alpha_2$は1％水準で有意にマイナスであり，トータル・リスク，システマティック・リスク，アンシステマティック・リスクのすべてが上昇している．証券会社の株式に対してマイナスの超過収益率が発生したことは，限定された業務のみであるが銀行が証券業務を行うことや，証券会社が相対的に収益性の低い業務に進出することによるマイナスが，シナジー効果などのプラスを上回ると評価されたと考えられる．β_2に関しては，イベント①ではプラスであるが有意ではなかったものが，イベント②では有意にプラスとなったことは，市場が証券会社のリスク上昇を期待した結果であると考えられる．イベント①の時点では銀行業務と証券業務の相互参入内容などが確定されていないのに対して，イベント②では金融制度改革法が成立したことが分析対象ニュースとなっている．正式な法律の成立を受けて，市場が証券会社に対して厳しい評価を行っていたことが明らかとなった．

続いてイベント③を確認する．α_1はプラスとなった証券会社が24社中18社存在するが有意でない場合が多く，α_2は24社中23社でマイナスとなり5社では有意な結果となった．β_2は19社中12社が有意にマイナスとなっている．全体を表10-4で確認すると，定数項の短期的効果は5％有意水準でプラスとなっており，システマティック・リスクに関するβ_2は1％有意水準でマイナスと

なっている．証券会社が他の業務を拡大することに対して，投資家はプラスの超過収益率とリスクの低下を期待しており，Akhigbe and Whyte (2001, 2004) と同様の結果であると考えられる．イベント④では，α_1 はマイナスの証券会社が多く，α_2 はプラスの証券会社が多い結果となった．しかし有意なものは α_2 に関する1社のみであり，リターンに関する変化は見られなかった．β_2 は21社中2社が有意にプラス，4社が有意にマイナスとなった．表10-5より全体を確認しても，リターン，リスクとも有意な変化は見られなかった．イベント③とそれ以降の日本版ビッグバンの議論において，金融業務に関する業態間垣根の撤廃のスケジュールが議論されており，金融システム改革法の成立は市場にとって大きなニュースとならなかった結果だと考えられる．

　これまでの分析は，上場している証券会社全体を対象としたものであった．しかし規制緩和によって証券会社の銀行業務参入が認められる場合，大手証券会社が参入することが期待される．また引受業務などは大手証券会社による寡占状態から，銀行の証券子会社との競争が激化することが考えられる．競争激化は，証券会社のリターンやリスクに影響を与える可能性があり，上場証券会社の中でも特に大手の四大証券会社（三大証券会社）を確認する必要がある．

　イベント①に関する四大証券会社の変化を表10-6より確認すると，先にすべての上場証券会社を用いて確認した結果がより顕著となる．α_1 は4社ともに10％水準以上で有意にプラスであり，β_2 は4社すべてにおいて1％水準で有意にプラスとなっている．表10-7を確認すると，四大証券会社全体では短期的なプラスの超過収益率が確認され，システマティック・リスクが上昇していることが分かる．システマティック・リスクを捉える β_2 について，すべての上場証券会社の中で有意にプラスとなったのは四大証券会社のみであり，金融制度改革が四大証券会社のリスク上昇をもたらしていたことが示された．市場は，証券会社の銀行業務進出によるポートフォリオ効果よりも，それ以上に高いリスクの発生を期待していたことが分かる．イベント②では，表10-6より4社ともに α_1 がマイナスとなっているが，有意なものは大和証券1社のみであった．β_2 は3社で有意にプラスであり，残る野村証券も有意ではないがプラスの値と

表10-4 全サンプルの結果 (1)

	$\alpha 1$		$\alpha 1$うち		$\alpha 2$		$\alpha 2$うち		$\beta 2$		$\beta 2$うち	
	平均値	中央値	符号プラス(有意すべて)	符号マイナス(有意すべて)	平均値	中央値	符号プラス(有意すべて)	符号マイナス(有意すべて)	平均値	中央値	符号プラス(有意すべて)	符号マイナス(有意すべて)
イベント1 (サンプル数13)	0.0189	0.0168	(6/12)	(0/1)	−0.0009	−0.0009	(0/0)	(0/13)	0.0703	−0.0328	(4/6)	(4/7)
イベント2 (サンプル数24)	−0.0075	−0.0040	(0/1)	(2/23)	0.0018	0.0019	(10/24)	(0/0)	0.4607	0.4138	(22/24)	(0/0)
イベント3 (サンプル数24)	0.0078	0.0060	(1/18)	(1/6)	−0.0025	−0.0025	(0/1)	(5/23)	−0.3344	−0.3563	(0/5)	(12/19)
イベント4 (サンプル数21)	−0.0009	−0.0046	(0/7)	(0/14)	0.0031	0.0038	(1/18)	(0/3)	−0.1318	−0.1879	(2/8)	(4/13)

注)「有意」とは、1％水準、5％水準、10％水準で有意であることを表す.

第10章 金融規制緩和が証券会社に与えた影響　181

表10-5　全サンプルの結果 (2)

	定数項の短期的変化 ($\alpha1+\alpha2$)		$\beta1$の変化 ($=\beta2$)		トータル・リスク (平均値)		アンシステマティック・リスク (平均値)	
	平均値	中央値	平均値	中央値	イベント前	イベント後	イベント前	イベント後
イベント1	0.0180	0.0156	0.0703	−0.0328	0.0008	0.0003	0.0004	0.0002
(サンプル数13)	(5.29)***		(0.62)		(−4.52)***		(−3.89)***	
イベント2	−0.0057	−0.0026	0.4607	0.4138	0.0003	0.0007	0.0002	0.0005
(サンプル数24)	(−3.38)***		(8.21)***		(4.42)***		(5.30)***	
イベント3	0.0053	0.0035	−0.3344	−0.3563	0.0005	0.0028	0.0003	0.0025
(サンプル数24)	(2.65)**		(−4.26)***		(2.10)**		(2.02)*	
イベント4	0.0022	−0.0021	−0.1318	−0.1879	0.0015	0.0016	0.0012	0.0014
(サンプル数21)	(0.70)		(−1.68)		(0.37)		(0.83)	

注：***は1％水準，**は5％水準，*は10％水準でそれぞれ有意であることを表す．

なっている．表10-7を確認すると，4社全体ではシステマティック・リスクを捉えるβ_2が有意水準5％でプラスとなっているが，トータル・リスクとアンシステマティック・リスクは上昇しているが有意なものではない．すべての上場証券会社を用いた場合には，3つのリスク指標ともに有意に上昇していたのに対して，四大証券会社ではシステマティック・リスクのみが有意に上昇することが確認された．四大証券会社では，イベント①でもシステマティック・リスクが上昇していたことを考慮に入れると，銀行の制限された証券業務参入と，証券会社の銀行業務と制限された信託業務参入は，システマティック・リスク上昇をもたらすと判断されたと結論付けることが出来る．

　イベント③では，イベント①や②とは異なった結果が得られた．表10-6より，β_2が3社でマイナスとなっており，2社では有意な値である．プラスとなった山一證券については，自由度修正済み決定係数が非常に低い値であり，推定値の信頼性は低いと考えられる．したがってニュース③は，四大証券会社のシステマティック・リスクを低下させる効果があったと考えられる．表10-7では3つのリスク指標すべてが有意ではないが低下していることが示されている．個別に確認すると有意にシステマティック・リスク低下が確認された証券会社が存在するのは，証券会社が行うことが出来る業務が拡大したことにより，ポートフォリオ効果やコーポレート・ガバナンスの改善が期待されたためだと考えられる．超過収益率はマイナスであり，競争激化などによるリターン低下の期待が考えられるが，個別で確認しても四大証券会社全体で確認しても，有意な結果ではなかった．イベント④では，表10-6よりα_1，α_2ともに有意なものは無く，$\beta 2$は日興證券のみが有意にプラスとなった．残る2つの証券会社も有意ではないがプラスとなっている．三大証券会社全体を表10-7で確認すると，短期的な超過収益率と3つのリスク指標のすべてが有意な結果とはならなかった．これはすべての上場証券会社を用いた場合にも確認したように，それまでの議論で金融規制緩和のスケジュールなどが明確にされており，金融システム改革法成立のニュースは市場において事前に織り込まれていたためだと考えられる．

表10-6 四大証券会社(三大証券会社)の結果(1)

	$\alpha 0$	$\alpha 1$	$\alpha 2$	$\beta 1$	$\beta 2$	自由度修正済決定係数
イベント1						
大和証券	−0.0007	0.0256	−0.0006	1.5345	0.8240	0.582
	(−0.64)	(1.91)*	(−0.39)	(22.5)***	(5.50)***	
山一證券	−0.0010	0.0301	−0.0003	1.6264	0.4207	0.589
	(−0.90)	(2.29)**	(−0.21)	(24.3)***	(2.86)***	
日興證券	−0.0010	0.0277	−0.0005	1.6353	0.4619	0.607
	(−0.92)	(2.16)**	(−0.33)	(25.2)***	(3.23)***	
野村證券	−0.0009	0.0311	−0.0004	1.3565	0.6196	0.627
	(−1.02)	(2.92)***	(−0.30)	(25.1)***	(5.22)***	
イベント2						
大和証券	0.0003	−0.0297	0.0008	1.3387	0.2534	0.481
	(0.25)	(−2.12)**	(0.52)	(14.78)***	(2.00)**	
山一證券	−0.0001	−0.0081	0.0002	1.3408	0.5103	0.546
	(−0.13)	(−0.60)	(0.16)	(15.43)***	(4.19)***	
日興證券	0.0004	−0.0018	0.0012	1.5797	0.2487	0.538
	(0.30)	(−0.12)	(0.74)	(16.89)***	(1.90)**	
野村證券	0.0005	−0.0075	0.0000	1.3952	0.1366	0.632
	(0.59)	(−0.74)	(0.01)	(21.19)***	(1.48)	
イベント3						
大和証券	−0.0003	0.0067	−0.0014	1.7091	−0.4046	0.401
	(−0.27)	(0.49)	(−0.90)	(12.53)***	(−2.52)**	
山一證券	−0.0002	−0.0031	−0.0044	1.6215	0.4822	0.049
	(−0.03)	(−0.04)	(−0.55)	(2.36)**	(0.60)	
日興證券	0.0001	−0.0018	−0.0020	1.9452	−0.3839	0.469
	(0.05)	(−0.13)	(−1.24)	(13.95)***	(−2.34)**	
野村證券	−0.0003	−0.0061	0.0014	1.3529	−0.0911	0.502
	(−0.34)	(−0.61)	(1.23)	(13.60)***	(−0.78)	
イベント4						
大和証券	0.0005	−0.0056	0.0006	1.7914	0.1550	0.378
	(0.28)	(−0.25)	(0.25)	(13.38)***	(0.81)	
日興證券	0.0009	0.0010	−0.0012	1.1449	0.4539	0.390
	(0.86)	(0.07)	(−0.78)	(14.00)***	(3.88)***	
野村證券	−0.0017	−0.0088	0.0045	1.2034	0.0614	0.483
	(−0.83)	(−0.35)	(1.56)	(7.81)***	(0.28)	

注)カッコ内はt値を表している.
　　***は1%水準,**は5%水準,*は10%水準でそれぞれ有意であることを表す.

表10-7 四大証券会社（三大証券会社）の結果（2）

	定数項の短期的変化 ($a1+a2$)		$β1$の変化（=$β2$）		トータル・リスク（平均値）		アンシステマティック・リスク（平均値）	
	平均値	中央値	平均値	中央値	イベント前	イベント後	イベント前	イベント後
イベント1 (サンプル数4)	0.0282 (21.87)***	0.0285	0.5815 (6.36)***	0.5407	0.0010	0.0005 (−5.50)**	0.0004	0.0002 (−3.14)*
イベント2 (サンプル数4)	−0.0112 (−1.83)	−0.0077	0.2873 (3.63)**	0.2511	0.0006	0.0008 (1.68)	0.0003	0.0004 (0.49)
イベント3 (サンプル数4)	−0.0027 (−0.96)	−0.0043	−0.0994 (−0.48)	−0.2375	0.0003	0.0055 (−1.11)	0.0002	0.0051 (−1.08)
イベント4 (サンプル数3)	−0.0031 (−2.16)	−0.0042	0.2235 (1.88)	0.1550	0.0011	0.0012 (0.27)	0.0007	0.0007 (−0.21)

注）カッコ内はt値を表している。
***は1%水準，**は5%水準，*は10%水準でそれぞれ有意であることを表す。

このように，金融制度改革と金融システム改革は，証券会社に対して異なった影響を与えたことが明らかとなった．金融制度改革に関する最も早いニュースである①では，上場証券会社全体を分析対象とした場合，四大証券会社のみを分析対象とした場合ともに，リターンが有意に上昇することが確認された．リスクに関しては，四大証券会社では，システマティック・リスクが有意に上昇することが明らかとなった．トータル・リスクとアンシステマティック・リスクは，上場証券会社全体，四大証券会社どちらの場合にも，有意に低下することが確認された．このような結果となったが，この時点ではどのように規制緩和が進められるか確定したものではなく，規制が緩和される可能性があるという期待が株価に反映していた．この期待は証券会社のリターンとシステマティック・リスクがともに上昇するというものであり，証券会社の業務拡大はリスクをとってリターンを高めるものであると判断されていたことが分かる．金融制度改革法の成立に関する②では，リターンが，上場証券会社では有意にマイナスとなったものの，四大証券会社では有意な結果とならなかった．金融制度改革に対する証券会社の対応が，上場証券会社全体と四大証券会社に異なる結果をもたらしたと考えられる．金融制度改革に対して，四大証券会社は信託銀行子会社の設立により，新業務進出を検討していた．したがって四大証券会社は，銀行による証券業務参入の影響を受ける一方で，自らも新業務進出というプラスを得ることとなった．これらが相殺されて，リターンには有意な影響が発生しなかったと考えられる．それに対して大手以外の証券会社は，信託銀行子会社設立を検討しておらず，銀行による証券業務参入を受けるのみの状況であった．したがって証券会社全体で見た場合には，銀行の参入を受けることが考慮され，リターンがマイナスになったと考えられる．リスクに関しては，上場証券会社全体の場合と四大証券会社の場合ともに，システマティック・リスクが上昇している．金融制度改革の進展は，証券会社にとってリスク上昇要因であると判断されたことが分かる．

　金融システム改革に目を向けると，最初に規制の大胆な緩和が提唱された③では，上場証券会社全体ではリターンの上昇が確認されたが，四大証券会社の

みを分析対象とした場合には有意な結果は得られなかった．上場証券会社全体で短期的な超過収益率が確認されたことは，証券会社の再編期待なども含んだ結果であると考えられる．システマティック・リスクは，上場証券会社全体では有意にマイナスとなったものの，四大証券会社では有意とはならなかった．ただし四大証券会社を個別に確認すると，システマティック・リスクが低下していたことが明らかとなった．システマティック・リスクが低下したことは，多角化によるポートフォリオ効果やコーポレート・ガバナンス強化が期待されたものであり，アメリカにおけるGLB法成立時の投資銀行への評価と，同様の評価を受けたと考えることが出来る．金融システム法成立に関する④のニュースでは，有意となる結果は得られなかった．これは議論が積み重ねられていたため，新規のニュースとしての意味は無かったためだと考えられる．

5．まとめ

本章では，金融規制緩和が証券会社に与えた影響について，市場データを用いて分析を行った．日本における銀行業務と証券業務は，1992年に成立の金融制度改革法，1998年に成立の金融システム改革法によって，大きな規制緩和が達成された．これはアメリカにおける規制緩和に続くものであり，ヨーロッパでユニバーサルバンクが認められてきたことを念頭に置けば，世界的な金融業務の自由化の一環であったと考えられる．

日本における金融業務規制緩和の特徴は，金融制度改革において業態別子会社による限定された業務に関する相互参入が実行され，金融システム改革において業態間垣根が撤廃されたことである．大手証券会社は金融制度改革によって，銀行業務と限られた信託業務へ参入する「攻める立場」と，銀行等が限られた証券業務参入に対する「守る立場」を経験した．大手以外の証券会社は，専ら「守る立場」となった．その結果，規制緩和に対する期待は証券会社のリターンを高めたものの，正式な法律の制定の際には，リターンが低下するというものであった．銀行業務と証券業務に関する相互参入は厳しい議論が予想され

た課題であり，市場による評価も一定のものではなかったことが明らかとなった．それに対してシステマティック・リスクは一貫して上昇をしており，銀行業務と証券業務の相互参入は，証券会社のリスク上昇要因と考えられていたことが明らかとなった．これはポートフォリオ効果などよりも，証券会社のコーポレート・ガバナンスなどに対する不信が勝った結果だと考えられ，市場から厳しい評価を受けていたことが分かる．

　金融システム改革では，リターンは三大証券会社と上場証券会社全体では異なった結果であったが，システマティック・リスクは低下をしたことが明らかとなった．これは先に確認をした金融制度改革の場合とは異なる結果であり，リスクの低下は証券会社が他の業務を行うことを積極的に評価したためであると考えられる．大手証券会社が金融制度改革以降進めてきた業務多角化が認められたと考えられ，規制緩和の進展が証券会社の経営の安定性にプラスの評価を与えていたことが分かる．ただし上場証券会社全体ではトータル・リスクが上昇しており，上場証券会社全体としての安定性にはマイナスの評価が与えられていた．このことは証券業務のあり方自体にも影響を与えるものであり，注意が必要であると考えられる．

　業態間に存在する垣根問題に関しては，銀行の証券業務進出が中心的な課題として取り上げられることが多い．これは銀行業務と証券業務の分離の根幹に関わるものであり，銀行が証券業務を行うべきか否か，行うならばどのような条件が必要か，など重要な観点が存在する．しかしながら日本の金融規制緩和では，当初から銀行業務と証券業務の相互参入が検討されていた点も重視する必要がある．例えば証券会社の銀行子会社が経営危機に陥った場合には，金融システムにも影響を与えることとなる．本章の重要な点は，アメリカにおいては20条子会社を中心とする，銀行の証券業務参入が中心的議論であったのに対し，日本では相互参入が行われたことを重視し，証券会社の側から業態間の規制緩和を検証したことである．

　現在は金融システム改革から時間が経過しているが，証券会社の再編は継続的に行われている．銀行系列証券会社の集約や，金融持株会社の活用が活発に

行われるなど，金融システム改革の成果であると考えられる．このような再編の要因として，証券会社が多角化を行うことが，証券会社固有のリスク低下をもたらしていることも挙げられる．金融制度改革の時点では多角化は証券会社のリスクを高めると判断されていた．金融システム改革では証券会社の積極的な取り組みが好意的に評価され，リスクは低くなると判断された．これは日本における証券会社への期待が，高くなった結果であると考えられる．収益面への注目だけではなく，証券業務と銀行業務などを同時に行うことによるリスク低下が認識されたことが，証券会社を中心とする金融持株会社の下で，銀行と証券会社を同時に保有することを促したと考えられる．今後の金融再編や金融コングロマリット化の進展に対しても重要な点であり，再編によるリターンの変化だけでなく，リスクを重視する必要性がこれまで以上に明確になったと考えられる．証券会社を中心とする金融グループのあり方についても，リターン，リスク両面からの議論が重要であると考えられる．

本章では近年の業務規制緩和について証券会社を分析したが，課題も残されている．銀行に関するデータを用いた分析や，業務規制緩和以外の重要な規制緩和である，売買委託手数料自由化などに関する分析である．これらについては，これからの金融規制緩和に関する研究の中で明らかなものとしたい．

*本稿は，2006年度中央大学特定課題研究による成果の一部である．中央大学からの支援に，記して感謝を申し上げる．

1) 金融制度調査会の審議対象からは証券や資本市場に関するものは除外されており，それらは証券取引審議会における審議対象であった．したがって金融制度調査会による証券業務に関連する問題提起は重要なことであり，これを契機に業態間問題に関する議論が活発に行われた．
2) 第1委員会では主に地域金融機関の金融制度が，第2委員会では金融制度改革が取り扱われた．
3) 金融制度改革法では，16本の法律が一括して改廃された．
4) 例えば臨時行政改革推進審議会からは，1991年9月13日に「証券・金融等の不公正取引の基本的是正策に関する答申」が出され，証券業務への新規参入による競争の促進が求められている．

5) 提言には金融持株会社の全面解禁や業態別子会社の業務制限撤廃などが含まれ，その後の金融システム改革につながるものであった．
6) 6大改革では，行政・財政構造・金融システム・社会保障制度・経済構造・教育の6分野に関する改革が取り上げられた．
7) 金融制度改革法と同様に金融システム全体に関する法律を改廃するものであり，金融システム改革法では23本の法律が改正された．
8) 三大メガバンクは，みずほフィナンシャル・グループ，三井住友フィナンシャル・グループ，三菱UFJフィナンシャル・グループを指す．また三大証券会社は，大和証券グループ，日興コーディアルグループ，野村グループを指す．
9) アメリカでは1987年以降，「1933年銀行法」(通称，グラス・スティーガル法)第20条の解釈を変更することで，制限付きながら銀行の子会社による証券業務を認めてきた．この子会社のことを20条子会社と呼ぶ．20条子会社が行う証券業務には制限が課されていたが，その制限はしだいに緩和された．さらに「1999年包括的な金融制度改革法」(通称，グラム・リーチ・ブライリー法)によって，金融業態間の相互参入が自由化された．具体的には，金融持株会社が保険業務や証券業務などを営むことが認められ，一定の条件を満たす国法銀行は金融持株会社を設立することなく子会社を通じて証券業務などを営むことが認められた．これはグラス・スティーガル法で規定されていた銀行・証券の垣根を撤廃するものであった．
10) マイナス面の検証としては，例えば Boyd and Graham (1988) や Boyd et al. (1993) において，他の業務に参入した場合の銀行の破綻確率に関して分析が行われている．これらの研究では，銀行が証券業務に参入した場合に，破綻確率が高くなることが確認されている．この結果は，ポートフォリオ効果を認める多くの先行研究とは異なるものである．
11) 例えば銀行業務と引受業務のポートフォリオ効果や収益増加の効果などは，Saunders and Cornett (2003) を参照．
12) マネー・センター・バンクの証券業務には制限が課されており，株式収益率上昇は，引受業務参入によるリスク増加の結果でないとしている．
13) 20条子会社の新しく認められた証券業務からの収入は，収入全体の2年間の平均の5％を上限とするものであった．(残りの95％は，グラス・スティーガル法で認められた国債引関連業務などからの収入が求められた.) 1989年9月13日のニュースは，この上限を10％に引き上げるものであり，1996年8月1日のニュースは，上限を25％に引き上げるものであった．
14) これらに加えて，信託業務参入の効果も同時に確認されることとなる．
15) 「銀行」「証券」「参入」などのキーワードについてニュースの確認を行った．(i)に関連しては，例えば1987年10月14日には大蔵省の"「投資銀行構想」による業務自由化"のニュースが存在する．しかし制度問題研究会が具体的な報告を作成し

16) 市場に大きな影響を与えたニュースは，それぞれ①と③だと考えられる．しかし正式に法律が成立したというニュースも意味を持つ可能性があるため，②と④に関しても分析を行う．

17) 四大証券会社とは大和証券，日興證券，山一證券，野村證券を指す．1997年の山一證券破綻により，1998年のニュースである④では，三大証券会社となっている．

18) 規制緩和に関して市場データを用いた分析は，1980年金融制度改革法（DIDMCA）や，1982年のガーン・セイントジャーメイン預金金融機関法（Garn-St. Germain Depository Institutions Act of 1982）についても盛んに行われている．例えば前者については，Allen and Wilhelm (1988) や Bundt et al. (1992) などを参照のこと．

19) リターンの変化には，リスクを捉える β の変化も影響を与えることが考えられる．ここでは Bhargava and Fraser (1998) において，定数項の変化から超過収益率を確認していることに従って，同様の分析・解釈とした．

参 考 文 献

鹿野嘉昭〔2006〕『日本の金融制度　第2版』東洋経済．
高木仁〔2006〕『アメリカの金融制度　改訂版』東洋経済．
西村吉正〔2003〕『日本の金融制度改革』東洋経済．
Akhigbe, Aigbe and Ann Marie Whyte [2001] "The Market's Assessment of the Financial Services Modernization Act of 1999," *Financial Review*, 36, 119-138.
Akhigbe, Aigbe and Ann Marie Whyte [2004] "The Gramm-Leach-Bliley Act of 1999: Risk Implications for the Financial Services Industry," *Journal of Financial Research*, 27, 435-446.
Allen, Paul R., and William J. Wilhelm [1988] "The Impact of the 1980 Depository Institutions Deregulation and Monetary Act on Market Value and Risk: Evidence from the Capital Markets," *Journal of Money, Credit, and Banking*, 20, 365-380.
Apilado, Vincent P., John G. Gallo, and Lockwood [1993] "Expanded Securities Underwriting: Implication for Bank Risk and Return," *Journal of Economics and Business*, 45, 143-158.
Bhargava, Rahul and Donald R. Fraser [1998] "On the Wealth and Risk Effects of Commercial Bank Expansion into Securities Underwriting: An Analysis of Section 20 Subsidiaries," *Journal of Banking and Finance*, 22, 447-465.
Binder, John J. [1985a] "On the Use of the Multivariate Regression Model in Event Studies," *Journal of Accounting Research*, 23, 370-383.

Binder, John J. [1985b] "Measuring the Effects of regulation with stock price data," *Rand Journal of Economics*, 16, 167-183.

Boyd, John H., Stanley L. Graham [1986] "Risk, regulation, and bank holding company expansion into nonbanking," Federal Reserve Bank of Minneapolis, *Quarterly Review*, 10, 2-17.

Boyd, John H., Stanley L. Graham [1988] "The profitability and risk effects of allowing bank holding companies to merge with other financial firms: A simulation study," Federal Reserve Bank of Minneapolis, *Quarterly Review*, 12, 3-17.

Boyd, John H., Stanley L. Graham, and R. Shawn Hewitt [1993] "Bank holding company mergers with nonbank financial firms," *Journal of Banking and Finance*, 17, 43-63.

Bundt, Thomas P., Thomas F. Cosimano, and John A. Halloran [1992] "DIDMCA and Bank Market Risk: Theory and Evidence," *Journal of Banking and Finance*, 16, 1179-1193.

Cornett, Marcia Millon, Evren Ors, and Hassan Tehranian [2002] "Bank Performance around the Introduction of a Section 20 Subsidiary," *Journal of Finance*, 57, 501-521.

Geyfman, Victoria [2005] "Banks in the securities business: market-based risk implications of section 20 subsidiaries," Federal Reserve Bank of Philadelphia, Working paper 05-17.

Kwan, Simon H. [1998] "Securities Activities by Commercial and Investment Banking," Federal Reserve Bank of San Francisco, Working Paper 98-10.

Kwan, Simon H., and Elizabeth S. Laderman [1999] "On the Portfolio Effects of Financial Convergence — A Review of the Literature," Federal Reserve Bank of San Francisco, *FRBSF Economic Review*, 2, 18-31.

Kwast, Myron L. [1989] "The impact of underwriting and dealing on bank returns and risks," *Journal of Banking and Finance*, 13, 101-125.

Reichert, Alan K., and Larry D. Wall [2000] "The Potential for Portfolio Diversification in Financial Services," Federal Reserve Bank of Atlanta, *Economic Review*, third quarter, 35-51.

Saunders, Anthony, and Marcia Millon Cornett [2003] *Financial Institutions Management: A Risk Management Approach*, Boston: McGraw-Hill / Irwin, 4th edition.

Wall, Larry and Robert A. Eisenbeis [1984] "Risk considerations in deregulating bank activities," Federal Reserve Bank of Atlanta, *Economic Review*, 69, 6-19.

White, Eugene Nelson [1986] "Before the Glass-Steagall Act: An Analysis of the Investment Banking Activities of National Banks," *Explorations in Economic History*, 23, 33-55.

第11章　日本における公社債流通市場の近年の特徴
――イールド・スプレッドの観点から――

1. はじめに

　近年, 日本の公社債市場は, 全体としての取引金額も増大してきており, 種類も多様になりつつある. 国債では10年長期債, 20年超長期債の2種類から, 各種中期債や30年超長期債といった種類も増えてきているし, 社債の銘柄もかつてに比べ増えてきている. 本章は, 公社債流通市場においてイールド・カーブの計測を通じ[1], 市場参加者がどのようなイールド・カーブをもとに取引をしているのかを明らかにすることを最大の目的としている. さらにその点をもとにして, 各種のイールド・スプレッドを明らかにすることで[2], スワップ金利や社債の価格付けの特徴を明らかにしようとするものである.

　以下の構成は, 次の通りである. まず2節では, 公社債流通市場を, 店頭売買市場の売買高情報から概観する. ついで, 3節では国債流通市場でのイールド・カーブ計測手法に関して検討を加える. 4節では, 国債流通市場との対比で重要な役割を果たすスワップ市場でのイールド・カーブの計測手法を明らかにする. その後5節において, イールド・スプレッドの概念のうちスワップ・スプレッドとLIBORスプレッドについてその内容を確認する. 6節では, 国債流通市場とスワップ市場でのイールド・カーブの計測結果を示すと共にスプレッドの計測結果を整理し, 特徴的な点を明らかにする. さらに, これらのスプレッドの決定要因について回帰分析を中心に検討する. 最後に, まとめと今後の課題を整理する.

2. 公社債流通市場の現状

　公社債流通市場のうち店頭売買市場の現状を日本証券業協会のデータをもとに確認することにしよう[3]．図11-1は，1998年12月から2005年11月について公社債の種類別に店頭売買状況を示したものである．いずれも単位は億円で，国債のみ左目盛，それ以外は右目盛である．

　この期間においては，周期的な動きがあるものの，おおむねトレンドとしては売買高が増大していることが読みとれる．次に，国債の内訳ごとの売買高を示したものが，図11-2である．この図を見ると，全期間を通じて長期国債の売買高が大きいことがわかる．また，中期国債の売買高の伸びが著しく，超長期国債の売買高も伸びてきている．

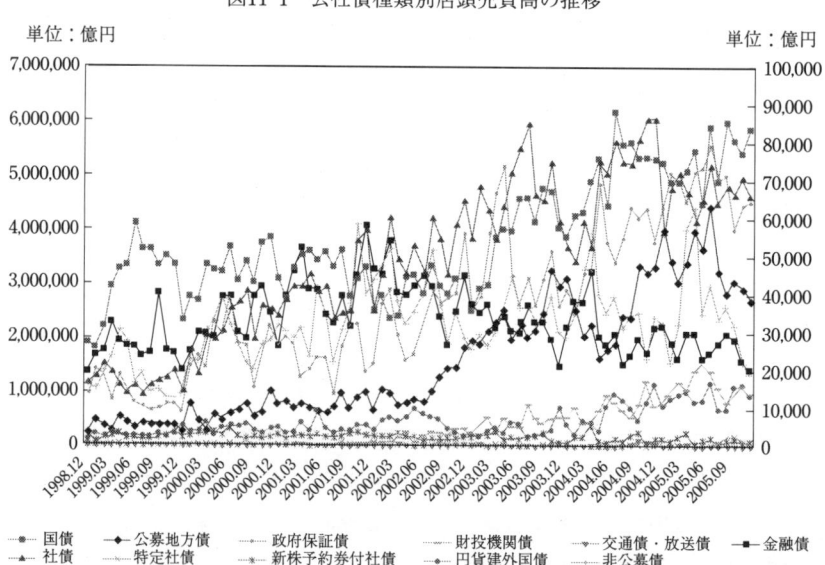

図11-1　公社債種類別店頭売買高の推移

出所）日本証券業協会website http://www.jsda.or.jp/html/toukei/index.htmlのデータをもとに作成．

図11-2 公社債種類別店頭売買高の推移（国債の内訳）

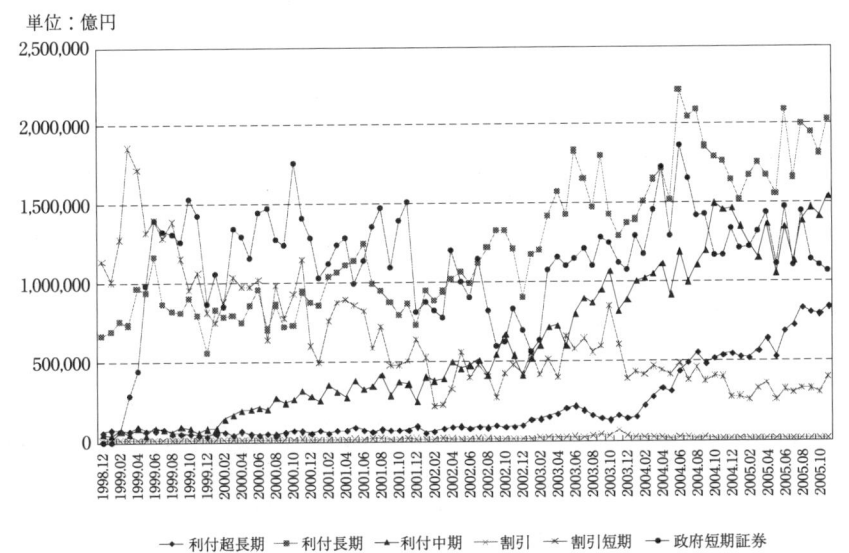

単位：億円

凡例：利付超長期　利付長期　利付中期　割引　割引短期　政府短期証券

出所）図11-1に同じ．

次に，2004年12月から1年間の売買高の割合を示したものが図11-3である．これを見ると売買高に占める国債の割合が圧倒的に大きく，他の債券は全体でも1割にも満たないことがわかる．社債等の種類は増えてきたものの，依然として国債中心で市場が形成されているということができよう．

さらに，国債以外の公社債の売買高に占める割合を見たものが図11-4である．

以上の状況から公社債市場での売買高としては，国債の割合が圧倒的に大きく，中でも長期国債の占める割合が大きいことがわかる．

こうした状況の下，国債流通市場でのイールド・カーブの計測は，公社債流通市場での分析の基礎となる情報を提供してくれるはずである．そこで，次節では，国債流通市場でのイールド・カーブ計測手法について検討を加えることにしよう．

図11-3　公社債種類別店頭売買高の推移

凡例：国債　公募地方債　政府保証債　財投機関債等　交通債・放送債　金融債　社債　特定社債　新株予約権付社債　円貨建外国債　非公募債

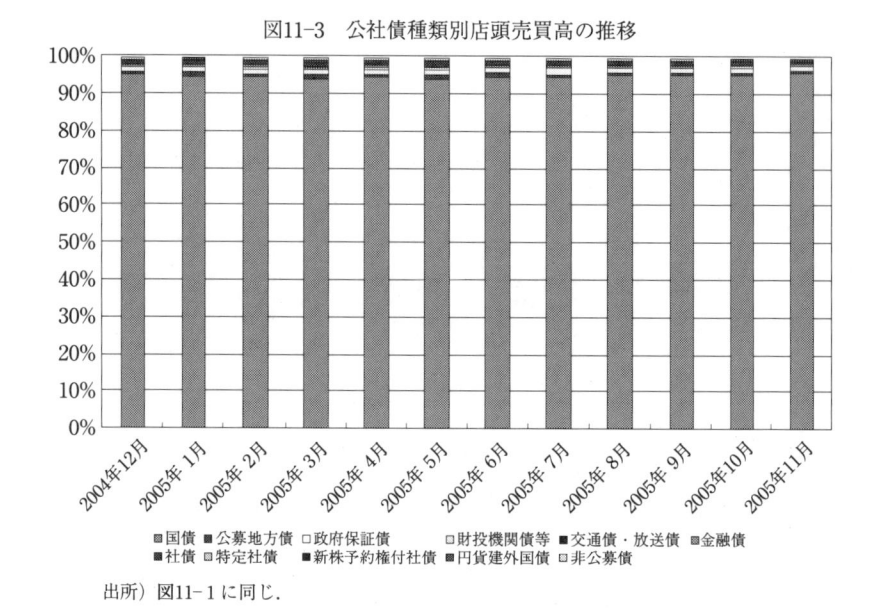

出所）図11-1に同じ．

図11-4　公社債種類別店頭売買高の推移（国債以外）

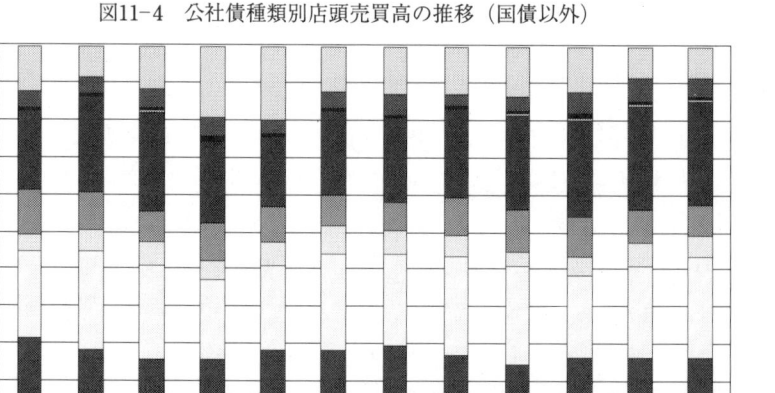

凡例：公募地方債　政府保証債　財投機関債等　交通債・放送債　金融債　社債　特定社債　新株予約権付社債　円貨建外国債　非公募債

出所）図11-1に同じ．

3. 国債流通市場でのイールド・カーブ計測

(1) 基本的概念

　固定利付債価格は，将来のキャッシュ・フローの割引現在価値として評価することができる．例えば，基準日（一般には受渡日）から t_j 日後のキャッシュ・フロー $C(t_j)$ の割引現在価値は，t_j 日後のディスカウント・ファクター $d(t_j)$ を利用して，$C(t_j) \cdot d(t_j)$ と評価することになる．そこで，図11-5に示されているような額面100，残存利払回数 n 回，クーポンが年2回（半年に1回）$C/2$ ずつ支払われる固定利付債価格（利込値）$P+A$ は，各キャッシュ・フローに対応するディスカウント・ファクター $d(t_j)$ を用いて評価すると，

$$P+A = \frac{C}{2}\sum_{j=1}^{n-1}d(t_j) + \left(100 + \frac{C}{2}\right) \cdot d(t_n) \tag{1}$$

となる[4]．

　(1)式より当該債券の第 n 回の利払日 t_n に対応するディスカウント・ファクター $d(t_n)$ は，

$$d(t_n) = \frac{P+A - \dfrac{C}{2}\sum_{j=1}^{n-1}d(t_j)}{100 + \dfrac{C}{2}} \tag{2}$$

として与えられる．ここで当該債券の銘柄属性や価格等の取引情報，さらには

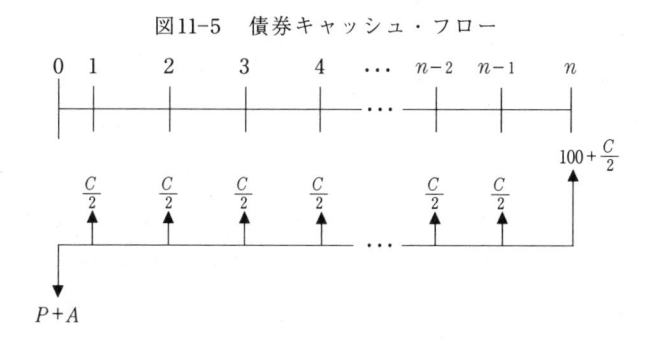

図11-5　債券キャッシュ・フロー

満期前（第1回から第$n-1$回）の利払日に対応するディスカウント・ファクターの情報がマーケットで得られる場合には，つまり，利込値$P+A$, クーポンC, ディスカウント・ファクター$d(t_j)$（ただし，$1 \leq d(t_j) \leq -1$）がわかれば，(2)式を用いて第n回の利払日t_n（当該債券の満期日時点）のディスカウント・ファクター$d(t_n)$を明らかにすることができる．利込値は取引の結果から，クーポンは銘柄ごとに発行時に決まっているので，満期前の利払日に対応するディスカウント・ファクターの情報が明らかになれば，満期時のディスカウント・ファクターを明らかにすることができる訳である．図11-5に示されている債券と利払日が同じ銘柄で残存期間の短いものが取引されていれば，その情報を利用することでディスカウント・ファクターを明らかにすることができるというものである．この手法は，クーポン・ストリッピング (coupon stripping),「逐次代入方式」，最近ではブート・ストラッピング (boot strapping) などと呼ばれている[5]．

　この手法は，各満期日に1銘柄が対応し，市場価格が完全に(1)式で表される場合には問題なく実行可能であるが，同一の満期日の銘柄が複数あるようなケース，あるいは逆に十分な銘柄の取引が行われていない場合では，そのまま実行できない[6]．

　考えられる対応策は大きく2通りのものが考えられる．第1の対応策は，何らかの方法で，満期日ごとに銘柄をひとつに絞り込む方法である．同一満期日の複数の銘柄のうち，イールド・カーブ計測に関して指標となるものは1銘柄のみで，他の銘柄はイールド・カーブ計測には活用しないというものである．この手法では，どのような基準で銘柄を絞り込むかということが大きな問題となる．例えば，同一満期日の銘柄のうち最も取引量が大きいものが市場を代表するものであると考えることも，ひとつの可能性としてはありうるであろう．ただし，今回利用した証券業協会のデータでは，実取引のデータはないことから，こういった基準での銘柄選別は難しい．さらには，1銘柄のみが正しい情報で，他の銘柄はミス・プライスされていると仮定するのは，いささか乱暴でもある．

　もうひとつの方法は，1銘柄のみが正しい情報を提供していると考えるのではなく，すべての銘柄の市場価格には何かしら誤差を含んだ価格付けがなされ

ているとする立場である．次に，その考え方に従った計測手法を検討しよう．

(2) 市場価格に誤差を想定する方法

前述のように，各満期日に1銘柄が対応する場合には(1)式で表すことが可能であるが，同一の満期日の銘柄が複数あるようなケースでは，次の(3)式のように，市場価格には何らかの誤差が含まれていると考え，(1)式に誤差項を付け加えることにより対応する方法が考えられる．

$$P_i + A_i = \frac{C_i}{2} \sum_{j=1}^{n-1} d(t_{i,j}) + \left(100 + \frac{C}{2}\right) \cdot d(t_{i,n}) + \varepsilon_i \tag{3}$$

ここで，ε_i は誤差項である．市場価格に含まれる誤差は，銘柄ごとにその程度が異なるであろうが，全体として誤差はできるだけ小さくなるような価格設定がなされているはずである．

このように考えれば，誤差が最小となるような水準が，流通市場で参加者が想定しているディスカウント・ファクターであると見ることができよう．したがって，市場価格を被説明変数，クーポン等のキャッシュ・フローを説明変数として，(3)式における誤差が最小となるようなディスカウント・ファクターを回帰分析（最小二乗法）により推計することが可能になる．この手法では，ディスカウント・ファクターを回帰パラメータとして直接推計することになるが，小峰ほか［1989］の指摘にあるように，「……推計値の個数の割にデータの個数が少ないという計算上の問題点もある．」ということが言える[7]．

そこでこの問題に対処するため，ディスカウント・ファクターを直接推計するのではなく，各ディスカウント・ファクターと年数 t との関係を示すディスカウント・ファンクション（discount function）に特定の関数関係を仮定することで，ディスカウント・ファクターを推計する方法が考えられる．推定するパラメータを減らす工夫である．

ディスカウント・ファンクションとして設定する関数型にはいくつかのものが考えられるが，代表的なもののひとつが3次の自然スプライン関数である．こ

こで，ディスカウント・ファンクションが節点 (knot) k 個の3次の自然スプライン関数 (Cubic Natural Spline Function) で与えられるものとすると，

$$d(t) = a_0 + a_1 \cdot t + \sum_{l=1}^{k} b_l \cdot \max(t - t_l, 0)^3$$

と示すことができ，(3)式は

$$P_i + A_i = \frac{C}{2} \sum_{j=1}^{n-1} \left\{ a_0 + a_1 \cdot t_j + \sum_{l=1}^{k} b_l \cdot \max(t_j - t_l, 0)^3 \right\}$$
$$+ \left(100 + \frac{C}{2}\right) \left\{ a_0 + a_1 \cdot t_n + \sum_{l=1}^{k} b_l \cdot \max(t_n - t_l, 0)^3 \right\} + \varepsilon_i \quad (4)$$

となる．(4)式は，パラメータに関して線型の関係になっているので，線型回帰によりスプラインのパラメータを推定することができる．

さらに，基準日のディスカウント・ファクターに1という制約を課すことも考えられる．この場合，

$$d(0) = a_0 = 1$$

となることから，(4)式は，

$$P_i + A_i - 100 - \sum_{j=1}^{n} \frac{C}{2} = \frac{C}{2} \sum_{j=1}^{n-1} \left\{ a_1 \cdot t_j + \sum_{l=1}^{k} b_l \cdot \max(t_j - t_l, 0)^3 \right\}$$
$$+ \left(100 + \frac{C}{2}\right) \left\{ a_1 \cdot t_n + \sum_{l=1}^{k} b_l \cdot \max(t_n - t_l, 0)^3 \right\} + \varepsilon_i$$

$$P_i + A_i - 100 - n \cdot \frac{C}{2} = \frac{C}{2} \sum_{j=1}^{n-1} \left\{ a_1 \cdot t_j + \sum_{l=1}^{k} b_l \cdot \max(t_j - t_l, 0)^3 \right\}$$
$$+ \left(100 + \frac{C}{2}\right) \left\{ a_1 \cdot t_n + \sum_{l=1}^{k} b_l \cdot \max(t_n - t_l, 0)^3 \right\} + \varepsilon_i \quad (5)$$

と表すことができる．(5)式も(4)式同様，パラメータに関して線型の関係になっているので，線型回帰によりスプラインのパラメータを推定することができる．

4. スワップ市場でのイールド・カーブ計測[8]

スワップ市場でのキャッシュ・フローは，図11-6に示されている．図11-6をもとに考えれば，スワップ・キャッシュ・フローとディスカウント・ファクターとの関係は，

$$\sum_{j=1}^{n} S_{i,j} \cdot d(t_{i,j}) = \sum_{j=1}^{n} l_j \cdot d(t_{i,j})$$

となり，スワップ・レート Sw_i (act/365) と LIBOR L_j (act/360)，ディスカウント・ファクターの関係は，想定元本 NP の場合には，

$$S_{i,j} = Sw_i \cdot \frac{t_{i,j} - t_{i,j-1}}{365} \cdot NP$$
$$i_j = L_j \cdot \frac{t_{i,j} - t_{i,j-1}}{360} \cdot NP$$

であるから，

$$Sw_i \sum_{j=1}^{n} \frac{t_{i,j} - t_{i,j-1}}{365} \cdot d(t_{i,j}) = \sum_{j=1}^{n} L_j \frac{t_{i,j} - t_{i,j-1}}{360} \cdot d(t_{i,j}) \tag{6}$$

として与えることができる．
さらに(6)式におけるLIBORキャッシュ・フローの現在価値合計は，

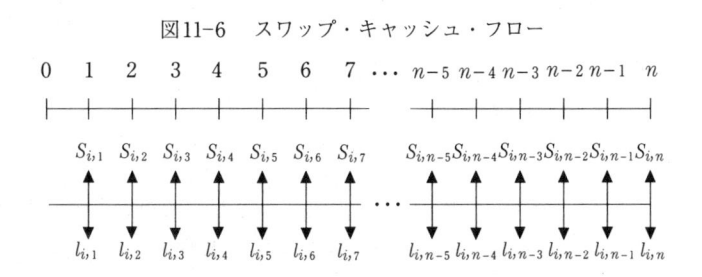

図11-6 スワップ・キャッシュ・フロー

$$F\sum_{j=1}^{n} L_j \cdot \frac{t_{i,j} - t_{i,j-1}}{360} \cdot d(t_{i,j}) = F\{1 - d(t_{i,n})\} \tag{7}$$

で与えられるので，(6)式，(7)式から，

$$Sw_i \sum_{j=1}^{n} \frac{t_{i,j} - t_{i,j-1}}{365} \cdot d(t_{i,j}) = 1 - d(t_{i,n}) \tag{8}$$

という関係があることがわかる[9]．以上のことから，スワップ市場のディスカウント・ファクターの推計は，(8)式より，

$$d(t_{i,j}) = \frac{1 - Sw_i \sum_{j=1}^{n} \frac{t_{i,j} - t_{i,j-1}}{365} \cdot d(t_{i,j})}{1 - Sw_i \cdot \frac{t_{i,j} - t_{i,j-1}}{365}}$$

として行えばよいことがわかる．この手法は，3節(1)の逐次代入方式に対応するものであり，短いディスカウント・ファクターから長いものへと順次推計することになる．そのためには，キャッシュ・フローに対応するスワップ取引が行われていることが必要である．より具体的には，スワップ期間が半年刻みでスワップ取引が行われていることに加え，その金利情報が必要である．さらに，こうして推計されるディスカウント・ファクターは，キャッシュ・フローの発生する6か月刻みについてであるが，スワップの評価のためには，固定金利キャッシュ・フローの評価に関しては，少なくともキャッシュ・フローが発生する時点のディスカウント・ファクターが必要になる．また，変動金利キャッシュ・フローの評価のためには，変動金利キャッシュ・フローの期間の初めと終わりの時点に対応するディスカウント・ファクターをもとにしたフォワード・レートが必要である．しかしながら，利用可能なデータの存在する点（これを「グリッド・ポイント」と呼ぶ）だけでは，こうした情報を入手できない．そこで利用される方法が補間 (interpolation) である．補間とは，各グリッド・

ポイントの間の値をグリッド・ポイントの値から推計する方法である．スワップ・レートからディスカウント・ファクターを推計する際には代表的な補間方法として，

- 線型補間（Linear Interpolation）
- 対数線型補間（Log Linear Interpolation）
- スプライン補間（Spline Interpolation）

が利用される．

　このうち最もポピュラーな手法は，マーケットのスワップ・レートを線型補間することで6か月刻みのディスカウント・ファクター（及びゼロ・レート）を推計し，そこで推計されたゼロ・レートをもとにしたディスカウント・ファクターをスプライン補間することで，任意時点のディスカウント・ファクター（及びゼロ・レート）を推計する手法である．しかし，この手法では，マーケットのスワップ・レートの補間と推計されたゼロ・レートまたはディスカウント・ファクターの補間という2回の補間を必要とするため，それぞれの補間の影響を2重に受けることになる．そこで考えられるのが，ディスカウント・ファクターの補間を前提にして，マーケットのスワップ・レートを補間しないでディスカウント・ファクターを推計しようとする方法である．この方法は，3.2で検討した債券市場でのディスカウント・ファンクションを特定してディスカウント・ファクターを推計する方法に対応するものである．こうした手法には，先に補間方法で整理した3種類の補間方法—線型補間，対数線型補間，スプライン補間—のそれぞれを前提とするものが考えられるが，ここでは，債券市場でのディスカウント・ファクター推計方法との対応から，スプライン補間を前提とする手法を利用する．

5. スプレッド分析

(1) スワップ・スプレッド

スワップ・スプレッドとは，スワップ取引の金利とスワップ取引と同じ期間の（価格がパーである）国債のクーポン・レートとのスプレッドのことである．実際には，スワップ取引と同じ期間の国債は存在しないか，存在しても価格がパーではないのが一般的であり，さらには同一償還日の国債が複数存在しているのが現状である．そこで，国債市場でのディスカウント・ファクターをもとに，スワップ取引と同じ期間で価格がパーの国債のクーポン・レートを推計し，その（架空の銘柄の）クーポン・レートとスワップ金利との差で示すことになる[10]．スワップ取引と同じ期間で価格がパーの国債のクーポン・レートのことを，JGBパー・レートと呼ぶ．

具体的には，次の(9)式の関係が成立するようなクーポン C_i を設定し，これと市場で取引されているスワップ金利との差を求めることになる．

$$\frac{C_i}{2}\sum_{j=1}^{n-1}d(t_{i,j})+\left(100+\frac{C_i}{2}\right)\cdot d(t_{i,n})=100 \tag{9}$$

ここで，$d(t_{i,j})$ は，スワップ取引と同じ期間の国債の利払時点に対応する（国債流通市場で成立している）ディスカウント・ファクターである．

(9)式より，クーポン・レートは，

$$\frac{C_i}{100}=\frac{2\{1-d(t_{i,n})\}}{\sum_{j=1}^{n}d(t_{i,j})}$$

であるから，スワップ・スプレッドは，

$$Sw_i-\frac{C_i}{100}=Sw_i-\frac{2\{1-d(t_{i,n})\}}{\sum_{j=1}^{n}d(t_{i,j})}$$

として求めることができる．ここで，Sw_i はスワップ金利である．

(2) LIBORスプレッド

LIBORスプレッドとは，LIBORを基準にしたクーポン・レートの変動利付債を基準として，社債や国債などの固定利付債（以下「債券」と総称する）を再評価しようとする試みである．具体的には，各銘柄を同じ時期に利払が行なわれる変動利付債に置き換えて考えると，価格が100となるためにはクーポン・レートはどういった水準となるかを，基準である変動金利（基本的には6か月LIBOR）とのスプレッド（LIBOR $+\alpha$）として表すものである[11]．この場合，出来上がりの変動利付債は，実質的には図11-7のようなキャッシュ・フローとなる．

ここで，図11-7において $l_{i,j} = 100(L_{i,j} + \alpha_i)\dfrac{t_{i,j} - t_{i,j-1}}{360}$ である．

個々の銘柄の債券を，同じ時期に利払が行われる変動利付債へ置き換えるという再評価は，図11-8に見られるようなアセット・スワップを行うことで可

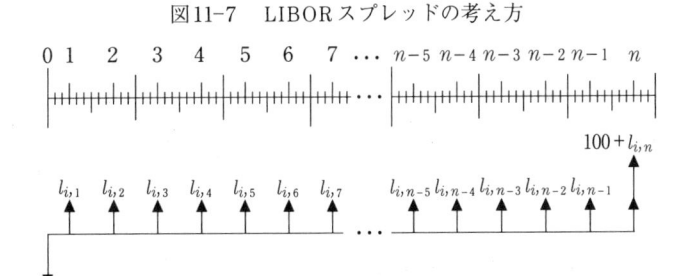

図11-7 LIBORスプレッドの考え方

図11-8 LIBORスプレッド計測のためのアセット・スワップの考え方

能である．したがって，ある債券 i の LIBOR スプレッド α_i は，(1)式を満たすことが必要となる[12]．

$$\frac{C_i}{2}\sum_{j=1}^{n}d(t_{i,j})+100=100\sum_{j=1}^{n}\left(L_{i,j}+\alpha_i\right)\cdot\frac{t_{i,j}-t_{i,j-1}}{360}d(t_{i,n})+(P_i+A_i) \quad (1)$$

したがって，債券 i の LIBOR スプレッド α_i は，

$$\alpha_i=\frac{\dfrac{C_i}{2}\sum_{j=1}^{n}d(t_{i,j})+100-(P_i+A_i)-100\{1-d(t_{i,n})\}}{100\sum_{j=1}^{n}\dfrac{t_{i,j}-t_{i,j-1}}{360}\cdot d(t_{i,n})} \quad (2)$$

として推計することができる[13]．また，こうして推計される LIBOR スプレッドは，投資収益率を示すものであり，LIBOR スプレッドの低い銘柄は収益率が低い訳であるから価格が相対的に高い（割高），逆に高い銘柄は価格が相対的に安い（割安）ことを意味している．

6．計 測 結 果

(1) イールド・カーブ

そこで，国債流通市場とスワップ市場の金利の期間構造，すなわち国債流通市場のイールド・カーブ（いわゆる JGB カーブ）とスワップ市場のイールド・カーブ（いわゆるスワップ・カーブ）の比較を試みることにした．国債流通市場でのイールド・カーブ計測にあたっては，ディスカウント・ファンクションとして3次の自然スプライン関数を仮定し，前述の(4)式に従い，回帰分析によりスプラインのパラメータを求める方法を採用した[14]．それぞれの市場の情報を元にディスカウント・ファクターを推計し，その結果から（連続複利表示の）スポット・レートを求めたものである．例えば，JGB の第 n 回の利払日に対応するスポット・レート $_0r_n$ は，地主・岡本・高橋 [2004] で示した通り，求められたディスカウント・ファクター $d(t_n)$ から，

$$_0r_n = -\ln d(t_n) \cdot \frac{365}{t_n}$$

として求めればよい[15]．推計に利用したデータは，日本証券業協会の公社債店頭売買参考統計値で公表されている5年中期国債，10年長期国債，20年超長期国債，30年超長期国債の銘柄属性と平均単価である[16]．一方，スワップ市場でのイールド・カーブ計測にあたっては，国債流通市場での計測手法との対比から，ディスカウント・ファンクションとして3次の自然スプライン関数を仮定し，市場のスワップ金利を補間しない手法を用いた．推計に用いたデータはTSR（Tokyo Swap Reference Rate）である．スポット・レート推計にあたっては，国債の場合と同様に求めたディスカウント・ファクターから(10)式を利用してスポット・レートを推計した．図11-9～図11-20には，2005年1月20日から2005年12月20日時点でのJGBカーブとスワップ・カーブを示している．横軸は年数を縦軸はスポット・レート（単位%）をとり，JGBカーブを実線で，スワップ・カーブを破線で示してある．

まずJGBカーブとスワップ・カーブとの対比で見ると，おおむねJGBカーブはスワップ・カーブより低い水準にあるが，図11-18の10月20日時点と図11-19の11月21日時点ではほぼ全期間でJGBカーブの方が低い水準になっていることを除いて，短期と超長期ではJGBカーブの方が高い水準となることが多い．また，短期，特に2年以下の期間でのJGBカーブが非常に不安定である[17]．今後より詳細に個別銘柄の価格形成に関して確認しなければならないが，スワップ市場に比べ，国債流通市場での価格形成は十分な裁定が働かない形でなされている可能性が示唆される．

図11-9　国債流通市場とスワップ市場のイールド・カーブ（2005年1月20日）

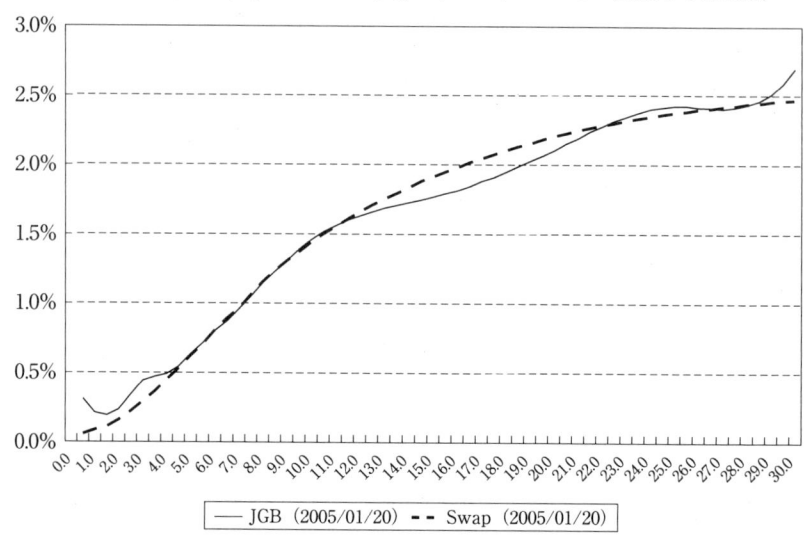

図11-10　国債流通市場とスワップ市場のイールド・カーブ（2005年2月21日）

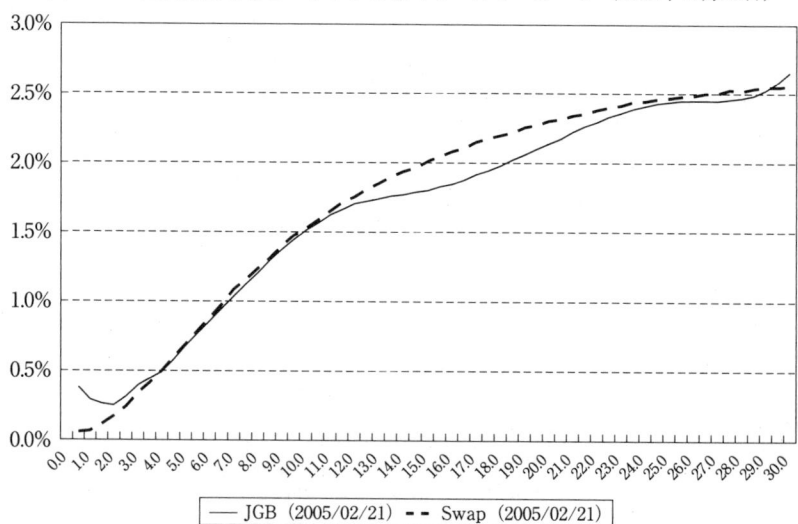

第11章　日本における公社債流通市場の近年の特徴　209

図11-11　国債流通市場とスワップ市場のイールド・カーブ（2005年3月22日）

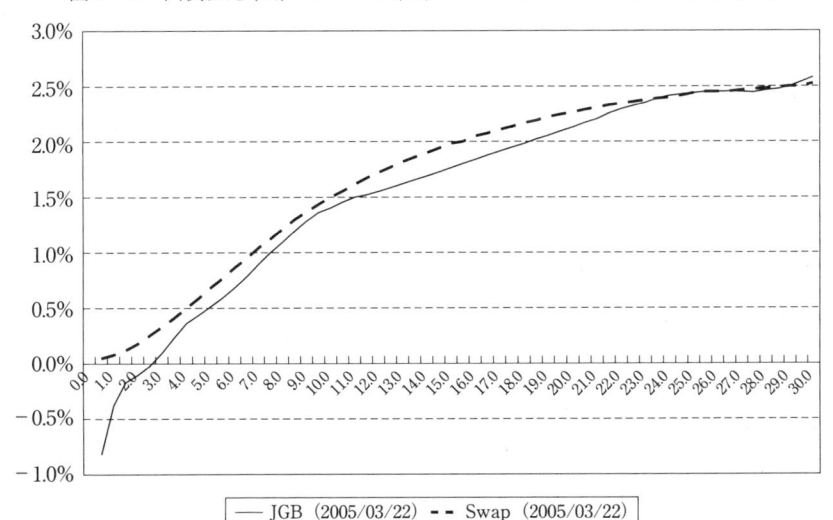

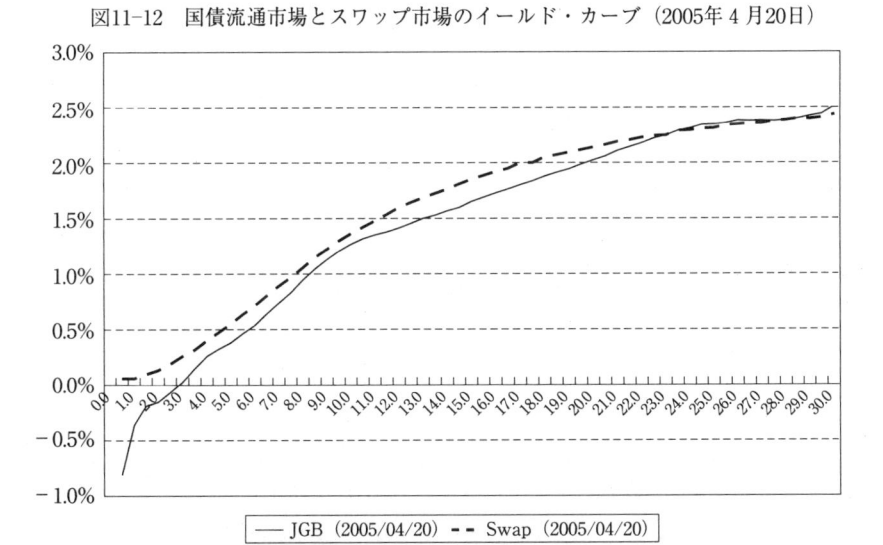

図11-12　国債流通市場とスワップ市場のイールド・カーブ（2005年4月20日）

図11-13　国債流通市場とスワップ市場のイールド・カーブ（2005年5月20日）

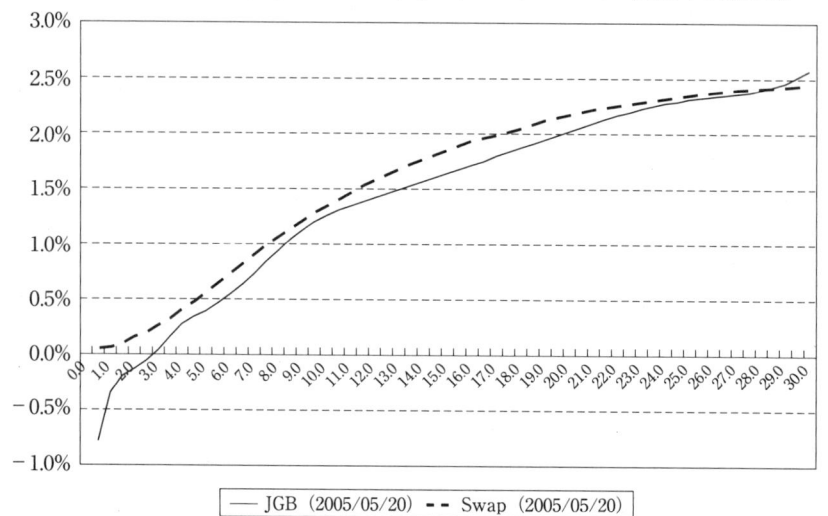

図11-14　国債流通市場とスワップ市場のイールド・カーブ（2005年6月20日）

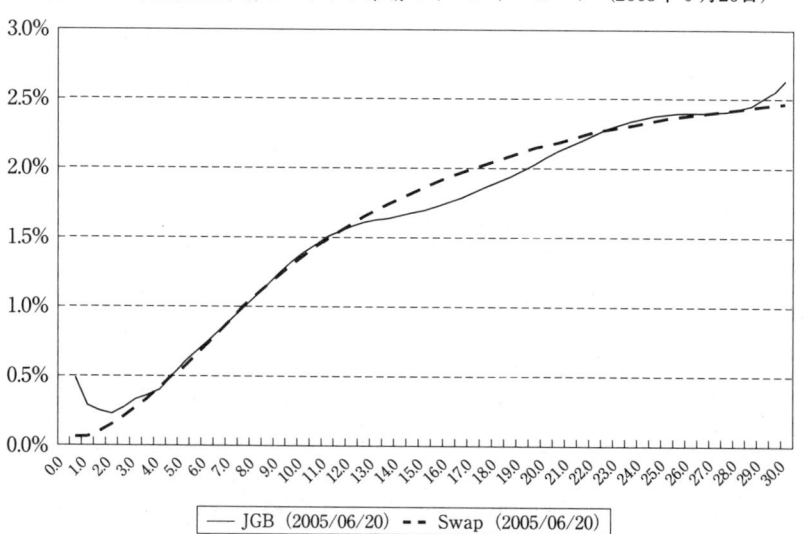

第11章　日本における公社債流通市場の近年の特徴　211

図11-15　国債流通市場とスワップ市場のイールド・カーブ（2005年7月20日）

―― JGB（2005/07/20）　- - Swap（2005/07/20）

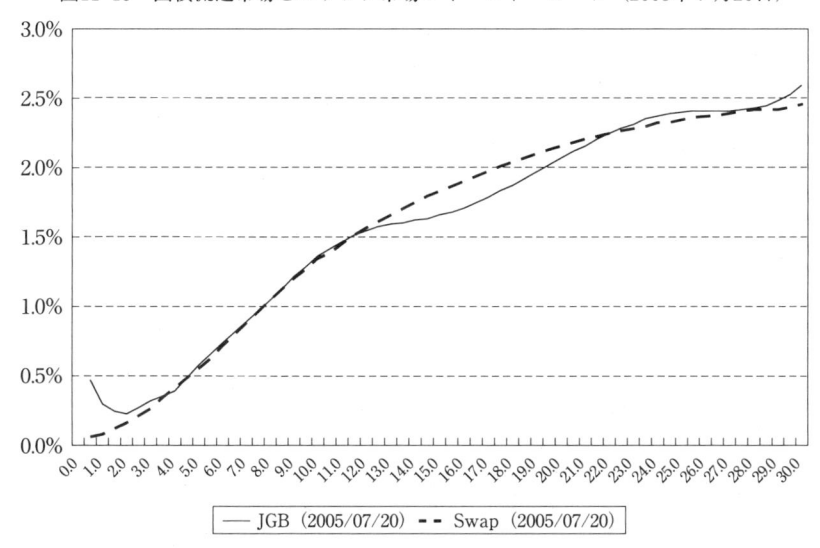

図11-16　国債流通市場とスワップ市場のイールド・カーブ（2005年8月22日）

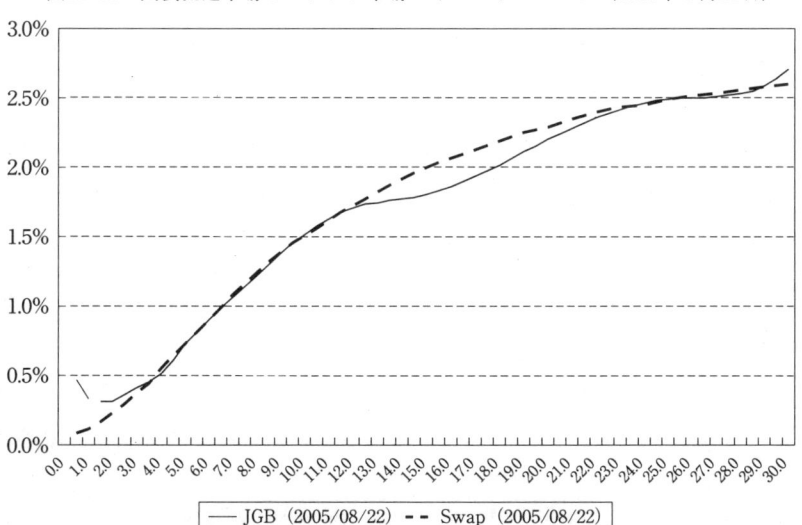

―― JGB（2005/08/22）　- - Swap（2005/08/22）

図11-17　国債流通市場とスワップ市場のイールド・カーブ（2005年9月20日）

――― JGB（2005/09/20）　- - - Swap（2005/09/20）

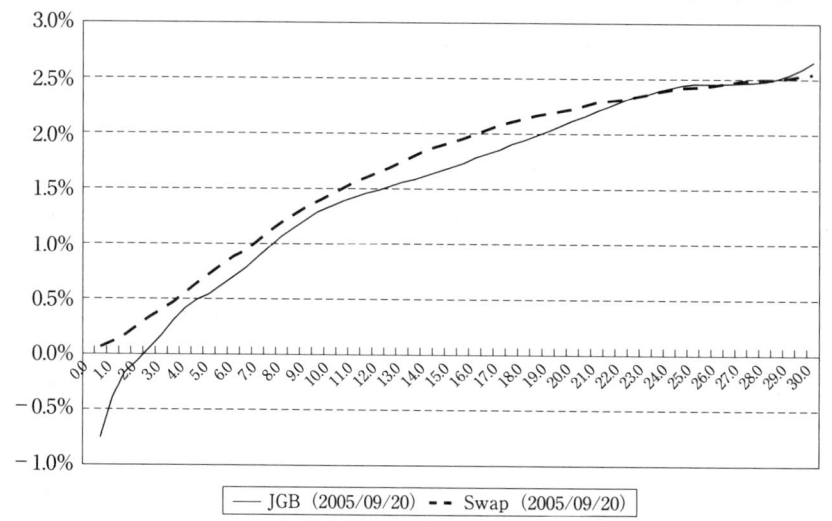

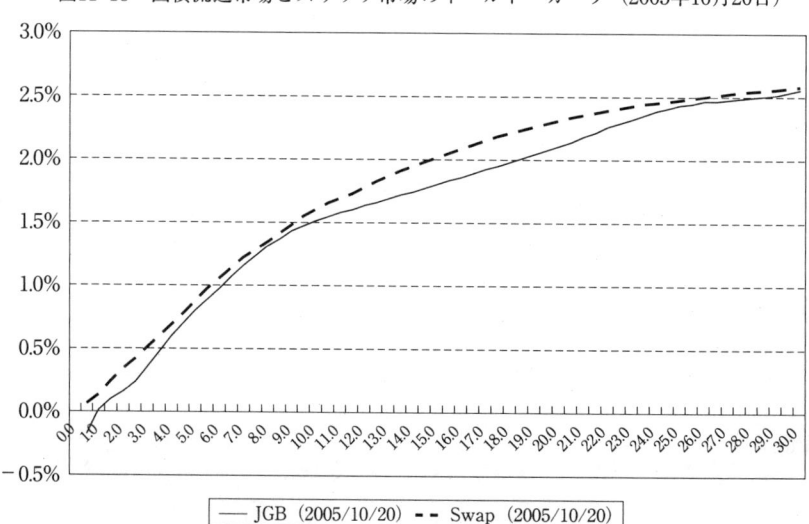

図11-18　国債流通市場とスワップ市場のイールド・カーブ（2005年10月20日）

――― JGB（2005/10/20）　- - - Swap（2005/10/20）

第11章 日本における公社債流通市場の近年の特徴 213

図11-19 国債流通市場とスワップ市場のイールド・カーブ（2005年11月21日）

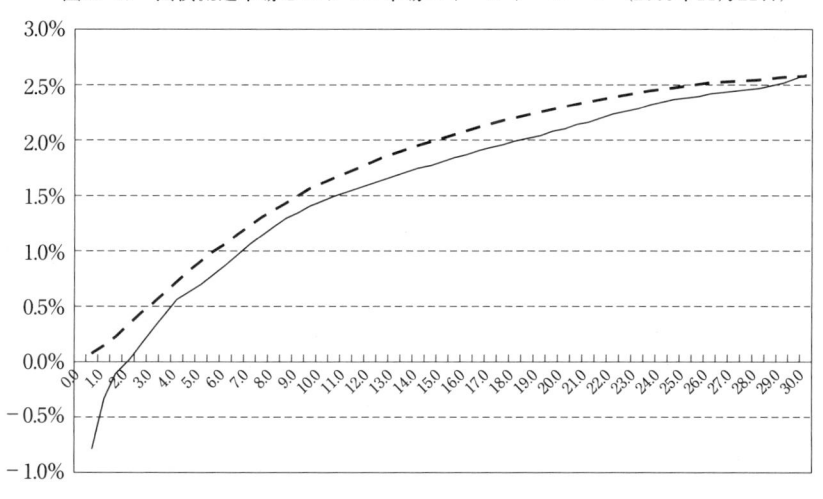

―― JGB（2005/11/21） ---- Swap（2005/11/21）

図11-20 国債流通市場とスワップ市場のイールド・カーブ（2005年12月20日）

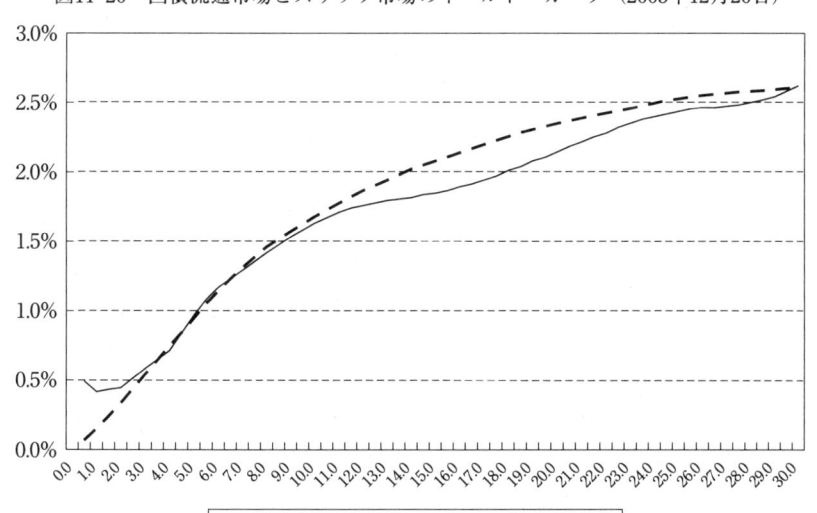

―― JGB（2005/12/20） ---- Swap（2005/12/20）

(2) スプレッド

イールド・カーブ推計結果の活用例として，ここでは簡単にスプレッドの推移を見ておこう．

図11-21は，前節で計測したJGBカーブをもとに推計したJGBパー・レートである．図11-22は，スワップ・スプレッドの推移を示したものである．いずれも，横軸に期間（年）を縦軸には，金利・スプレッドをとったもので，計測時点ごとの期間構造として示している．JGBパー・レートではそれほど特徴的には現れていないが，スワップ・スプレッドを見ると5年を境にそれより短い期間のスプレッドがまったく逆の方向性を示す期間があることがわかる．

(3) LIBORスプレッドの計測

高橋[2005]などでの分析対象を拡張し，2004年1月20日から2005年12月20日まで，毎月20日時点（休日の場合は翌営業日）のデータでの公社債流通市場のLIBORスプレッドの計測を行った[18]．計測にあたって，国内公社債流通市場のデータとしては，日本証券業協会の公表する「公社債店頭売買参考統計値」データのうち，日本格付研究所（JCR）からBBB-以上の格付を得ている銘柄と長期国債（以下JGBと略記する）を対象とする．分析対象とした格付等の分類ごとの銘柄数は，表11-1の通りである[19]．

こうした推計結果のうち，1月20日と12月20日のものを格付ごとにグラフにまとめておいた．グラフでは横軸に残存年数を，縦軸にLIBORスプレッドをとり，各債券のLIBORスプレッドをプロットしている．2004年1月20日時点のデータの結果が図11-23～図11-33へ，2004年12月20日時点のデータの結果が図11-34～図11-44へ示されている．

第11章 日本における公社債流通市場の近年の特徴 215

図11-21 JGBパー・レートの推移

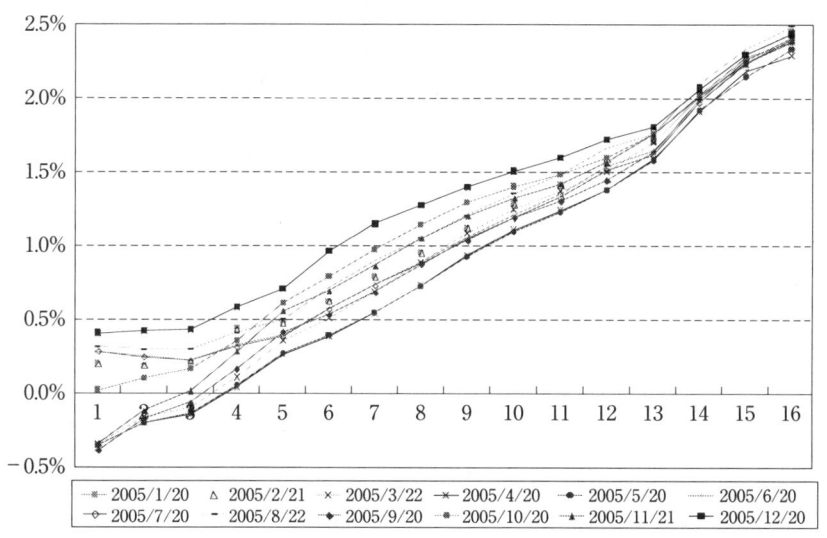

図11-22 スワップ・スプレッドの推移

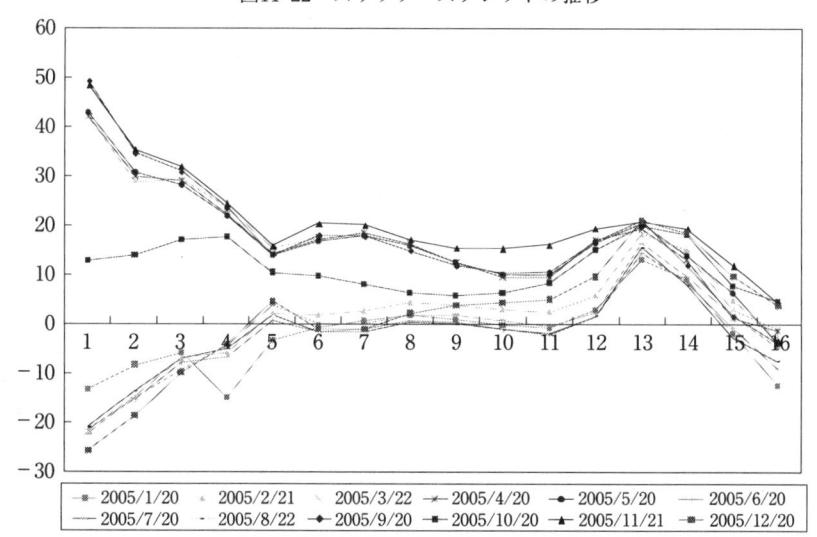

表11-1 分類ごとの銘柄数

分類	1/20	2/20	3/22	4/20	5/20	6/21	7/20	8/20	9/21	10/20	11/22	12/20
JGB	89	89	88	89	90	88	89	90	88	89	90	88
AAA	221	221	221	219	214	217	216	218	218	221	221	220
AA+	29	30	30	30	30	30	30	30	23	22	22	22
AA	46	46	45	48	47	47	47	47	57	56	65	54
AA−	72	73	72	82	80	83	82	82	82	116	107	105
A+	264	261	260	254	258	257	188	188	192	157	174	173
A	228	222	223	220	198	203	200	198	202	245	242	250
A−	144	151	151	146	143	146	142	145	144	114	103	99
BBB+	141	142	139	139	139	139	141	142	140	123	121	147
BBB	82	82	82	81	79	79	77	75	75	74	73	47
BBB−	36	38	36	30	30	30	25	26	26	26	26	27
計	1,352	1,355	1,347	1,338	1,308	1,319	1,237	1,241	1,247	1,243	1,244	1,232

第11章　日本における公社債流通市場の近年の特徴　217

図11-23　LIBORスプレッド計測結果（2004/1/20）JGB

LIBOR Spread

◆ JGB（2004/01/20）

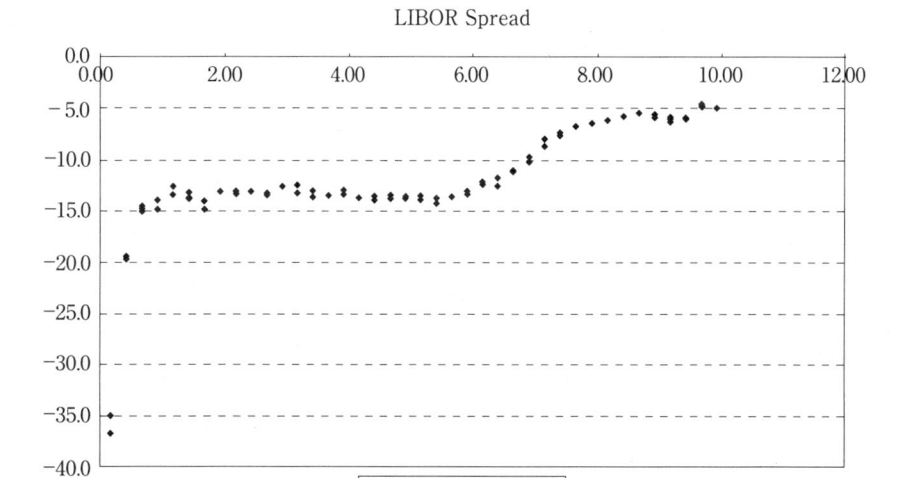

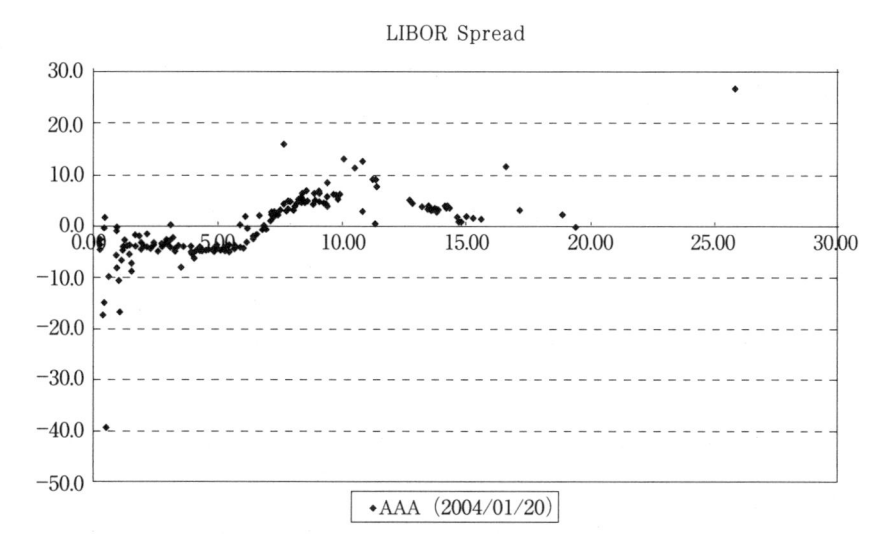

図11-24　LIBORスプレッド計測結果（2004/1/20）AAA

LIBOR Spread

◆ AAA（2004/01/20）

図11-25　LIBORスプレッド計測結果（2004/1/20）AA+

LIBOR Spread

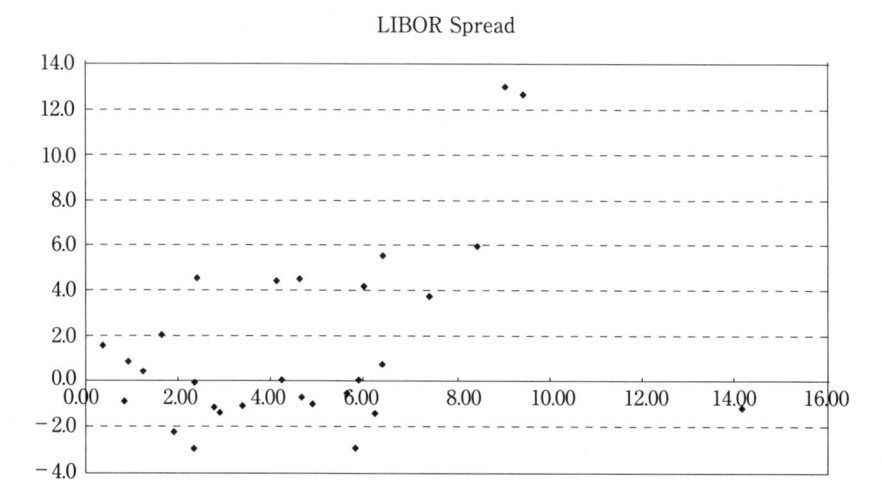

図11-26　LIBORスプレッド計測結果（2004/1/20）AA

LIBOR Spread

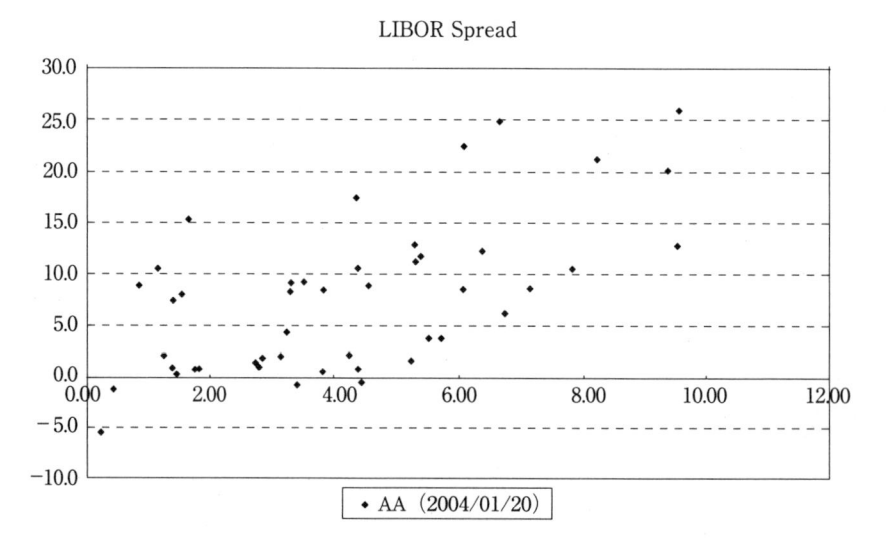

第11章　日本における公社債流通市場の近年の特徴　219

図11-27　LIBOR スプレッド計測結果（2004/1/20）AA−

LIBOR Spread

● AA−（2004/01/20）

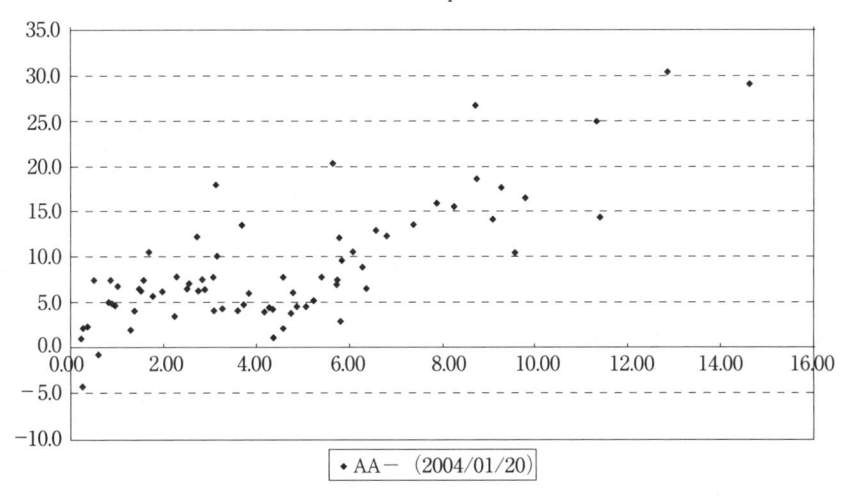

図11-28　LIBOR スプレッド計測結果（2004/1/20）A+

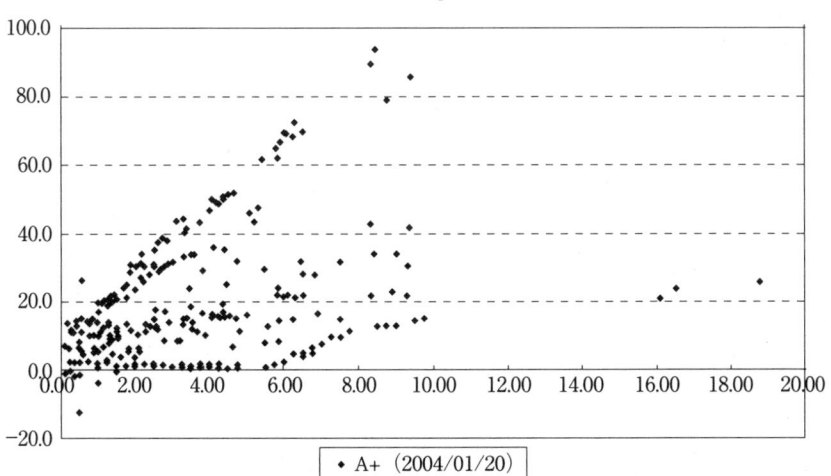

LIBOR Spread

● A+（2004/01/20）

図11-29　LIBOR スプレッド計測結果（2004/1/20）A

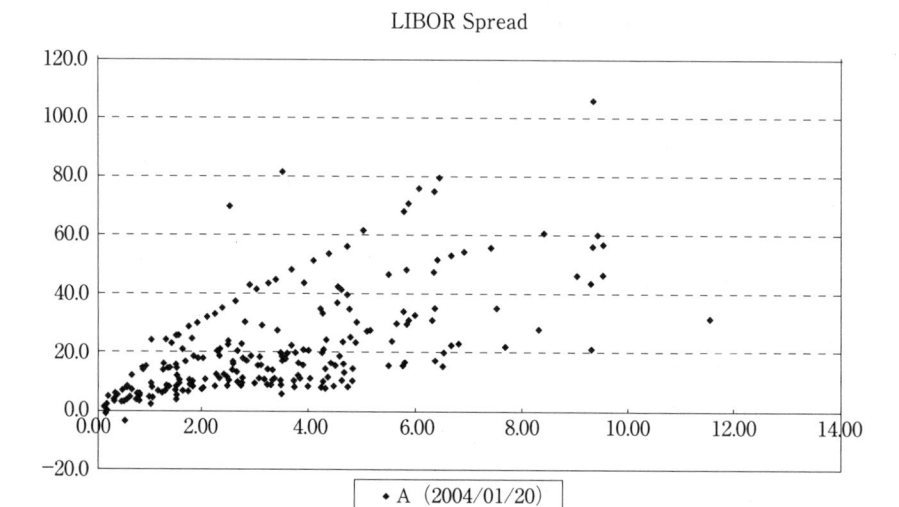

図11-30　LIBOR スプレッド計測結果（2004/1/20）A−

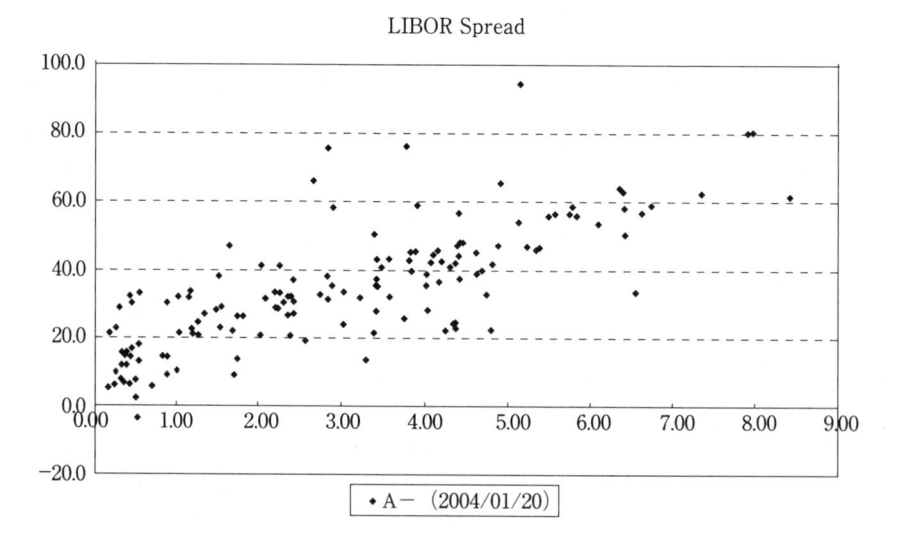

第11章　日本における公社債流通市場の近年の特徴　221

図11-31　LIBOR スプレッド計測結果（2004/1/20）BBB+

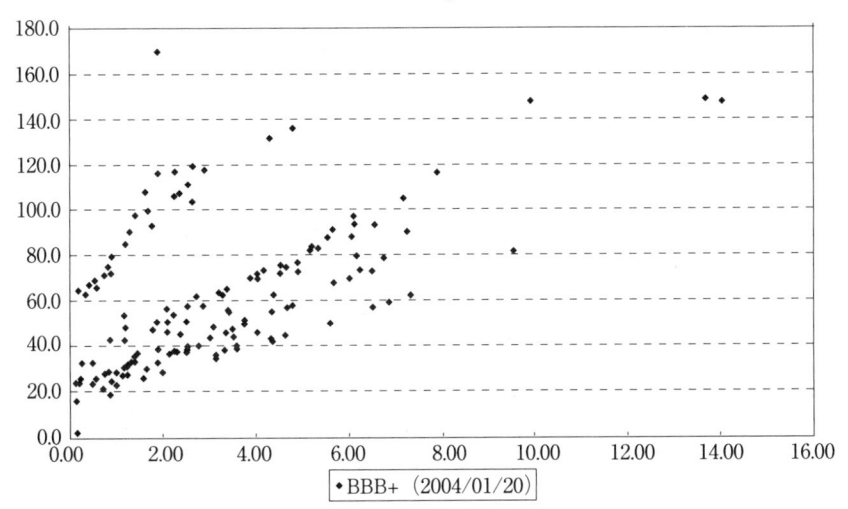

BBB+（2004/01/20）

図11-32　LIBOR スプレッド計測結果（2004/1/20）BBB

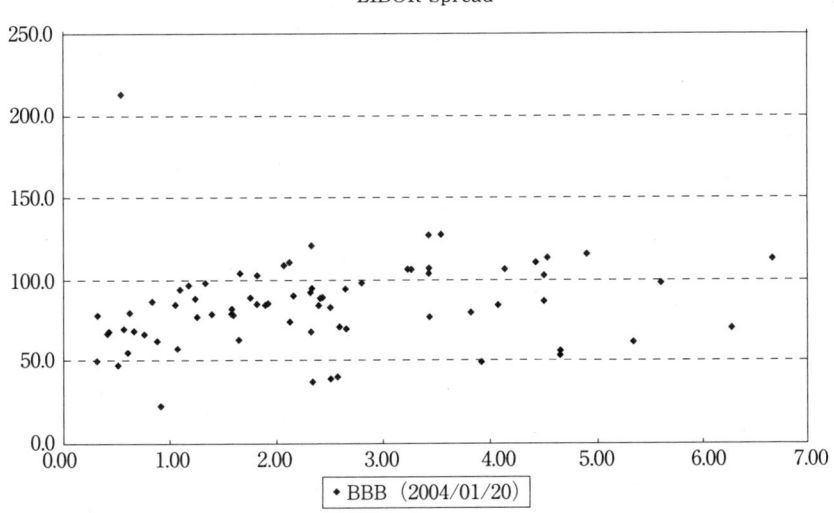

BBB（2004/01/20）

図11-33 LIBOR スプレッド計測結果（2004/1/20）BBB−

LIBOR Spread

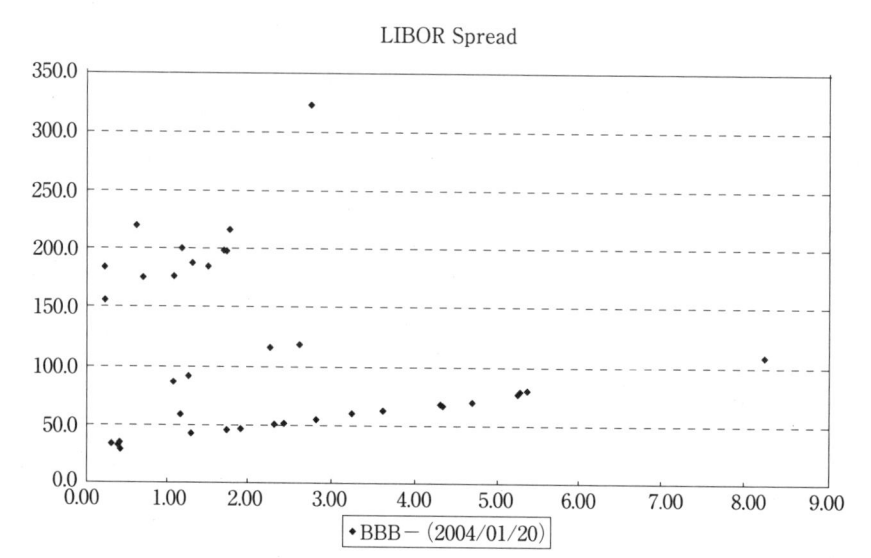

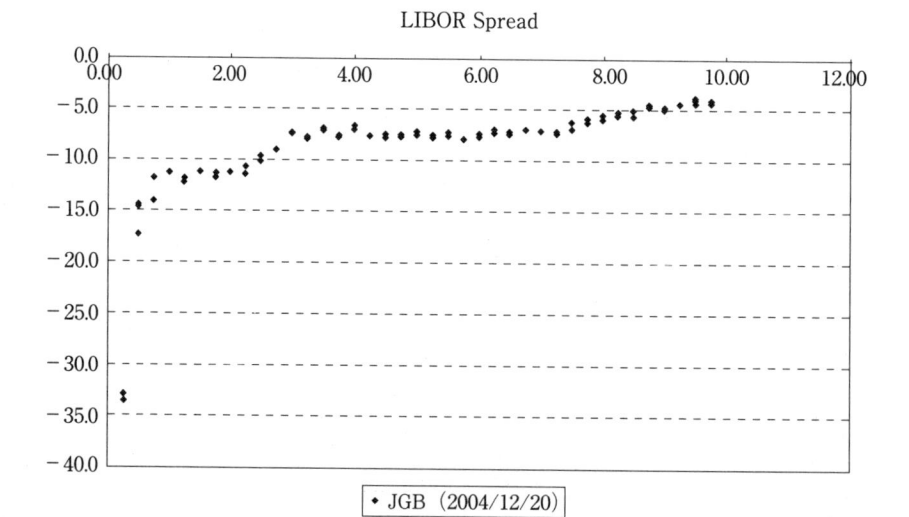

♦ BBB−（2004/01/20）

図11-34 LIBOR スプレッド計測結果（2004/12/20）JGB

LIBOR Spread

♦ JGB（2004/12/20）

第11章　日本における公社債流通市場の近年の特徴　223

図11-35　LIBORスプレッド計測結果（2004/12/20）AAA

LIBOR Spread

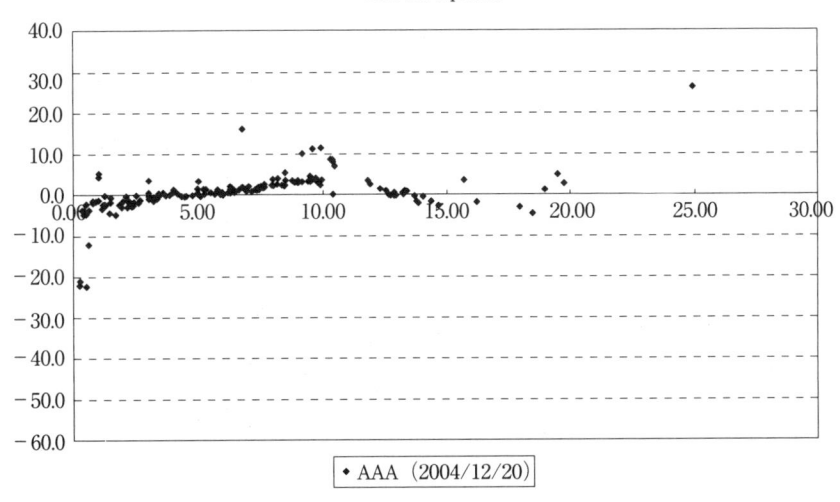

◆ AAA（2004/12/20）

図11-36　LIBORスプレッド計測結果（2004/12/20）AA+

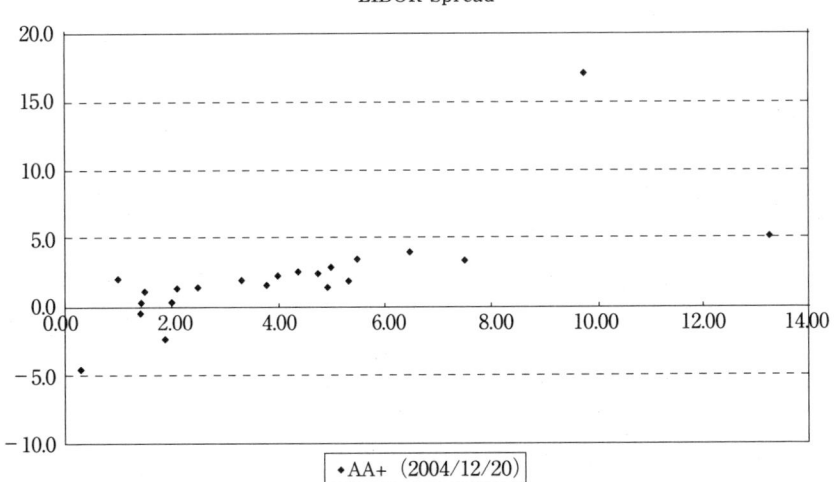

LIBOR Spread

◆ AA+（2004/12/20）

図11-37　LIBOR スプレッド計測結果（2004/12/20）AA

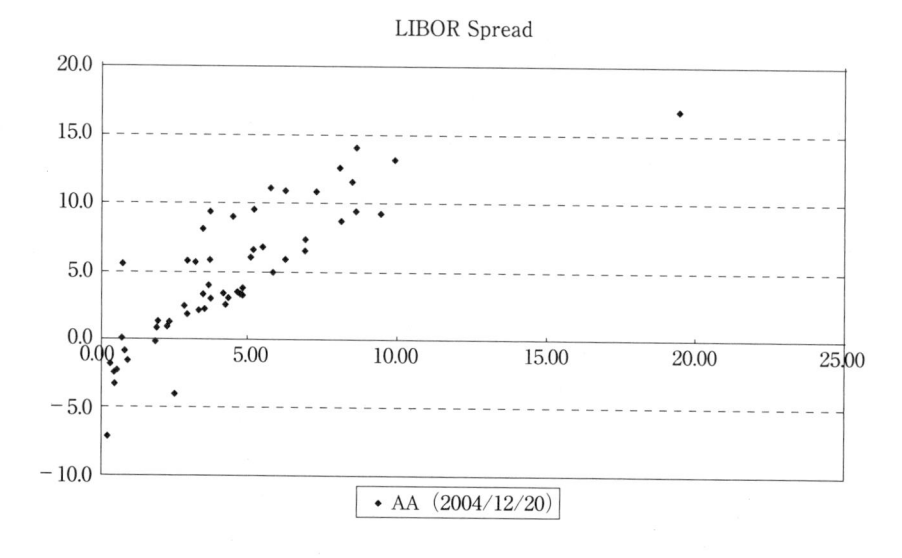

図11-38　LIBOR スプレッド計測結果（2004/12/20）AA－

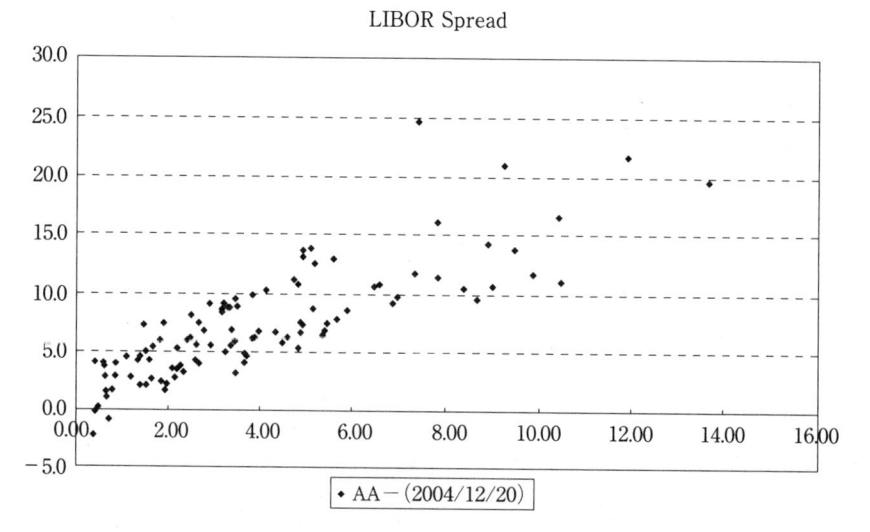

第11章 日本における公社債流通市場の近年の特徴 225

図11-39 LIBOR スプレッド計測結果（2004/12/20）A+

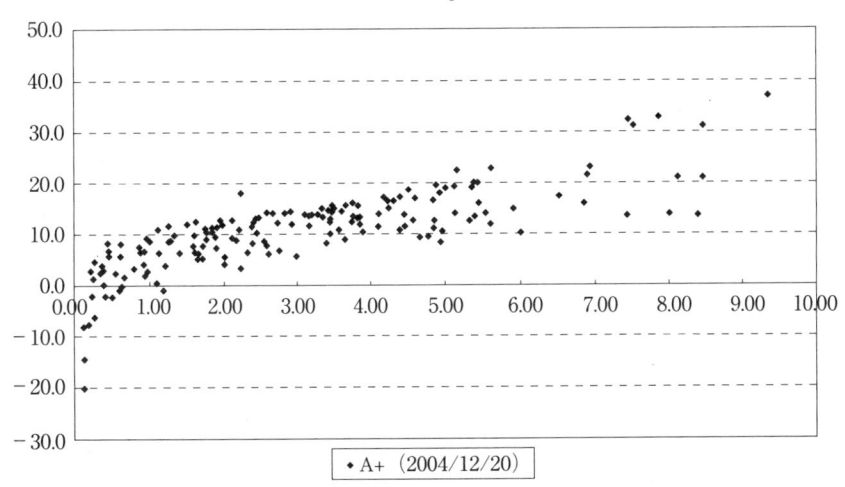

図11-40 LIBOR スプレッド計測結果（2004/12/20）A

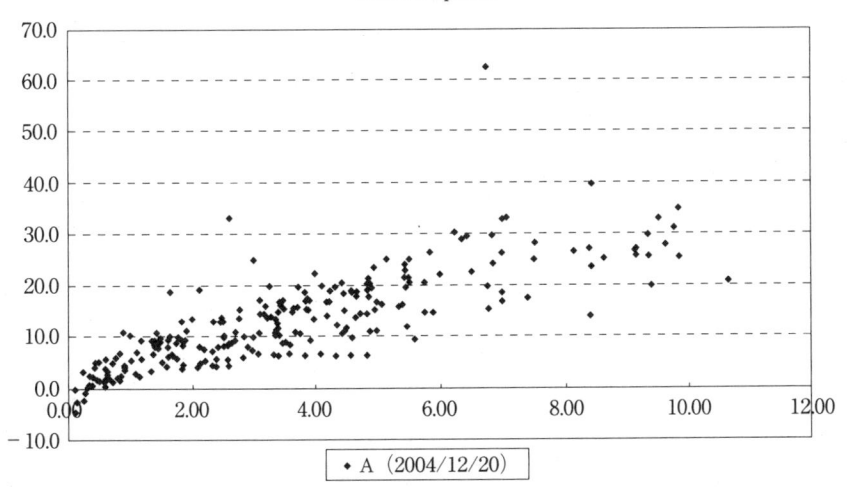

図11-41　LIBORスプレッド計測結果（2004/12/20）A−

LIBOR Spread

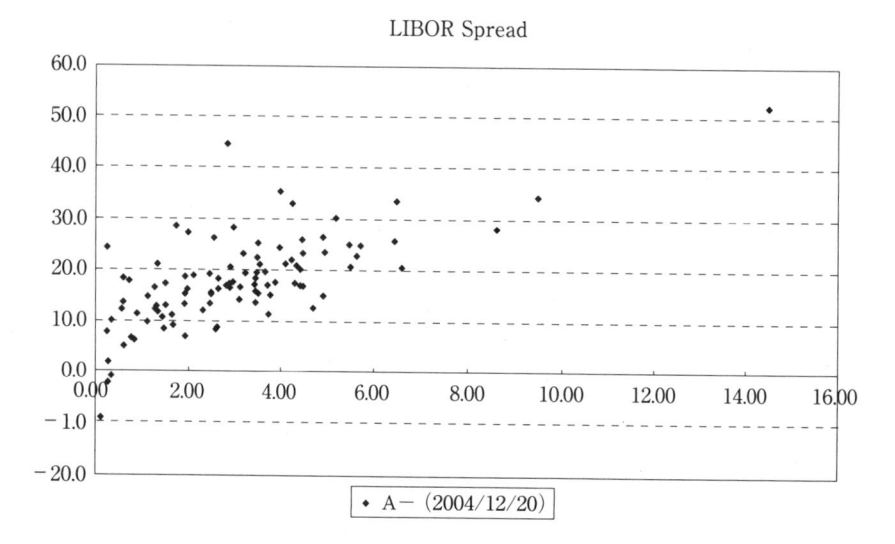

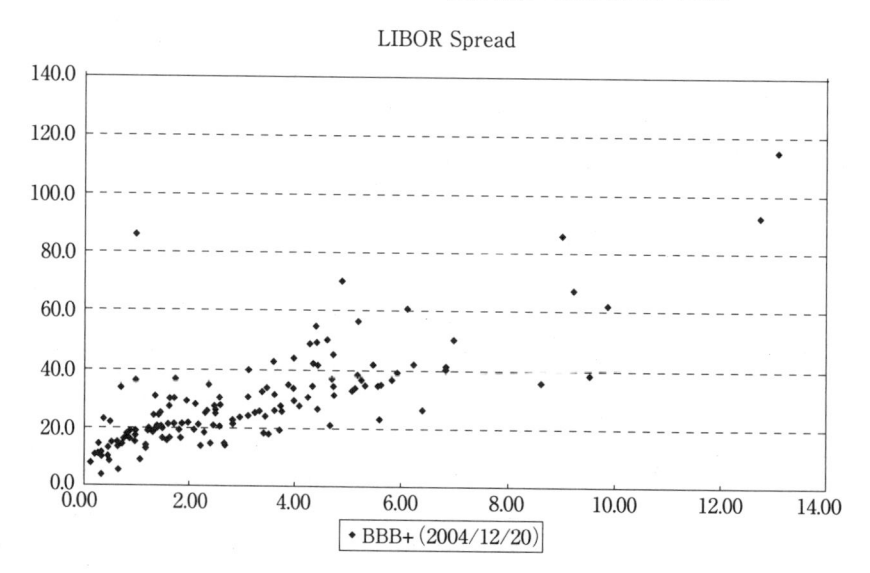

◆ A−（2004/12/20）

図11-42　LIBORスプレッド計測結果（2004/12/20）BBB+

LIBOR Spread

◆ BBB+（2004/12/20）

第11章 日本における公社債流通市場の近年の特徴 227

図11-43 LIBORスプレッド計測結果（2004/12/20）BBB

LIBOR Spread

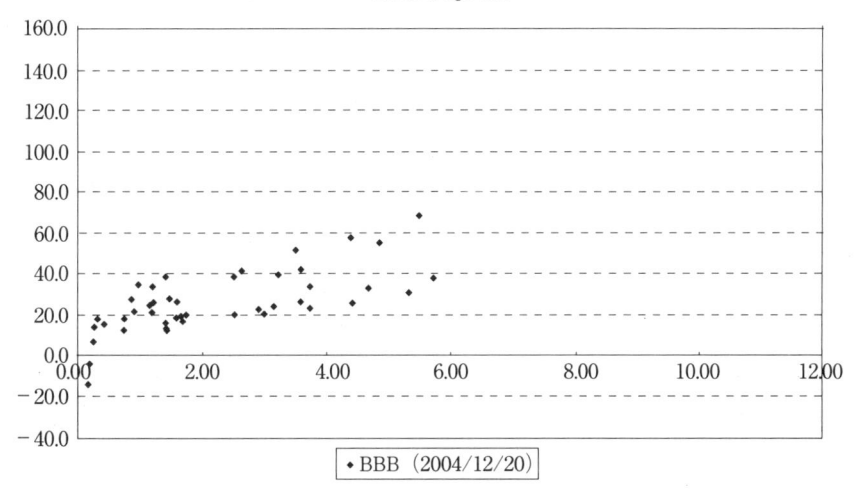

◆ BBB（2004/12/20）

図11-44 LIBORスプレッド計測結果（2004/12/20）BBB−

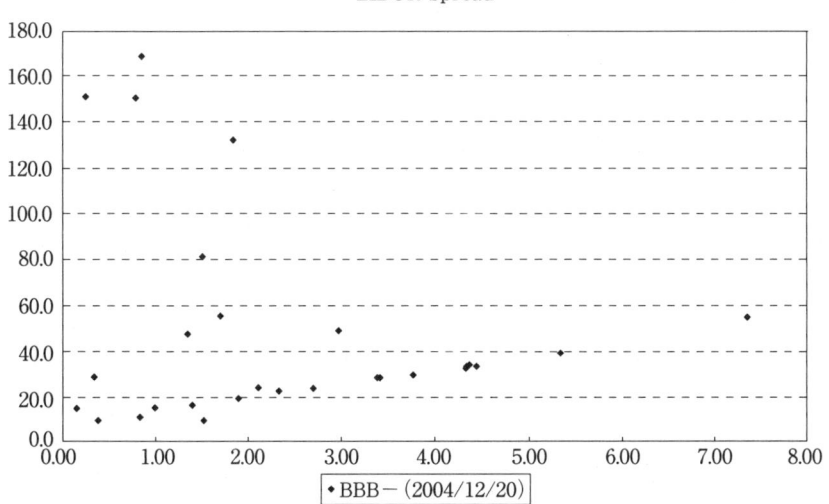

LIBOR Spread

◆ BBB−（2004/12/20）

図11-45　LIBOR スプレッド計測結果（2005/01/20）JGB

LIBOR Spread

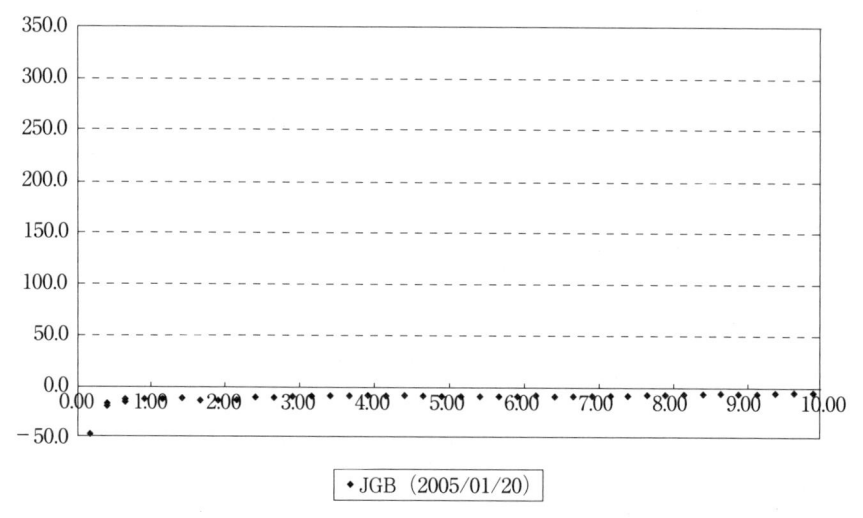

・JGB（2005/01/20）

図11-46　LIBOR スプレッド計測結果（2005/01/20）AAA

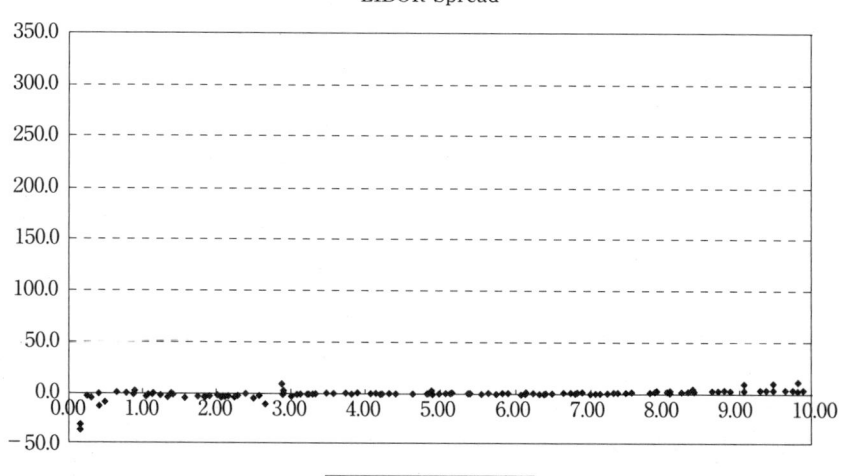

LIBOR Spread

・AAA（2005/01/20）

図11-47　LIBOR スプレッド計測結果（2005/01/20）AA+

LIBOR Spread

◆ AA+（2005/01/20）

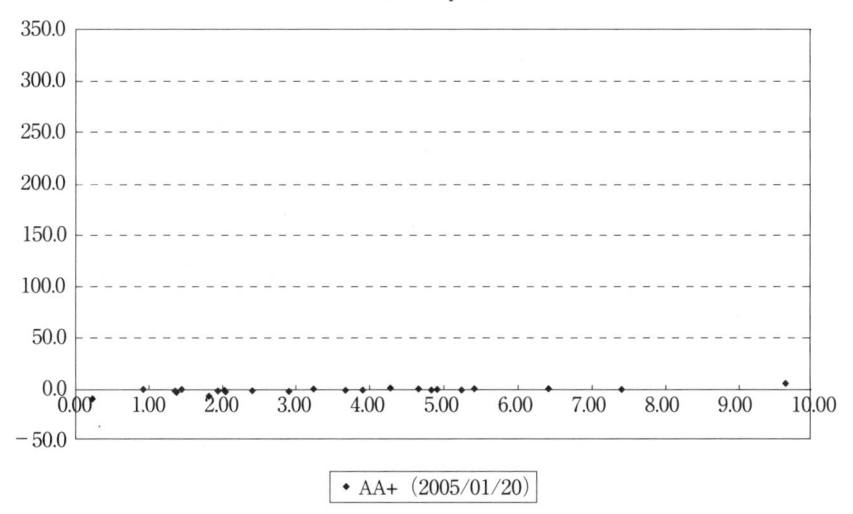

図11-48　LIBOR スプレッド計測結果（2005/01/20）AA

LIBOR Spread

◆ AA（2005/01/20）

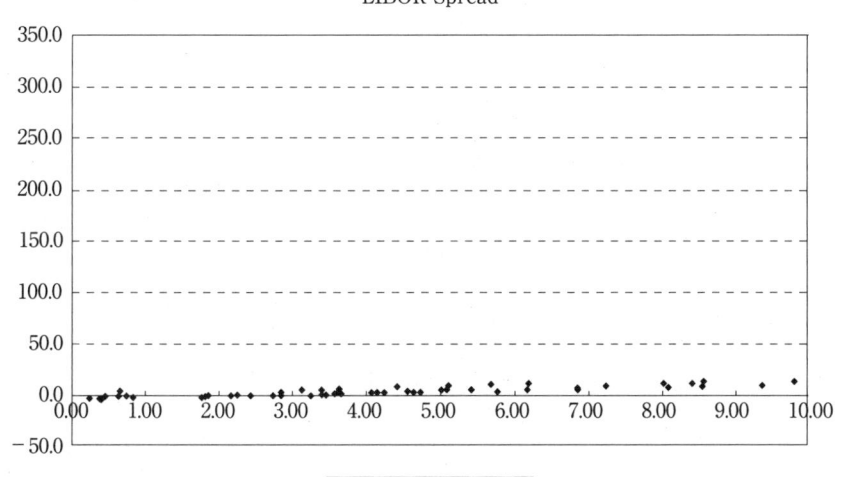

230

図11-49　LIBOR スプレッド計測結果（2005/01/20）AA−

LIBOR Spread

・AA−（2005/01/20）

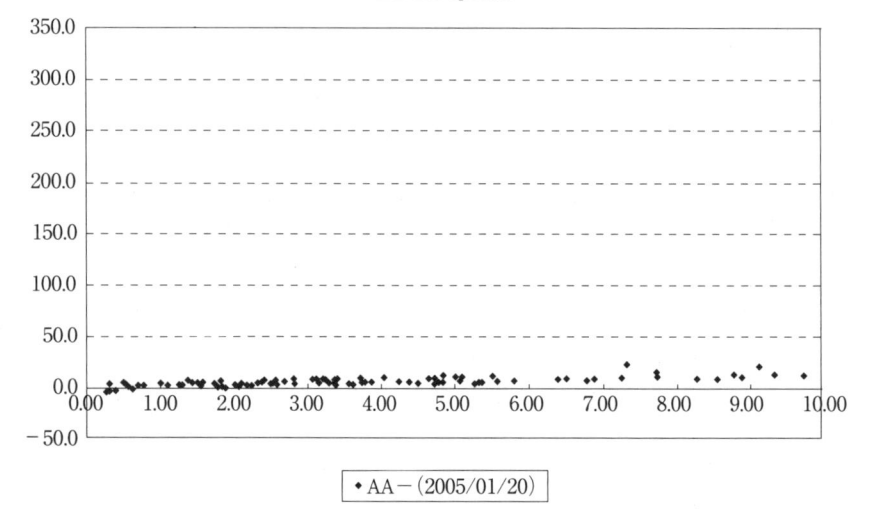

図11-50　LIBOR スプレッド計測結果（2005/01/20）A+

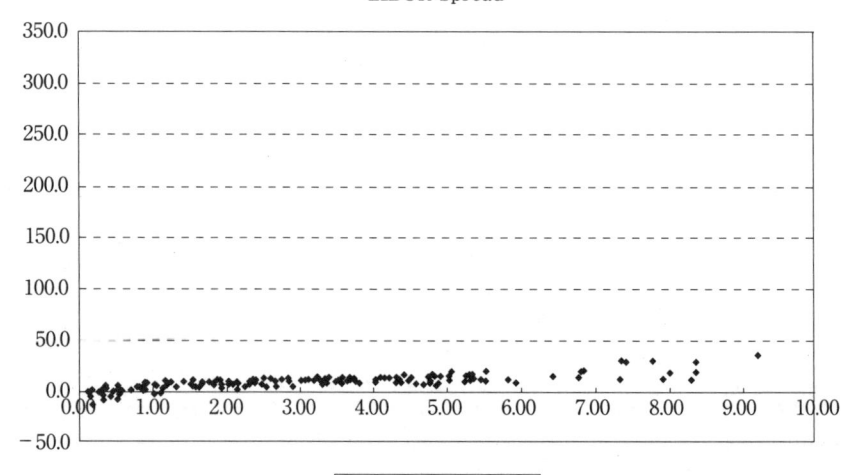

LIBOR Spread

・A+（2005/01/20）

第11章 日本における公社債流通市場の近年の特徴 231

図11-51 LIBOR スプレッド計測結果 (2005/01/20) A

LIBOR Spread

・A (2005/01/20)

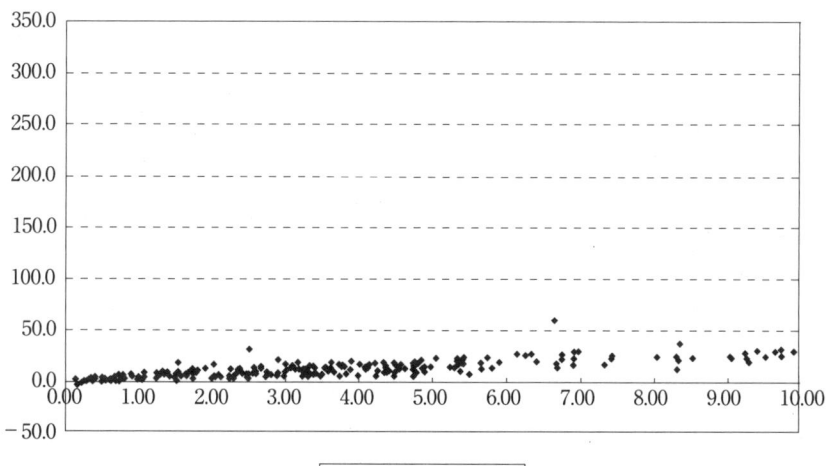

図11-52 LIBOR スプレッド計測結果 (2005/01/20) A－

LIBOR Spread

・A－(2005/01/20)

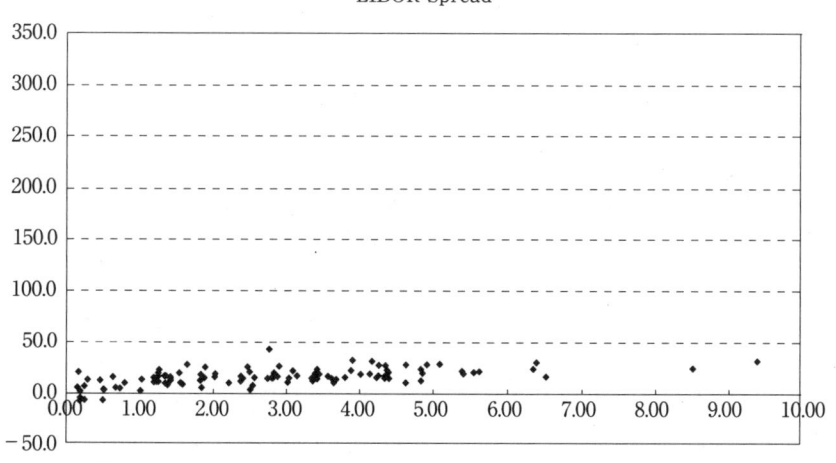

図11-53　LIBOR スプレッド計測結果（2005/01/20）BBB+

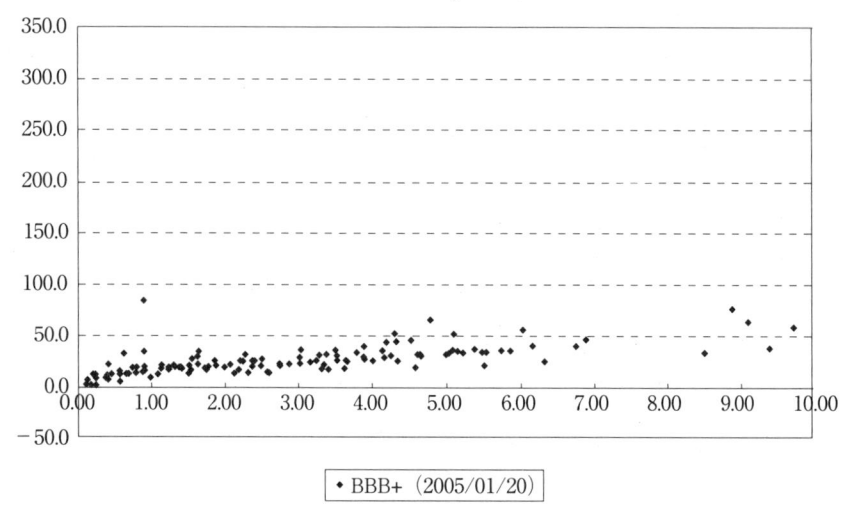

グラフ：LIBOR Spread、BBB+ (2005/01/20)

図11-54　LIBOR スプレッド計測結果（2005/01/20）BBB

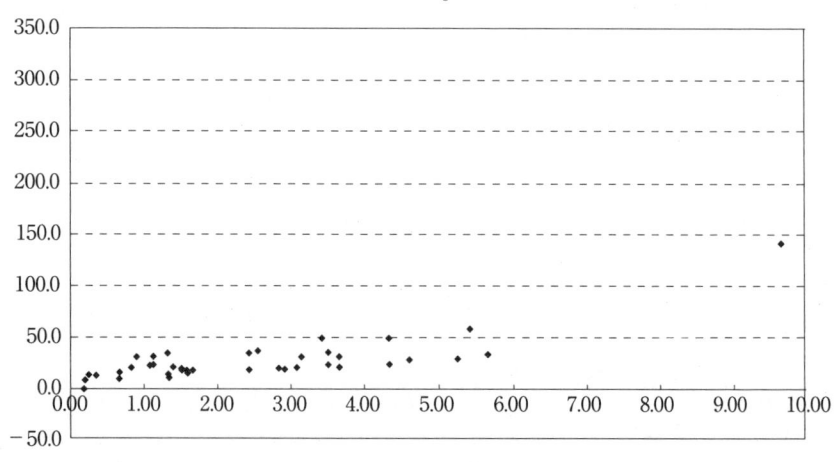

グラフ：LIBOR Spread、BBB (2005/01/20)

図11-55　LIBOR スプレッド計測結果（2005/01/20）BBB－

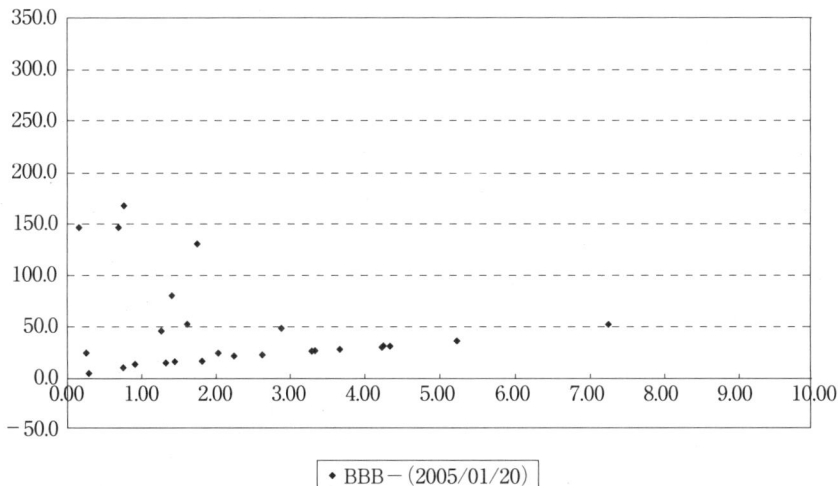

LIBOR Spread

・BBB－（2005/01/20）

　さらに，これらの図の結果を簡単に整理しておいた．図11-23～図11-33の結果は表11-2へ，図11-34～図11-36の結果は表11-3へまとめておいた．グラフからも読みとれるが，表11-2，表11-3で示されているように，格付が低くなるほどLIBORスプレッドは高くなり，いくつかの例外は見られるものの，ばらつき（分散）が大きくなる傾向にあると考えられそうである．

表11-2 LIBORスプレッドの計測結果 (2004/01/20)

格付	平均	標準偏差	最高	最低	高低幅
JGB	−11.5	5.2	−4.6	−36.7	32.2
AAA	−0.7	6.4	−26.6	−39.7	66.3
AA+	1.6	4.0	13.0	−3.0	16.1
AA	7.7	7.4	26.0	−5.4	31.3
AA−	8.8	6.7	30.4	−4.1	34.5
A+	18.9	18.1	93.8	−12.3	106.1
A	21.6	17.8	105.7	−3.1	108.8
A−	34.7	17.9	94.8	−3.5	98.3
BBB+	62.0	31.6	169.1	2.1	167.0
BBB	83.5	26.5	212.5	22.7	189.9
BBB−	111.0	72.5	323.4	30.1	293.4

表11-3 LIBORスプレッドの計測結果 (2004/12/20)

格付	平均	標準偏差	最高	最低	高低幅
JGB	−8.3	4.6	−3.8	−33.5	29.7
AAA	0.4	5.6	26.4	−48.1	74.4
AA+	2.2	3.9	17.0	−4.6	21.5
AA	4.8	5.0	16.7	−7.0	23.7
AA−	7.3	4.7	24.6	−2.1	26.7
A+	10.9	7.6	37.2	−20.2	57.3
A	13.1	8.9	62.6	−4.7	67.3
A−	17.6	8.8	52.0	−9.1	61.1
BBB+	28.3	16.8	114.4	3.7	110.6
BBB	29.6	23.1	149.2	−13.5	162.7
BBB−	48.9	46.5	169.1	9.8	159.3

第11章 日本における公社債流通市場の近年の特徴　235

図11-56　平均LIBORスプレッドの推移（2004～2005年全格付）

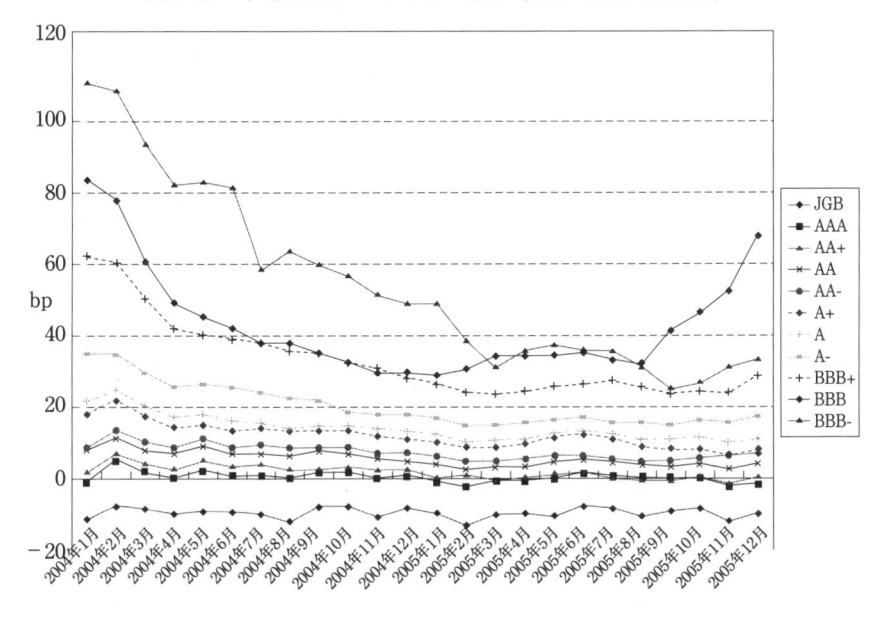

図11-57　平均LIBORスプレッドの推移（2004～2005年 JGB～A－）

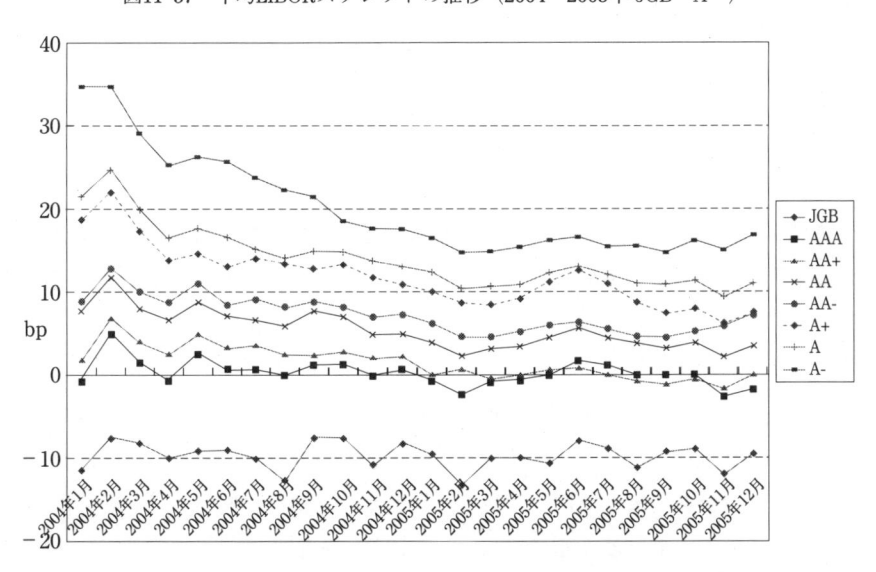

(4) LIBORスプレッドの決定要因

計測されたLIBORスプレッドの決定要因について，より詳細に検討するため，残存年数・直接利回り（直利）・格付（ダミー）を説明変数としたクロス・セクションでの回帰分析を試みた．

まず，予想される符号条件を考えてみよう．残存年数に関しては，前述の通り残存期間が長いほど，同じ企業が発行する社債であっても信用力が低くなる可能性があるため，投資家はそれだけ高い収益性を求めるであろう．この考え方に従えば，残存年数が長いほどLIBORスプレッドは高くなるはずであり，回帰係数の符号はプラスとなると予想される．直利に関しては，利率は同じ時期に発行される債券については，信用力が低いほどあるいは償還期間が長いほど高く設定されるのが一般的である．この利率と現在の債券価格から計算される（キャピタル・ゲイン部分を除いた）現在の収益率を示すものであるから，直利が高いほどLIBORスプレッドは高くなるはずであり，回帰係数の符号はプラスとなると予想される．格付については，信用力を示す指標であるから，投資家は，格付が低いほどより高い収益率を要求すると考えられる．ここでの分析では，格付をプラス・マイナスのノッチも含めたダミー変数の形で回帰を行なっているため，回帰係数としては，プラスの符号となることが予想される．

表11-4は，各時点での回帰結果を示したものである．表では5％水準で有意な係数に関しては網掛けをして表している．この結果から，直利は1月20日と2月20日のみ有意でプラスの値となっているが，それ以外の時点に関しては有意でなく，符号も一定していない．それ以外の回帰係数に関しては，すべて有意で符号も予想した方向となっている．切片の符号がマイナスなのは，この計測式での基本となっているJGB（残存ゼロ年）のLIBORスプレッドがマイナスであることを示しているもので，納得できる結果であろう．この状態を基準に，残存年数に関してはプラスであるから，LIBORスプレッドと残存年数のグラフは右上がりの曲線として描けることを示している．さらには，各格付ダミーもすべてプラスで有意であり，数値を比較すると格付が低いダミーほど係数の値が大きくなっていることがわかる．ということは，LIBORスプレッドと残

第11章 日本における公社債流通市場の近年の特徴　237

表11-4-1　LIBORスプレッドの回帰分析結果

	切片	残存年数	直利	AAA	AA+	AA	AA−	A+	A	A−	BBB+	BBB	BBB−	$\bar{R}^2$
2004/01/20	−29.46	2.44	250.54	7.84	16.23	22.48	23.75	35.85	38.85	52.13	79.16	101.77	128.96	0.6831
2004/02/20	−27.80	3.39	140.69	8.24	17.27	23.22	23.74	35.56	38.92	49.48	75.22	95.18	125.83	0.6236
2004/03/22	−24.66	2.91	54.94	6.05	14.55	19.70	20.86	30.86	34.46	43.64	64.55	77.22	109.69	0.6046
2004/04/20	−20.88	1.88	56.55	7.19	14.09	18.96	20.57	27.44	30.42	39.31	55.80	64.36	97.32	0.5701
2004/05/20	−22.28	2.42	22.31	8.28	15.87	20.76	21.94	28.09	31.54	40.39	54.69	61.05	98.35	0.5661
2004/06/21	−20.68	1.92	84.21	6.85	14.40	18.58	18.86	25.86	29.42	38.43	52.61	56.39	95.43	0.5601
2004/07/20	−21.73	2.43	−48.57	7.06	15.28	19.64	19.94	29.14	29.51	37.99	53.06	55.07	74.37	0.6474
2004/08/20	−23.67	2.30	−47.99	9.44	17.05	21.41	22.02	30.85	30.81	39.22	53.27	57.33	82.30	0.6159
2004/09/21	−18.58	2.19	−33.79	6.35	13.15	17.71	17.98	25.33	26.29	33.52	47.62	49.31	73.43	0.6212
2004/10/20	−18.63	2.23	−40.94	6.29	13.27	17.01	18.47	25.93	26.54	30.88	44.86	46.97	70.51	0.5888
2004/11/22	−19.76	1.96	−69.44	8.09	14.36	17.36	19.93	26.35	27.51	32.77	45.26	45.79	67.77	0.5857
2004/12/20	−17.48	1.79	−10.80	6.18	12.33	14.37	17.85	23.02	24.38	29.83	40.53	42.81	62.45	0.5876

網掛けは5％水準で有意であることを示す．

表11-4-2 LIBORスプレッドの回帰分析結果

	切片	残存年数	直利	AAA	AA＋	AA	AA－	A＋	A	A－	BBB＋	BBB	BBB－	$\bar{R}^2$
2005/01/20	−17.94	1.65	−28.44	7.14	11.68	14.79	18.49	23.51	24.86	30.26	40.18	42.64	63.20	0.5974
2005/02/21	−18.46	1.28	−77.05	9.24	14.87	16.37	19.42	24.31	25.33	30.72	39.91	47.06	55.51	0.5639
2005/03/22	−18.42	1.77	−54.02	6.54	10.72	14.47	17.08	22.32	23.57	28.84	37.04	49.03	46.22	0.5566
2005/04/20	−17.64	1.61	−43.02	7.27	12.93	14.47	17.48	22.51	23.38	29.02	37.69	47.85	50.52	0.5511
2005/05/20	−18.68	1.72	−66.99	8.45	14.76	16.53	18.93	25.54	25.72	30.65	40.39	49.53	53.14	0.5591
2005/06/20	−16.85	1.76	−34.03	7.13	13.05	15.00	17.02	24.31	23.93	28.74	38.10	47.31	49.29	0.5591
2005/07/20	−18.26	1.90	−37.75	7.33	13.39	14.99	17.10	23.84	24.04	28.76	40.45	46.89	50.20	0.5545
2005/08/22	−18.93	1.62	−47.61	8.66	14.13	16.80	17.94	22.55	24.61	30.14	40.39	46.93	47.94	0.5397
2005/09/20	−17.93	1.72	−37.90	6.98	12.51	14.60	16.57	20.08	23.23	28.05	37.20	54.91	39.78	0.5677
2005/10/20	−18.20	1.78	−4.53	6.71	12.94	15.65	16.31	19.98	22.99	28.89	37.35	58.95	40.34	0.5779
2005/11/21	−20.34	1.43	43.03	7.50	14.06	16.74	20.56	20.75	24.07	30.20	38.71	66.97	46.83	0.5206
2005/12/20	−20.18	1.30	221.27	6.04	13.31	15.89	20.00	20.37	23.01	29.69	41.09	79.75	46.07	0.4249

網掛けは5％水準で有意であることを示す．

存年数の右上がりのグラフが，格付ごとに（低格付ほど）上方にシフトした形で描けるということになる．これらの回帰結果は，先に見た図 11-26 ～図 11-31 や図 11-34 ～図 11-36 の結果から予想した通りである．一方，直利に関しては当初は有意でプラスであったものの 3 月 22 日以降の推計結果に関しては有意でなくなり，当初はプラスであったものが 7 月 20 日以降はマイナスの符号（有意ではない）となっている．これは，かつて言われていた投資家の直利志向が，2004 年 2 月ころまでは認められたものの，弱まってきていることを示すものかもしれない．

7．おわりに

本章では，公社債流通市場でのイールド・カーブ計測を主眼として，2005 年 1 月から 12 月の各 20 日時点（休日の場合は翌営業日）における，国債流通市場のイールド・カーブの計測を試みた．また，その結果と比較するため，同じ時点でのスワップ市場でのイールド・カーブも計測した．その結果，おおむね国債市場のイールド・カーブはスワップ市場のイールド・カーブより低い水準になっているが，短期，超長期の期間では逆転するという傾向が観察される時点が多く，予想と反した結果になってしまった．また，スワップ市場でのイールド・カーブに比べ国債市場で計測されたイールド・カーブは，特に 2 年以下の短期期間で非常に不安定であることが示されている．

イールド・カーブ計測結果の活用として，市場参加者の企業価値評価の状況を知るため，スワップ市場情報を利用して債券の評価を行なう LIBOR スプレッドと呼ばれるアイデアを紹介し，それを債券流通市場「全体」としての特徴を明らかにするために活用した．この結果から，この計測式での基本となっている JGB（残存ゼロ年）の LIBOR スプレッドがマイナスであり，さらにそこから LIBOR スプレッドと残存年数のグラフは右上がりの曲線として描けることを示している．さらには，LIBOR スプレッドと残存年数の右上がりのグラフが，格付ごとに（低格付ほど）上方にシフトした形で描けるということになる．一方で

従来言われていた投資家の直利志向が，2004年2月ころを境に弱まってきている可能性が示されている．

今回のLIBORスプレッドの計測結果は，主として残存年数，格付との関連で整理したが，グラフを見る限り同じ格付の中でもより詳細に見るといくつかのグループに分けて考えられそうである．この点をさらに個別の銘柄レベルでの検証を行うことも，市場参加者がどのように企業価値を評価しているのかを知るためには重要であろう．こうした点は，今後の課題としたい．

(2007年2月15日脱稿)

---

*本章は，高橋［2005］，高橋［2006］をもとに加筆修正を加えたものであり，中央大学特定課題研究費，石井記念証券研究振興財団から助成を受けた研究成果の一部である．

1) ここで，イールド・カーブの計測という用語は，ターム・ストラクチャー構築，ディスカウント・ファクター推計などといった概念と対になるものである．
2) 本章でのイールド・スプレッドという用語は，株式の収益率と債券の利回りのスプレッドという狭義のものではなく，スワップ・スプレッド，LIBORスプレッドなども含むより広範な概念として用いている．
3) 日本証券業協会website http://www.jsda.or.jp/html/toukei/index.html のデータ．
4) ここで，t_j は，基準日（受渡日）から当該債券の j 番目 $(j = 1, 2, ..., n)$ の利払日までの日数，$d(t)$ は基準日から t 日のディスカウント・ファクターである．
5) 「クーポン・ストリッピング」は高橋琢磨［1988］第3章で，「逐次代入方式」は小峰ほか［1989］で言及されている呼び名である．
6) この点に関して，小峰ほか［1989］(p. 19) では，「また，実際には同じ満期日の銘柄が複数あるケースは希であり，推計値の個数の割にデータの個数が少ないという計算上の問題点もある．」と指摘している．前者に関しては，現時点では同じ満期日の銘柄が複数あるケースの方が，むしろ一般的であろう．
7) さらに，パラメータ数とデータ数との相対的な関係だけでなく，パラメータの絶対数が多いという問題もある．例えばMicrosoft Excel®で簡単に検証しようと試みても，推定するパラメータが多い（説明変数が多い）ため推計できないなどがその典型例である．
8) ここでの手法の，より詳細な解説に関しては，例えば，高橋［2002］を参照のこと．
9) スワップ・レート Sw_i が act/365 の day-count basis であるため関係がわかりにくいが，これが国債等のクーポン・レートと同様のものであれば，(8)式は，

$$\frac{Sw_i}{2}\sum_{j=1}^{n}d(t_{i,j}) = 1 - d(t_{i,j})$$

つまり，

$$\frac{Sw_i}{2}\sum_{j=1}^{n}d(t_{i,j}) + \left(1 + \frac{Sw_i}{2}\right)\cdot d(t_{i,j}) = 1$$

となるから，(1)式と比較すると，額面1，クーポンSw_iのパー・ボンド（par bond：価格が額面に等しい）の評価式となっていることがわかる．

10) 価格がパーの国債のクーポン・レートの代わりに，近似として国債の複利最終利回りを利用することがあるが，その場合もスワップ取引の期間と同じ期間の国債が取引されている訳ではないことには注意が必要である．

11) 「基本的には」と断ったのは，分析対象の債券が年1回利払であれば12か月 LIBOR となるし，次回の利払日までの期間は，6か月より短い（いわゆる odd period）ため，この期間の変動金利は6か月 LIBOR とはならないためである．

12) (1)式における記号は以下の通り．

n：債券iの償還日までの利払回数

$t_{i,j}$：債券iのj番目（$j = 1, 2, ..., n$）の利払日までの日数

C_i：債券iのクーポン

$d(t)$：t日のディスカウント・ファクター

P_i：債券iの時価（裸値，額面100円あたり）

A_i：債券iの評価時点における経過利息

$L_{i,j}$：（債券iのキャッシュ・フローに対応する）区間$[t_{j-1}, t_{j-1}]$の変動金利

a_i：債券iのLIBORスプレッド

13) なお一般には，LIBORスプレッドaは，basis point（0.01%）を単位として表記されることから，最終的には(2)式で推計したaの値を10,000倍して表示するのが一般的である．本稿でも計測結果の表現等では，この表記法に従った．

14) スプラインの節点としては，スワップ取引の期間を参考に，0, 0.5, 1, 2, 3, 4, 5, 7, 10, 12, 15, 20, 25, 30の各年を採用した．

15) ここでのスポット・レートの求め方は，スポット・レート$_0r_n$がact/365のday-count basis表示の場合のものである．

16) 今回の推計結果には含まれていないが，一部参考のため，2年，4年，6年の中期国債の情報も利用した推計ならびに，基準日でのディスカウント・ファクターが1という制約を課した(5)式による計測も試みた．

17) これは，基準日（現在）時点のディスカウント・ファクターに1という制約を課した計測結果の方が，その傾向が強いようである．

18) 市場金利としては，LIBOR は BBA（British Bankers Association）LIBOR を，スワップ・レートは TSR（Tokyo Swap Reference Rate）を利用した．なお，スワッ

プ・レートに関しては，この他にも，ロイター（Reuter）のISDAFIX1やブルームバーグ（Bloomberg），データストリーム（DataStream），日経NEEDSなどの情報を利用することも可能である．ディスカウント・ファクター推計方法の詳細に関しては，高橋［2002］等を参照のこと．

19）　ただし，クレジット・モニター，依頼を受けない格付の銘柄は除いている．

参 考 文 献

地主敏樹・岡本光技・高橋豊治「金融危機下の金融緩和：1991年のFOMC」『国民経済雑誌』第189巻第5号2004年5月．

小峰みどり・山岸正明・松本和幸・二木高志・司淳・長尾知幸・砂川和彦・佐野尚史「わが国債券市場固有の現象と期間構造分析」『ファイナンシャル・レビュー』大蔵省財政金融研究所1989年．

高橋琢磨『現代債券投資分析—スポット・レート革命と金融新商品—』日本経済新聞社1988年．

高橋豊治「スワップ・マーケット情報を利用した国債の評価手法と国債流通市場の特性」『財務管理研究』（財務管理学会）第9号1999年．

─── 「スワップ・マーケット情報を用いた債券流通市場分析」（大野・小川・佐々木・高橋著『環太平洋地域の金融資本市場』第5章）高千穂大学総合研究所TRI01－28　2002年．

─── 「スワップ・マーケット情報を用いた債券流通市場分析」『郵貯資金研究』第12巻2003年．

─── 「公社債流通市場におけるLIBORスプレッドの最近の動向」『商学論纂』（中央大学）第46巻第3号2005年．

─── 「公社債流通市場のイールド・カーブの計測」『企業研究』（中央大学）第9号2006年．

第12章　中国責任保険市場の可能性と課題
―― 日本の経験を参考にして ――

1. はじめに

　責任保険は現代法治社会の産物である．1880年代に欧米諸国では民事侵害賠償に関する法律が制定され始め，これによって責任保険が生まれた．我が国の「民法通則」（1986年）には民事賠償責任に関する規定も盛り込まれている．1979年に，国内保険業務が再開された際，自動車第三者責任保険を除いて，数多くの独立的責任保険が相次いで導入された．しかしその後は発展が見られず，停滞状況にあった．「国十条」（2006年）は責任保険の発展の促進を指示したものであるが，これは中央政府が責任保険に対して特別な関心を持っていることを示している．本章は，我が国の責任保険市場を開拓するに際して，その可能性と直面している諸課題を分析し，日本の責任保険の発展プロセスにおける有益な経験を参考にしながら，我が国の責任保険が進むべき合理的な道筋を探求することを目的としている．

2. 責任保険の発展の可能性

(1) 責任保険は現代法治社会の産物である

　一般に，保険対象を分類の基準とすると，保険商品市場は以下の4種類に分けることができる．すなわち財産保険，人身保険，責任保険および信用・保証保険．これらのうち，信用保険は政策性のある保険（輸出信用保険）に見られる場合が多く，一方，保証保険は事実上一種の「担保行為」とみなされている．

たとえば契約履行（保証）保険，商品品質保証保険（商品責任保険とは異なる）であり，したがって，保証保険は真の意味での保険とは言い得ない．

人類社会のリスク管理に対する認識の順序は，財産のリスク管理，生命のリスク管理および民事法律責任のリスク管理，という順番とされている．

この三つの順序に対応して，保険市場における商品の発展もおおよそ三段階に分けられる．第一段階は海上・火災保険（水・火保険），第二段階は生命保険，第三段階は責任保険である．この第三段階は現代法治社会が成熟しつつあることの保険商品における反映である．

現代の民法と民商法は，民事侵害行為に対する経済賠償責任ないし無過失責任（過失責任なし）という規定を設けており，これをもって被害者の法律による救済と合理的な経済賠償を保証し，社会の公正と正義を実現する．

社会主体（国民，法人及び政府機関を含む）は，社会生活，生産・経営あるいは社会管理などの活動において常に権利を侵害するという問題遭遇する可能性がある．したがって，民事経済賠償責任を完全には避け難いことから，結論として我々は自身の民事賠償責任上のリスク管理を行わなければならないのである．

リスク管理の側面から見れば，保険はリスク管理における財務的対応手段の一つとなっている．どんなに予測できない損失でも，リスク・損失分散制度という保険の条件を満たせば，保険料支払いという方式を通して，リスク・損失を保険者へ転嫁することができる．そして保険加入者は保険市場から財務的資源の賠償を獲得する．「保険法」の第50条第2項によると，「責任保険とは，保険加入者から第三者への法に定められた賠償責任を保険目的とする保険である」．つまり，この条項は，民事主体は突発的な民事賠償責任に対する保険加入利益を有し，それゆえ，これを保険契約として締結することによってその責任を保険会社へ転嫁できることを規定したものである．

現代法治社会は，社会主体の権益を守る意志や国家の法律意識を強化する．法は社会主体の権利の訴求であり，法律はそれを国家意志レベルにまで上昇させた権利の訴求に他ならない．当然のことながら，国民の権利を守る意志は国家の相応的な法律規範を前提にし，さらに国全体の法律の変革と改善を促すも

のでなければならない．つまり，社会主体の守権意識と国家の法律意志の間には相関性が見られる．

(2) 責任保険に関する法律環境は整備されつつある

現在，我が国には既に強制責任保険に関する法律と法令が多数存在している．

法律の形になっているのは，「海洋環境保護法」（第66条．国が船舶の油汚染損害民事賠償責任制度を整備し実施する．船舶の油汚染による損害賠償責任は船主と荷主との共同責任原則に基づき，船舶の油汚染保険，その損害賠償基金制度について定める．船舶の油汚染保険の実施，油汚染損害賠償基金制度に関する具体的方法については国務院に委ねられている），「石炭法」（第44条．石炭企業は石炭の採掘従業員に傷害保険を加入させ，その保険料を支払わなければならない），「建築法」（第48条．建築企業は危険作業に従事する従業員を傷害保険に加入させ，その保険料を支払わなければならない），「道路交通安全法」である．これらの規定は命令式規範のため，船舶による油汚染保険，炭鉱従業員と建築従業員に対する傷害保険および交通強制保険は全て強制保険となっている．

法令の形で存在しているのは，「国内河川交通安全管理条例」，「旅行社管理条例」，「海洋での石油探索と開発に関する環境保護管理条例」，「自動車交通事故責任強制保険条例」などである．

地方法規としては，例えば福建省の建築業者雇用主責任強制保険，北京・上海・深圳の医療責任強制保険，江西省の鉱山業者雇用主責任保険などがある．

これらの強制責任あるいは強制責任保険の創設には一つの共通点がある．それは国家の安全と国民の生命にかかわる重大なリスク内容の存在である．

(3) 責任保険の発展を促す具体的で明確な指導政策

2006年6月の「国十条」第5条の「責任保険の発展に力を入れ，安全生産の保障と突発事件の緊急対応体制を構築し完成させる」の中では，「安全生産責任，建築プロジェクト責任，公衆に対する責任，業務執行責任，取締役責任，環境汚染責任などの保険業務を発展させる．石炭採掘業などの産業では強制責

任保険を試行し，その経験を参考にしながら徐々に危険性の高い産業，公衆の集まる場所，国内外旅行などへ拡大していく．また，危険性の高い業種では安全生産リスク担保金制度を改善し，プロの保険会社を通じた規範的管理と運営を模索する．自動車交通事故責任保険制度をさらに改善する．テストモデルを通じて統一的な医療責任保険を創設する」と，具体的に指摘している．

また，そのほかに，第5条は，「市場運営，政策誘導，政府推進，立法強制」というモデル方式を明確に提示している．

しかし，このモデル方式は実践の段階ではコントロールが容易なものではないと，私は考えている．以下それについて分析する．

「市場運営，政策誘導」は互いに相容れやすいものである．なぜならば，政策による誘導は事実上一種の「福利的誘導」であり，さらにこの誘導はある種の「授権的規範」ともいえるものであるが，それはある行動を行うか行わないかという選択権を人々に授与しているからである．

「政府推進」はどのようになされるのか，その選択肢は2つしかない．すなわち，一つは福利による推進であり，もう一つは立法による強制である．

「市場運営，立法強制」は基本的には相容れないものである．その理由は，立法強制は政府行為であり，命令式の規範であるから，対象主体による積極的な行動が義務付けられる．一方，市場関係の原則は契約自由（授権的規範）である．この理由で，一般的には海外における強制責任保険の種類が少ないが，これらの国では民事賠償責任に対してしばしば懲罰性が含まれている．たとえば米国の製品責任は無過失（絶対的）責任を問うだけでなく，法廷で出された賠償金額は驚くほど高いというケースが多い．だから，保険に加入するのが賢明というわけである．

このように，「市場運営，政策誘導，政府推進，法律強制」という方式を如何に実現するかは大きな学問的課題であり，我々にはさらに勉強と研究が必要である．

(4) 責任保険市場が育む活力に開発の余地

OECDのトップ8カ国（米国，日本，ドイツ，英国，フランス，カナダ，イタリアおよびオーストラリア）では，2001年の運輸手段責任保険を除く普通責任保険の総収入が平均して財産保険収入の8％前後であるのに対し，我が国では僅かに4％でしかなかった．これが2006年では3.74％である．

以上の比較でわかるように，我が国の責任保険市場にはまた発展の余地が広く存在している．もし我が国の2006年の責任保険料収入が財産保険の8％に達していれば，その保険料収入は100億元となるはずであるが，2006年における実際の我が国の責任保険料収入は56.44億元にとどまった．

3．責任保険の発展が直面する課題

(1) 需要と供給が直面する二重の不足問題

まずは，需要不足現象である．これは一連の統計データから説明できる．2001年における責任保険料収入は27.7億元で，2006年には56.44億元となり，年間平均4.8億元増となっている．その間の2003年と2004年はマイナス成長となり，それぞれの成長率はマイナス4.54％とマイナス5.53％であった．

次は，供給不足現象である．我が国の財産保険構造を見ると，その67％が自動車保険料による収入である．これは我が国の保険市場のメインとなっているのは自動車保険であることを意味している．また，自動車保険には第三者責任保険〔日本でいう自賠責保険〕が付随しているので，50-60億元規模の責任保険市場はこのためにさらに厳しい状況に置かれている．

さらに，需要不足と供給不足は相互に抑制しあっている．

『IMI消費行動・生活スタイル年鑑』は，2004年に責任保険についての調査を行った．その内容は，北京で無作為に1,608人を選んで調べたところ，責任保険加入率は10.2％であった．同じ手法で，上海では3,036人，4.5％，広州では809人，12.5％，重慶では407人，1.6％，西安では587人，1.3％であった．これらのデータから得られる結論は，重大な需要不足は責任保険の供給を抑制

しているということである．

　現在，市場にある既存の責任保険商品のうち，自動車第三者保険，製造品責任保険および雇用主責任保険が責任保険業務全体の80％を占めている．公衆責任保険や職業責任保険などは，商品設計の個性化が乏しいため，これらの保険に対する需要は抑制されている．

(2) 自由契約と政府干渉のトレードオフに直面

　責任保険は2種類3タイプに分けられる．2種類というのは商業的責任保険と強制的責任保険を指す．また，強制的責任保険商品はさらに完全強制的商品と半強制的商品に分かれる．このように責任保険は「2種類3タイプ」となっている．

　完全強制的商品と半強制的商品は商業的保険契約方式をとるか否かによって区別される．

　完全強制的保険は，非契約法定保険ともいわれ，その保険関係が法律に基づいて形成され，被保険者は保険加入者との契約が不要とされている．この性質から，これは公共財また準公共財とも呼ばれ，我が国の現在の社会保険がその一例となっている．このタイプの保険にははっきりとした特徴がある．すなわち，政府が設立（或いは指定）した専門機関が取り扱うこと，国家信用によって保証されていること，政策性と非営利性を持つこと，そして保険の空白部分がないことである．

　半強制的保険は，契約法定保険ともいわれる．その保険関係は，法律で定められた被保険人と保険人の間で契約が結ばれて初めて成立し，その性質は商業的保険商品にほかならない．このタイプの保険は，以下のような特徴をもつ．すなわち，商業保険会社が取り扱うこと，営利的であること，法律による規定は保険対象者，最低保険金額および若干の強制事項のみに限定されていること．しかし，その半強制性から，当該保険における空白部分が存在する可能性が極めて高い．

　我が国の「交強険」（自動車第三者責任強制保険）は商業的保険契約方式をとっ

ているものの，実質上強制保険と商業保険の両方の性質を備えている．このように，強制保険性（政策性）と商業保険性（営利性）をもつ混合型が形成され，ここから，当該保険における「利益も出さず，損失も出さない」という特質が生まれたのである．

「交強険」はかつて我が国の責任保険市場ないし保険監督当局を震撼させた．そこから，我々は次第に以下のように考えるようになった．

市場経済は契約自由を尊ぶので，政府はできるだけ干渉を避けるべきである．しかし，人間理性における有限性とご都合主義という二つの基本側面から自由契約は万能ではないと認められている．したがって，自由市場が機能しないときには政府による干渉が必要となってくる．ただし，政府干渉の合理的限界をどこに定めるのか，つまりいかなるタイプの民事賠償責任に政府干渉方式による強制保険が導入されるべきか，どのようなタイプの民事賠償責任が自由契約によって商業保険に分類されるべきか，これもまた難しい選択の一つである．

(3) 専門的人材と統計データの二重の欠乏問題に直面

国内保険業務は1958年に一旦停止されたが，1979年の改革開放により再開された．20年間に及ぶ保険の空白によって，国民経済生活の保険に対する理解はほとんどないに等しい状態になった．その後，30年間をかけて急速に成長を遂げたが，保険市場全体はまだ比較的幼く，特に責任保険の発展が遅れている．いま，保険市場の発展に比べた保険専門人材の不足ついていうならば，責任保険専門人材の欠乏は特に著しいものがある．開発への人材投入が著しく不足し，開発能力が低下している．これがその一である．

その二．保険商品価格の算定は保険商品開発のコアである．価格算定は一定量のリスク確率に関するデータに基づいて行わなければならないが，中国における過去30年間の責任保険は自由放任という状況におかれたため，信頼性のあるデータベースが得られず，データベース自体の蓄積もほとんど存在しないといっても過言ではないほどである．

専門人材と統計データの欠乏は当然ながら我が国の責任保険市場における新

商品の供給を制約している．

(4) 民事責任法律環境と賠償能力の立ち遅れという問題に直面

前述のように，中国の責任保険は民事賠償関連法律から生まれ，民事賠償法律規定の発展に伴って発展してきた．そのため，責任保険市場環境も主に民事責任賠償の法律環境に従って変化してきているが，法律環境には法律適用環境も含まれている．

我が国では現在，強制責任保険に絡む法律が多数存在し，「国十条」も責任保険に注力して発展させると強調している．しかし，現時点では，交強険を除き，統括的な法律規範と具体的な実施方法はまだ基本的な完成域に達していない．これはその一である．

その二．現行の各種民事法律・法規では，責任者の賠償規定が大体において事実状況から判断され，そのほとんどは裁判官の自由裁量権的解釈に委ねられている．また，裁判官の自由裁量権が裁判官自身の知識水準，地方保護主義，利益集団，案件所在地の経済条件ないし被害者とその親族の生活水準（場所が異なれば，同一命令でも裁量が異なる）などの影響を免れることができない．さらに民事賠償責任法律の歴史的実践期間が相対的に短いことに加えて，司法そのものが公正性を欠くという現象も避け難い．

その三．民事加害主体の背負う経済賠償責任は，我が国司法の実施状況から見るとまだ不十分で，人権第一という司法・立法の理念からはるかに乖離している．たとえば，海外では製品責任に対する無過失責任が追求され（過失責任がない場合でも）懲罰性を帯びた賠償判決が出されることが多い．一方，中国では，被害者側は精神的な被害に対する賠償すら得られず，たとえ賠償を得たとしても慰め程度に過ぎないことが多い．

このように，民事賠償責任に関する法律規範が不明確であることや，未定着であることから，責任保険商品の開発と査定は立ち往生という状況におかれている．医療責任保険はいまだに試行段階にとどまっていることがその一例である．他方，加害者の経済的賠償責任コストが過小評価されがちなため，リスク

転嫁への積極性が失われ，責任保険需要に影響を与えている．このことは吉林省の「中百大厦」火災のように，被害者が8万元の賠償金しかもらえなかった例が示している．

4．日本の責任保険の発展経験を参考にする

　日本は1953年に米国から責任賠償保険を導入した．当初は運送会社が在日米軍と港湾での船積み・荷下し業務契約を結び，その契約条項の中で，作業中に生じる損害賠償責任は運送会社側にあると規定した．こうして，責任が保険対象となり，港湾での運送責任保険が一種の特別な保険商品として誕生した．そして，その後，船舶会社が被保険対象となる責任保険も市場に登場したのである．もっとも，一般的な賠償責任保険は，1957年に認可され，それ以降安定的な成長を遂げた．2003年までの10年間，その年間成長率は約5.1％となり，保険料収入が1.5倍に純増し，財産保険売り上げの4.1％を占めるに至った（第三者自動車保険を除く）．今日の日本保険市場では約30種類の保険商品が存在している．

　日本における責任保険の誕生は欧米諸国よりもおよそ100年近く遅かった．現在でも，その普及度合いはまだ欧米に及ばない状況にある．だからこそ，我々は日本の経験を参考にしたい．我々にとって，参考に値する日本の責任保険の発展経験は以下のとおりである．

(1) 責任保険が進んでいる欧米諸国に学ぶ

　後発者として，日本の保険会社は，欧米の責任保険市場に関する継続的な学習を非常に重視し，即時に市場動向を把握して，関連保険商品にかかわる情報と査定技術を収集した．例としては，世界共通の標準的契約内容，米国各州の懲罰に関する法制度・賠償判例と案件，再契約以降の料率の計算方法などがある．また，欧米の成熟した各種保険について，場合によってはそのまま導入するという「コピー主義」を活用した．

（2）厳重な統制から限定的な管理へ

日本では，責任保険商品を初めて導入するに際して，あらゆる商品についての契約内容と料率が保険管理当局の審査を受けなければならないものとされた．これは，責任保険の発展初期においては，関連データが比較的に少なかったことから，管理当局は保険業界への管理を通じて，関連データを整備し，「大数法則」を用いて料率の科学的な分析を行う必要があったためである．これによって，悪質な競争による責任保険市場へのダメージを防止しようとした．さらに，統一された契約内容や料率は需要側にとってわかりやすく，かつ受け入れ易いものとなった．これは厳重な管理期であるといえよう．

1988年以降，規制緩和の声が高まるにつれて，市場の責任保険に対する認知度が高まり，管理当局はコントロールを緩め始め，保険会社による料率の自主算定範囲が拡大し，標準料率をベースとした料金の増減が認められ，契約内容の随時の変更も可能となった．ただし，これらは料率における三原則の下で行われなければならなかった．その原則は，合理性・公平性および透明性である．これが満たされない場合は，処罰を受けることになった．

（3）好機の活用と慎重な発展の関係を正確に処理できた

これは，日本保険市場の一貫した発展理念であり，我々が手本とすべき点である．

好機の活用とは，新しい法律・法規の実施，あるいは重大事故の発生を新しい責任保険商品開発の契機にすることである．ただし，新商品の開発は，慎重に行わなければならない．特に以下の項目が重要である，（1）詳しい市場調査を実施し，新商品の売り出し時期を見極めること．なぜならば，新商品は通常100％合理的なものであることは困難だからである．（2）商品開発手順は開発しやすいものから着手すべきである．なぜならば，新商品の開発コストはたとえ高くなくとも，その販促コストが莫大になりうるからである．（3）自信度の低い商品に対し，その免責賠償金額を高めに設定し，免責契約項目を多めに設定すること．なぜならば，新種の責任保険料率を完全に科学的に合理的に制定

することが困難だからである．（4）責任保険の普及と健全な発展には査定能力の向上が必要不可欠である．査定技術は経験に頼るため，専門の人材育成システムは欠かせない条件となる．

(4) 上質なサービスが顧客の責任保険に対する理解を高める

　新興の責任保険市場における主な問題は市場の需要側にある．この需要を決定しているのは，関連する民事責任賠償の法律・法規および需要側における各種の責任保険商品に対する理解と納得である．日本の経験からいうと，責任保険知識の普及は上質なサービスによって実現される．日本の保険会社はリスク管理子会社を持つことが一般的である．これらの子会社の仕事は，主に顧客のリスク管理とコンサルティングであり，それぞれの顧客，それぞれの商品の特質に応じて法律リスクを問題提起し，適切な保険加入アドヴァイスを提供している．

参 考 文 献

『中国保険年鑑』2001-2006.
OECD INSURANCE YEARBOOK.
三井住友海上火災保険公司上海分公司　責任保険调査报告．http://www.yaic.com.cn
日本責任险发展历程．http://www.qzr.cn

第13章　市場はさらに効率的になったか
——限定的合理的経済人から機関投資家へ——

1．はじめに

　1990年代以降，各種の機関投資家を利用して金融市場に参入する家庭や個人が多くなり，投資主体における機関化が加速している．2002年のニューヨーク証券取引所では，全体に占める各機関による取引の割合は96％に達し（Jones and Lipson 2004），それと同時に，機関投資家が保有している株式の残高はアメリカ株式総数の65％となった．我が国でも，2005年から株式市場が大膨脹を遂げ，オープン型ファンドの発行は「噴井〔井戸口から水が噴出する様子のこと〕」状況を見せており，ファンドの規模が2005年末の4,691億元から2006年末の8,565億元にまで上昇し，その純資産はすでに株式市場総株価の約30％に占めるようになった．投資ファンド，社会保険ファンド，保険会社およびQFII〔適格外国機関投資家〕などを含む各種の機関投資家は個人投資家（散戸）に取って代わって中国証券市場のメインの投資主体となった．確かに，個人投資家に比べて，情報優位にある機関投資家は，行動ファイナンス論で描かれた投資主体における利益相反行動を克服することができるし，効率的市場仮説（EMH）の「合理的経済人」という仮説により近い存在であるといえるが，このことは，EMHに対して提起された行動ファイナンス論の各疑問は投資主体が機関化された市場ではもはや成り立たなくなった，ということを意味するのであろうか．機関投資家が市場の主導役になることにつれて，金融市場ではEMHで言われた理想状態が実現し，それはさらに効率的になるというわけであろうか．

2. 問題提起

　EMHは，投資家の合理性，摩擦なき競争市場および投資家による完全情報具有を条件として，個人投資家自身の効率最大化追求行為により，その時点におけるすべての情報が市場価格に反映され，次第に集団合理性が実現し，市場は経済学者が求め続けていた完全競争的均衡状態に到達する，と考える．1970年代以来，EMHは高い評価を受け，多くの金融学者により現代金融理論体系の「基礎」とみなされてきた．しかし，他方，EMH自体はその厳しい仮設条件のゆえに多くの議論が展開されている．金融学者はこれを支持する証拠を続々と発見するが，その反論要素も次々と発見され，さらにこれらに対する問題と疑問が提起されている．

　EMHに対する諸疑問の中で，実証面からの問題提起は理論面からの問題提起を一歩リードした．Shiller (1981) は，証券市場における変動率の実証分析を行い，資産価格の変動率が伝統的金融理論の想像をはるかに上回ることを発見した．実証分析を通じて，一部の学者は，証券価格はEMHで語られたようにランダムに推移するのではなく，長期的反転 (Debondt and Thaler 1985) と短期的慣性 (Jegadeesh and Titman 1993) というような典型的な「異常現象」が存在することを見出した．他方，一部の学者は，企業の特徴的指標（小企業効果や価値効果など）ならびに一定の財務指標（株式配当増加率や株価収益率）などをもって，証券利回りの予測が可能であることを発見した．また，効率的市場仮説では，エクイティプレミアムの謎 (equity premium puzzle)，一月効果および1987年におけるアメリカ株式暴落などの諸問題は解釈し難い．さらに，1990年代末におきた「ニューエコノミー」バブルの発生によってより多くの学者はEMHに対する疑問を持ち始めたのである．

　心理学などの関連研究の発展につれて，投資家行動と心理学の角度から投資意思決定行為研究を試みる学者がますます多くなった．伝統的なEMH理論と対照的に，行動ファイナンス論は「人間」の角度からの市場行動の理解を強調し，金融市場における市場参加者の心理的要因効果を十分に考慮しようとして

いる．しかし残念ながら，行動ファイナンス論が急速に発展した1990年代においては機関投資家による代理投資がすでに家庭・個人の代わりに金融市場のリード役になっていたが，市場主体の「限定的合理性」に関する行動ファイナンス論の研究は依然として投資意思決定プロセスにおける投資家の考え，意欲と態度などの心理的特徴およびこれらに起因する市場の非有効性に限られており，機関投資家という代理投資モデルとそれがもたらす委託・代理問題を考慮に入れるにいたらなかった．

3．投資主体が機関化された市場の効率性分析

確かに，個人投資家に比べて，機関投資家は規模と情報では有利であり，EMHでいう「合理的経済人」仮説に近い存在であって，より合理的に意思決定を行うことができる．しかし，それと同時に機関投資家が個人を代理して投資を行うということ自体がある種の委託・代理契約であり，その裏には委託資産の「所有権」と「管理権」の分離という問題が隠されている．この「分離」の結果として，委託人と代理人の間における利害衝突が避けられない．アメリカ金融学会前会長 Allen（2001）が強調したように，企業における「所有権」と「経営権」の分離は株主と企業経営者における委託・代理問題をもたらすと同様に，代理投資における委託資産の「所有権」と「管理権」の分離もまた個人投資家と機関投資家の委託・代理問題をもたらす．

機関投資家が個人投資家に取って代わって市場の主導役になるにつれ，機関投資家(代理人)の投資目標と行動が金融市場の動向と秩序に影響を与える主要な要素となった．伝統的な個人投資家と比べて，機関投資家の人格的代表すなわちファンド・マネージャーの意思決定は相対的にさらに専門化・科学化されるが，それと同時に，情報が非対称的である場合，この意思決定は自身の利益最大化追求による影響を避けることができないのである．このため，我々は，機関投資家が市場の主導役となるにつれ，市場投資主体が受けた「先天的な有限理性」からの影響は減少するかもしれないが，ある種の代理投資制度としての

機関投資家にともなう内生的な委託・代理問題はさらに注目に値するであろう，と確信している．

(1) 命題一．機関投資家のモラル・リスクによって，機関投資家はすべての市場情報に対して正確に反応し，客観的に資産の価格設定を行うことができなくなるあるいはしたくなくなるという可能性がある．

仮に我々は情報優位のファンド・マネージャーがより科学的な取引戦略を取ると仮定しても，情報の非対称性下では，ファンドの持ち分の保有者である委託人または保険契約の購入者がファンド・マネージャーの行動に対して有効な監視が確保できないことから，代理人であるファンド・マネージャーは容易にご都合主義に走り，自己利益に傾く動きを見せ，ひいては委託人の利益を犠牲にして自己利益を最大化する可能性を否定することはできない．AllenとGorton (1993) の研究によると，委託人としての投資家と代理人としてのファンド・マネージャーの間では情報が非対称的になっているため，後者にはモラル・リスク行為を行う可能性が存在する．ファンド・マネージャーの取引行動はしばしば情報・流動性・リスク分散の需要に基づくことなく，投資家から手数料を得る視点から行われる．ファンド・マネージャーのモラル・リスク行為がもたらすのは，資産価格がそのファンダメンタル価値を正確に反映できなくなるということである．

GoldmanとSlezak (2003) は次のように考えている，現実の世界では，ファンド・マネージャーには常に新旧の交替があり，その任期は常に典型的な投資期間より短いうえに，ファンド・マネージャーが収集している個人的な長期情報 (Long-term information) が公開資産価格に反映されるまでの期間よりも短い．このため，伝統的な個人投資家に比べて，ファンド・マネージャーには個人的な長期情報を収集するのに必要なインセンティブが常に欠けることになる．この場合，市場におけるファンド・マネージャーの代理投資規模が巨大であれば，当該市場の証券価格に反映される長期情報は，投資家自らが投資を行うときよりも少ないと考えられる．そして，多くの「急功近利〔急いで成功を収め，手近

にある利益を求めること]」によって市場全体は短期情報で充満されてしまう.これは金融市場の価格設定と資源配分効率に影響をもたらさずにはおかない[1].

(2) 命題二. 意思決定の同質化,「声誉制度」と「報酬奨励制」は機関投資家の「群集行動」を引き起こし,これによる機関投資家の利益相反行動には比較的強い系統性が見られた.

EMH 理論では,たとえ一部の機関投資家が非合理的であっても,彼らの取引が無作為であれば,その取引は必ず相殺され,したがって市場の効率性に影響を与えることはない,と指摘される.しかし現実には,ファンド・マネージャーたちはしばしば同じ市場情報に注目する傾向があり,また類似した経済モデルを用い,あるいは似たような取引戦略をとるため,彼ら相互の投資意思決定と取引行動には強い相関性が見られがちである.また,Scharfstein と Stein (1990),Trueman (1994),Zweibel (1995),Prendergast と Stole (1996) および Graham (1994) といった多くの学者は研究を通じて次のようなことを明らかにした.すなわち,投資家とファンド・マネージャーとの間の非対称的な情報は「声誉制度」と「報酬奨励制」の両方の効果を通じてファンド・マネージャー相互の投資意思決定の相関性を強化し,これよって,機関投資家の「群集行動」が生まれる,と.

「声誉制度」の場合,もしファンド・マネージャー自身および委託人(投資家)の両者ともにその効力を正確に評価できないのであれば,ファンド・マネージャーにとってその最善な戦略行為は,他のファンド・マネージャーと同じような戦略をとることである.このようにして,機関投資家の群集行動が引き起こされる.他方,「報酬奨励制」の場合も,委託人としての投資家の最善の戦略は,ファンド・マネージャーと一定の基準に基づく相対的業績報酬を定め,そして,ファンド・マネージャーの報酬を一定の指標或いは他のファンド・マネージャーの業績と対比しながら決めることである[2].しかし,この種の報酬構造はファンド・マネージャーの奨励メカニズムを歪曲し易く,ここから,ファンド・マネージャーが自身の個人的情報を見落とし,同業者の基準を模倣し,

追従しまたは同じ投資戦略をとり，次第に群集行為が誘発されてしまうことになる．そうなると，機関投資家は個人的情報の収集や生産を積極的に行う意欲を失い，またはたとえすでに個人的情報を掌握していたとしてもこの情報に基づく取引を欲しないこともありうるので，彼らの投資行動は市場全体の公共情報量を高めるのに何の役にも立たなくなる．したがって，代理投資方式の下では，機関投資家における群集行為の流行は金融市場全体における公共情報の乏しさと情報効率の低下をもたらすのである．

情報処理の「同質化」による「群集行動」にしても「声誉制度」による「群集行動」にしても，また「奨励報酬メカニズムによる『群集行動』」にしても，代理投資モデルにおける機関投資家の利益相反行動はランダム性ではなく，強い系統性を持つ可能性を有している．これはわかりやすい道理であろう．

(3) 命題三．裁定取引コスト，委託人の限定的合理性，代理人の近視的傾向および相対的業績報酬制は合理的な機関投資家の効率的な裁定取引を制約する．

Friedman (1953) の分析によると，市場に合理的な機関投資家が存在するならば，彼らは，裁定取引行動を通じて，機関投資家の系統的な利益相反行動による資産価格への影響を吸収し，資産価格をファンダメンタル価値に回帰させ，市場の合理性を保たせるはずである[3]．しかし，現実の世界では，機関投資家の裁定取引行動はさまざまな要因から制限を受けている．

De Long (1990) 等は，短期的な投資傾向がある場合，合理的な投資家はノイズトレーダー・リスクへの配慮から効率的な裁定取引ができなくなる，と指摘した．Dow と Gorton (1994) は，近視的傾向 (Myopia) は裁定取引関係者を資産価格に短期的に影響しうる情報にのみ反応するようにさせ，彼らが積極的・効率的に裁定取引を行うことを制約すると主張する．Wurgler と Zhuravskaya (2002) の研究によると，市場に類似的な代替資産が乏しい場合，裁定取引者はこれによってしばしばリスクに直面する可能性があり，したがって，リスクを嫌う傾向は合理的投資家の裁定取引への積極性を制約してしまうことになる．Abreu と Brunnermeier (2002, 2003) の研究は，単一の裁定取引者だけでは市

場のミス・プライスングを是正することができないが，しかし，多数の合理的投資家が共同で裁定取引に参加する場合においても，取引参加者が他の参加者はいつ裁定取引資産を売り出すのかという予測ができないという問題に直面する，と述べている．これはいわば同調リスクであり，このリスクも同様に合理的投資家の裁定取引行為を制約する．

　この他，代理投資方式の場合にも，委託人の限定的合理性，代理人の近視的傾向および相対的な業績報酬契約も機関投資家の裁定取引行動を制約することになる．これは，機関投資家がモラル・リスクと群集行動によって生じる系統的な価格のゆがみを直ちに是正できないという結果をもたらす．ShleiferとVishny（1997）が指摘するように，委託人としての投資家は共同ファンドの払い戻しとヘッジファンドからの資金回収を通じて「所有権」を行使し，ファンド・マネージャーの「管理権」に影響を与えることができる．よく知られているように，投資家は普段はファンド・マネージャーの裁定取引戦略を完全に知ることは不可能であり，裁定取引のプロセスにおいて委託された資産が著しく縮小するようになると，彼らはファンド・マネージャーの裁定戦略に疑問を抱き始め，次第に払い戻しあるいは資金回収を要求するようになる．これは，裁定取引実施への厳重な関与となり，ひいては裁定取引の成否に直接影響を及ぼすことになる．このように，たとえ機関裁定取引者による具体的な裁定取引行為が，「合理的な」ファンド・マネージャーによって設計され，操作されたとしても，裁定取引の実施と成否に対して投資家からの直接あるいは間接的な影響ないし関与の可能性が十分にある．つまり，機関裁定取引者の行動はある程度「限定的合理性」のある委託人の影響によって制限される一面がある．また，機関裁定取引者に雇われるファンド・マネージャーの任期が市場における個人裁定取引者の投資期間よりも短いという事実は，ファンド・マネージャーを短期情報の収集と処理に専念させ，「近視的傾向」というモラル・リスクをもたらす．また，ファンド・マネージャーは自分の任期中に誤った資産価格設定のファンダメンタル価値への回帰が実現できないことを恐れて裁定取引機会を放棄してしまうという結果をもたらす可能性がある．一方，個人裁定取引者には，

以上のような配慮は存在しない．

　Brunnermeier と Nagel（2005）は最新の経済バブル期（1998～2000年を研究対象とする）におけるヘッジファンドの資産構成に関する研究で発見したとように，資産にバブルが発生した場合，ヘッジファンドはただちに裁定取引行為を行ったわけではなく，逆にバブル資産を積極的に購入して資産バブルの更なる膨張を後押ししたのである．一般投資家と違うのは，ヘッジファンドは資産価格バブルの継続的な膨張を煽りながら，より合理的に資産バブル崩壊前に資産を売却して巨額の収益を実現したことである．この最新の研究成果は Abreu と Brunnermeier（2003）のモデルを検証し，合理的な機関投資家は必ずしも裁定取引を通じて市場の価格のゆがみを是正し，市場の効率性を守るとは限らないということを明らかにした．また，これと反対に，彼らは普段ノイズ・トレーダーの行列に参加し，価格乖離の拡大を後押しして，その中から収益を獲得したのである．このような投機行為は明らかに市場効率の向上には役立たない．

4．結論と提案

　以上の分析を通じて，機関投資家は一種の代理投資制度として委託・代理問題を避けられない存在であり，投資家とファンド・マネージャーの間における利益相反と情報の非対象性はファンド・マネージャーのモラル・リスク行為を引き起こしがちであることが明らかになった．代理人としてのファンド・マネージャーは，投資意思決定において自身の効用最大化をしばしば追求し，委託人の資産最大化目標から離れてしまう．代理投資に潜む利害衝突やリスク転嫁などのモラル・リスク行為は，資産価格とそのファンダメンタル価値の間における乖離を容易に引き起こし，ひいては資産バブルをもたらすこともありうる．モラル・リスクのほかに，代理投資は，また投資者とファンド・マネージャーの間における投資期間のずれという問題をもたらし，これによって，資産価格の乖離の早急な是正が得られなくなる．ファンド・マネージャーのモラル・リスクは機関投資家の「非合理的行動」として表れ，さらに市場効率に消極的な

影響を与える．しかし言われるところによれば，機関投資家の「非合理的」行為がランダムであれば，彼らによる価格への影響は相殺され，市場の効率性への影響も存在しなくなるはずである．また，機関投資家の「非合理的」行動には一定の系統性があるとしても，市場に十分な実力のある合理的機関裁定取引者がいれば，後者は裁定取引を通じて市場における資産価格のゆがみを是正し，市場の効率を維持することができるはずである．しかし，代理投資方式の下では「群集行動」と「限定的裁定取引」は上述したメカニズムの完全な実現に制約をかけることになる．したがって，我々は，情報処理面で優位のある機関投資家が「限定的合理性」を有する個人投資家に取って代わって金融市場の主導者になれば，効率的な市場仮説で描かれた理想状態が現実となる，という考え方を安易に受け入れるべきではない．逆に，代理投資におけるモラル・リスク，群集行動および限定的裁定取引は機関投資家による市場情報効率の向上への積極的な効果を制約し，ひいては市場効率への極端な破壊作用をもたらす可能性があり，この点に関して弁証法的に理解すべきであろう．言い換えれば，市場効率の有効な向上を図るためには，監督と管理の強化を通じてファンド・マネージャーのモラル・リスクを減らし，報酬奨励設計制度と業績評価制度を改善することによって機関投資家の群集行動を減少させ，投資家の教育強化と委託人構造の改善によって限定的裁定取引の制約要因を削減することが必要である．

1) GoldmanとSlezakの研究によると，多くの投資家が保有する金融資産はミス・プライシングされる可能性がよくあり，さらに投資担当者らが高品質な情報を持つ金融資産についてもミス・プライニングを被る可能性が比較的に大きいということである．
2) 契約経済学の理論によれば，絶対的業績報酬契約よりも相対的業績報酬契約の方が委託・代理問題の減少に有効である．
3) Friedman（1953）とFama（1965）は，合理的な投機行為はリスクなしの裁定取引機会を解消するだけでなく，非完全ヘッジとリスク取引によるミス・プライシングも相殺することができる，と見ている．

参 考 文 献

Abreu, Dilip and Markus K. Brunnermeier, Bubbles and crashes, *Econometrica*, vol.

71, 2003, 173-204.

Allen, Franklin, Do financial institutions matter?, *Journal of Finace*, vol. 56 (4), 2001, 1165-1175.

Brennan, Michael. J., Agency and asset pricing, UCLA working paper, 1993.

Delong, J. Bradford, Andrei Shleifer, Lawrence H. Summers, and Robert J. Waldmann, 1990, Positive feedback investment strategies and rational destabilizing speculation, *Journal of Finace* 45, 379-395.

Brossman, Sanford J. and Shiller, Robert J., The determinants of the variability of stock market prices, A.E.R. Papers and Proc., vol.71 (3), 1981, 222-27.

Shleifer, Andrei, and Robert W. Vishiny, The Limits of Arbitrage, *Journal of Finance*, vol.52, 1997, 35-53.

編著者紹介 （執筆順）

花輪 俊哉（はなわ としや）	客員研究員・元中央大学商学部教授・一橋大学名誉教授
吉田 曉（よしだ さとる）	客員研究員・武蔵大学名誉教授
黒田 巖（くろだ いわお）	研究員・中央大学商学部教授
建部 正義（たてべ まさよし）	研究員・中央大学商学部教授
杜 朝運（と ちょう うん）	厦門大学金融系教授
郭 会平（かく かい へい）	厦門大学金融系教授
朱 孟楠（しゅ もう なん）	厦門大学金融系教授
喩 海燕（ゆ かい えん）	厦門大学金融系博士課程
陳 蓉（ちん よう）	厦門大学金融系副教授
黄 薏舟（こう い しゅう）	新疆財経大学金融系講師
鄭 振龍（てい しん りゅう）	厦門大学金融系教授
高田 太久吉（たかだ たくよし）	研究員・中央大学商学部教授
岸 真清（きし すみきよ）	研究員・中央大学商学部教授
奥山 英司（おくやま えいじ）	研究員・中央大学商学部准教授
高橋 豊治（たかはし とよはる）	研究員・中央大学商学部教授
林 宝清（りん ほう せい）	厦門大学金融系教授
邱 七星（きゅう しち せい）	厦門大学金融系教授
張 亦春（ちょう えき しゅん）	厦門大学金融系教授

訳者紹介 （厦門大学分）

毛 士勇（もう し ゆう）	中央大学大学院商学研究科博士課程後期課程

日中の金融システム比較　　　　　　　　中央大学企業研究所研究叢書　28

2009年3月15日　初版第1刷発行

編著者　建部　正義
　　　　張　亦春
発行者　中央大学出版部
代表者　玉造　竹彦

〒192-0393　東京都八王子市東中野742-1
発行所　電話 042(674)2351　FAX 042(674)2354
　　　　http://www2.chuo-u.ac.jp/up/

中央大学出版部

© 2009　　　　　　　　　　ニシキ印刷(株)／三栄社製本

ISBN978-4-8057-3227-4